NEGÓCIO JURÍDICO PROCESSUAL NA JUSTIÇA DO TRABALHO

AUTORIA
GABRIEL HENRIQUE ZANI FURLAN

LTr®

NEGÓCIO JURÍDICO PROCESSUAL NA JUSTIÇA DO TRABALHO

2024

LTr Editora Ltda.

Rua Jaguaribe, 571
CEP 01224-003
São Paulo, SP — Brasil
Fone (11) 2167-1101
www.ltr.com.br
Março, 2024

Produção Gráfica e Editoração Eletrônica: RLUX
Projeto de capa: DANILO REBELLO
Impressão: META BRASIL

Versão impressa — LTr 6435.5 — ISBN 978-65-5883-283-6
Versão digital — LTr 9908.3 — ISBN 978-65-5883-284-3

Dados Internacionais de Catalogação na Publicação (CIP)
(Câmara Brasileira do Livro, SP, Brasil)

Furlan, Gabriel Henrique Zani
Negócio jurídico processual na justiça do trabalho / Gabriel Henrique Zani Furlan. — São Paulo: LTr, 2024.

Bibliografia.
ISBN 978-65-5883-283-6

1. Direito processual do trabalho 2. Justiça do trabalho — Brasil 3. Negócio jurídico — Brasil 4. Processo civil — Brasil I. Título.

23-184887 CDU-347.998:331

Índice para catálogo sistemático:

1. Negócio jurídico : Justiça do trabalho : Direito 347:998:331

Cibele Maria Dias — Bibliotecária — CRB-8/9427

Dedico este trabalho à milha filha Maria Clara, por me ensinar a ver o mundo de uma outra forma; e ao meu pai, por ter sido o meu maior professor, principalmente sobre as lições da vida.

AGRADECIMENTOS

Não há conquistas fáceis, assim como não há jornada sem obstáculos. O caminho é sinuoso e a vida nos ensina que, no curso do trajeto, certas pessoas se tornam inspiração, incentivo, repouso e fortaleza, sem as quais jamais a conquista seria alcançada. Assim, é preciso agradecer a todos que participaram dessa caminhada e, com sincero carinho expressado nesse agradecimento, sintam-se parte desta conquista.

Antes de tudo, agradeço a Deus pela dádiva da vida, por ser o meu refúgio e meu auxílio em todas as adversidades vividas.

Agradeço a minha pequena e doce filha, Maria Clara. O seu sorriso é a minha força motriz, a sua ingenuidade me faz acreditar na esperança, o seu abraço renovou a minha força ainda que nos momentos mais difíceis.

À minha esposa Mariana, meu orgulho e minha base. A vida nos trouxe diferentes atribulações, entretanto, sempre superamos juntos todas as dificuldades. Ela, além de passar as madrugadas cumprindo o juramento de Hipócrates, encontra tempo para escutar as minhas lamúrias, me consola e incentiva, sem nunca duvidar da conquista almejada. Não há palavras que possam descrever a minha imensa gratidão e meu amor.

Aos meus pais, Aparecido e Marilda, que acreditaram em mim quando nem mesmo a esperança habitava em meu coração. Incondicionalmente sempre me apoiaram. Agradeço pelos ensinamentos, pela pessoa que me tornei, pelos valores que me deram, pela vida, e por tudo que me proporcionaram, principalmente educação e respeito. Aos meus pais, espero um dia ensinar para minha filha todos os valores que me passaram. Não poderia deixar de citar meu irmão Vitor, exemplo de companheiro e amigo, que não mede esforços para prestar ajuda a quem necessitar.

Aos meus avós, Ana e Maurício (*in memoriam*), que desde muito novo me ensinaram o significado de respeito, humildade, compromisso e cumplicidade, valores que vão muito além de qualquer grau de escolaridade.

Aos professores nos quais tanto me espelho nesta jornada e que muito me ensinaram nesta respeitável instituição: Adalberto Martins, Carla Teresa Martins Romar, Fabiola Marques, Suely Ester Gitelman, Maria Celeste Cordeiro Leite dos Santos, Fernando de Almeida Santos, Thereza Celina Diniz de Arruda Alvim, Eduardo Arruda Alvim, Nelson Luiz Pinto e Miguel Horvath

Junior. Aos doutorandos que me ajudaram nas pesquisas: José Americo, Vinicius Belllato e Igor Martins. Agradeço também ao Professor Leone Pereira, por me ensinar o brilho da docência.

Por fim, mas não menos importante, ressalto e renovo os agradecimentos ao meu orientador, Prof. Dr. Adalberto Martins. Reservo estas linhas para expressar minha profunda gratidão. O Professor Adalberto me acolheu e foi responsável por uma das notícias mais importantes da minha vida profissional, quando da minha aceitação no mestrado, além de ser um incentivador para eu trilhar a sonhada carreira acadêmica.

Assim, marcantes suas lições não só no âmbito do direito, mas também para a vida. Professor Adalberto, exímio conhecedor do direito laboral, minha extrema gratidão a quem mudou minha vida de forma definitiva.

SUMÁRIO

PREFÁCIO

A alegria de prefaciar um livro que é fruto de pesquisa no mestrado ou doutorado é renovada a cada convite recebido; e, no caso desta obra, intitulada "Negócio jurídico processual na Justiça do Trabalho", de autoria de Gabriel Henrique Zani Furlan, não foi diferente. Trata-se da versão comercial da dissertação de mestrado defendida perante exigente banca examinadora no programa de pós-graduação em Direito da Pontifícia Universidade Católica de São Paulo, sob minha presidência, na condição de orientador do candidato, aprovada sem restrições e com recomendação para que fosse publicada.

Nesta obra, mestre Gabriel Henrique Zani Furlan enveredou por um tema que permaneceu esquecido durante muitos anos, em que o negócio jurídico processual não despertava o interesse dos estudiosos enquanto fonte formal do direito. Assim, a partir da perspectiva do art. 190 do atual Código de Processo Civil, o autor procura descortinar a aplicação do negócio jurídico processual no âmbito da Justiça do Trabalho, cujas hipóteses deixaram de estar adstritas a algumas situações típicas expressamente indicadas no Código anterior, que alcançavam basicamente a suspensão do processo por convenção das partes, a convenção sobre ônus da prova e o foro de eleição, sendo estas duas últimas para situações que não envolviam as típicas reclamações trabalhistas.

A possibilidade do negócio jurídico processual, estabelecida como cláusula geral no art. 190 do Código de Processo Civil e aplicável aos processos que versam sobre direitos que admitem a autocomposição, é um divisor de águas no direito processual, ramo do direito público por excelência e marcado por normas de natureza cogente. A inovação legislativa está em perfeita sintonia com os princípios que norteiam o direito processual moderno, no qual se verifica o protagonismo das partes litigantes, que se tornam corresponsáveis para que a tutela jurisdicional seja dispensada em prazo razoável, com decisão de mérito justa e efetiva (art. 6º do CPC).

Lembra-nos o autor que, no processo perante a Justiça do Trabalho, uma hipótese típica de negócio jurídico processual está consagrada no art. 789, § 3º, da CLT, que permite às partes convencionarem sobre o pagamento de custas na hipótese de acordo. No entanto, reconhece que não se pode desprezar a possibilidade dos negócios jurídicos processuais atípicos, por aplicação subsidiária do Código de Processo Civil na seara trabalhista (art. 769 da CLT c.c. art. 15 do CPC), fundado no dever de cooperação e no princípio dispositivo, sem olvidar os princípios que são peculiares ao processo trabalhista.

Neste sentido, verifica-se a necessidade de sopesar o óbice que emerge do art. 190, parágrafo único, do CPC, que alude ao controle judicial das convenções que estabelecem o negócio jurídico processual quando se tratar de inserção abusiva em contratos de adesão ou nas situações em que se observa manifesta situação de vulnerabilidade de uma das partes. Enfim, a reflexão trazida nesta obra permite a conclusão de que não merece prosperar a vedação açodada do art. 2º, II, da Instrução Normativa n. 39/2016 do Tribunal Superior do Trabalho, na medida em que referido instituto pode ser bem aproveitado no âmbito da Justiça do Trabalho, com destaque para as situações que emergem da ampliação de competência a partir da Emenda Constitucional n. 45/2004.

A dificuldade para a aplicação do art. 190 do CPC ao processo trabalhista foi enfrentada pelo autor, no capítulo 4 deste livro, sem olvidar a orientação da Instrução Normativa n. 39/2016 do TST, que veda expressamente a negociação processual atípica. Em síntese, a aplicação do negócio jurídico processual na Justiça do Trabalho está perfeitamente amparada no pressuposto da lacuna normativa (art. 769 da CLT c.c. art. 15 do CPC), não se podendo presumir a vulnerabilidade de uma das partes em todas as situações, motivo pelo qual não se cogita da incompatibilidade que emerge dos princípios do direito processual do trabalho.

A própria legislação trabalhista, ao estabelecer que o empregado com salário superior ao dobro do teto de benefícios do Regime Geral de Previdência Social e formação em nível superior pode negociar individualmente com seu empregador acerca de questões que dependem da tutela sindical para a grande maioria dos trabalhadores, afastou a presunção de vulnerabilidade. Se o trabalhador não é vulnerável no âmbito do direito material, não tem sentido afirmar que ostenta invariavelmente essa condição no âmbito processual, o que amplia a possibilidade do negócio jurídico processual.

Trata-se, pois, de obra que abre caminhos para outras pesquisas dentro da mesma temática e que enriquecerá o repertório do leitor exigente, que não se conforma com posições herméticas sem a necessária reflexão e questionamento. Parabéns ao nosso jovem autor, Gabriel Henrique Zani Furlan, por este seu primeiro livro, e cumprimentos à Editora LTr por mais esta publicação que envolve tema atual e relevante. Desejo boa leitura a você, que se interessou por este prefácio e que terá o privilégio de ótimas reflexões a partir desta obra de agradável leitura.

São Paulo, 29 de dezembro de 2023.

Adalberto Martins

Professor Doutor da Faculdade de Direito da PUC/SP.
Desembargador aposentado do Trabalho no TRT-2ª Região.

Demore o tempo que for para decidir o que você quer da vida, e depois que decidir não recue ante nenhum pretexto, porque o mundo tentará te dissuadir.

Friedrich Nietzsche

1. INTRODUÇÃO

O negócio jurídico processual, apesar de sua expressa previsão legal ser inovadora e advir com uma visão aberta que incentiva a negociação além da arraigada previsão normativa, como é possível perceber da leitura do art. 190 do Código de Processo Civil de 2015 (CPC/215), não é instituto novo, apesar de grande parte da doutrina ter sido omissa ou negar a sua existência na vigência do Código de Processo Civil de 1973 (CPC/1973) por meio da grande ressalva em introduzir no processo a aplicação da vontade das partes em dinamizar e alterar o procedimento.

Como será visto, o CPC/2015 não só trouxe a previsão expressa, como ampliou a liberdade negocial das partes mediante uma cláusula geral que permite, por meio do autorregramento da vontade, o ajuste do procedimento conforme as especificidades da causa e convencione sobre ônus, poderes, faculdades e deveres processuais, antes ou durante o processo, sem a necessidade tanto de expressa previsão legal para autorizar a negociação quanto da intermediação de terceiros.

Certo é que o CPC/2015 quebrou alguns paradigmas e trouxe uma visão voltada à cooperação processual, respeito à autonomia das partes e à boa-fé, o que torna parte da doutrina, agarrada ainda aos resquícios de um publicismo exacerbado, contrária a previsões normativas como a acima citada.

Entretanto, o estudo contemporâneo baseado no CPC/2015 acaba por entender que não se trata da violação do caráter público do processo ou seu completo abandono. Assim, entende que, longe de voltar para a era privatista romana processual, a nova previsão traz um balanceamento entre a corda tensionada que divide publicismo e privatismo, ou seja, apesar de uma suposta redução dos poderes do juiz pela própria atuação das partes, esses poderes não são desrespeitados ou excluídos, tanto que o mesmo artigo prevê o controle da validade pelo juízo, inclusive podendo ser feito de ofício.

Não só a doutrina processual civil apresentou ressalvas ao negócio jurídico processual, mas também o novo regramento advindo com o CPC/2015 sofreu duras críticas pela doutrina trabalhista, afastando a sua aplicação no processo do trabalho, inclusive com expressa previsão normativa emanada do Tribunal Superior do Trabalho que, apesar de não ser vinculante e não trazer qualquer discussão ou estudo que encampasse o posicionamento adotado, calou muitas vozes e certamente intimidou a discussão, pela jurisprudência ou pela doutrina.

Desse modo, este trabalho traz pesquisa sobre a discussão quanto à possibilidade ou não da aplicação do negócio jurídico processual na seara processual trabalhista e se essa aplicação sofrerá ou não adaptações ou restrições, utilizando como norte o respeito aos direitos fundamentais, sem almejar o desrespeito à vulnerabilidade intrínseca do trabalhador.

Sendo assim, o presente trabalho apresenta, primeiramente, um estudo sobre aspectos introdutórios e disposições preliminares do negócio jurídico processual. O objetivo pretendido não é trazer estudo histórico ou esmiuçar a doutrina estrangeira diante da finalidade buscada, mas entender o instituto, conceituá-lo, apresentar sua natureza jurídica e a discussão quanto à não violação do caráter público processual.

Prosseguindo, diante do art. 190 do CPC/2015, que prevê a possibilidade de negócios processuais atípicos, será estudada a própria previsão normativa que abandonou a redação criticada da Lei n. 9.307/1996 (Lei de Arbitragem) que traz expressamente sua aplicação somente aos litígios envolvendo "direitos patrimoniais disponíveis" para adotar o termo "direitos que admitam autocomposição". Além disso, será aproveitada a oportunidade para o estudo dos requisitos e do controle da validade do negócio jurídico processual.

Nessa toada, a próxima seção do trabalho será voltada ao aspecto processual trabalhista, com destaque à normativa do Tribunal Superior do Trabalho e às novas disposições trazidas pela reforma trabalhista (Lei n. 13.467/2017) que não apenas reformou a Consolidação das Leis do Trabalho, como também trouxe novos dispositivos. Um deles possibilita, por exemplo, a aplicação da arbitragem e da distribuição dinâmica do ônus da prova, ou seja, introduzindo negócio jurídico processual típico no texto consolidado, além de reforçar a autonomia privada do trabalhador ao conferir a mesma eficácia legal e preponderância sobre os instrumentos coletivos aos contratos de trabalho, no caso de empregado portador de diploma de nível superior e que perceba salário mensal igual ou superior a duas vezes o limite máximo dos benefícios do Regime Geral de Previdência Social.

Por fim, discute-se a aplicação dos negócios jurídicos processuais na Justiça do Trabalho e ressaltam-se alguns exemplos, como a opção pelo juízo 100% digital, o foro de eleição, a convenção probatória, a aplicação no direito coletivo, entre outras formar de se utilizar essa ferramenta, em qualquer momento processual.

Desse modo, a pesquisa aqui apresentada se fundamenta na busca da tutela efetiva dos direitos fundamentais nas relações de trabalho por meio do estudo da teoria dos negócios processuais mediante uma interpretação sistemática e, para isso, utiliza o método hipotético-dedutivo, junto à integração de pesquisas relacionadas ao tema que possibilitaram o abandono de conceitos presumidos ou pré-concebidos que rechaçavam qualquer discussão por meio da máxima proteção da indisponibilidade dos direitos trabalhistas sem ao menos visualizar sua concretude.

Portanto, o presente trabalho não visa encerrar a discussão incidente sobre o tema, mas trazer um ponto de vista que, apesar de ser adepto ao negócio jurídico processual na seara trabalhista, não perde ou ofende a proteção dos direitos fundamentais dos trabalhadores, fomentando o debate na academia, na doutrina e na jurisprudência, objetivando fortalecer o pensamento crítico do processo do trabalho.

2. NEGÓCIO JURÍDICO PROCESSUAL

A análise da aplicação do negócio jurídico processual no direito processual do trabalho necessariamente perpassa conceitos e distinções bem características do núcleo central do tema. O objetivo é não haver pré-conceitos ou presunções voltadas ao protecionismo exacerbado que impossibilitam a aplicação de dispositivos processuais comuns no processo do trabalho, mesmo inexistente qualquer ofensa aos direitos fundamentais, inclusive em hipóteses que possibilitam uma melhor proteção.

É necessário ressaltar que o CPC/2015, apesar de prever uma inovação legislativa, como será tratado adiante, não inaugura o debate doutrinário sobre o tema.

Desse modo, neste capítulo, serão apresentados conceitos introdutórios em relação ao negócio jurídico processual, sua conceituação, as diferenças terminológicas, o momento de formação e a não violação do caráter público do processo ao introduzir a autonomia das partes na relação procedimental.

2.1. Disposições preliminares

Inicialmente, é necessário analisar as disposições preliminares sobre a negociação processual propriamente dita para uma clara conceituação a respeito, além de trazer uma breve exposição quanto à passagem histórica, o direito comparado, a nomenclatura adotada, a distinção entre atos, fatos e negócios jurídicos, além do estudo sobre a autonomia privada. Dessa forma, passa-se a expor a seguir alguns aspectos de suma importância ao debate proposto.

2.1.1. Breve passagem histórica

Conforme ressaltado, o CPC/2015 inaugura uma nova disposição normativa que prevê expressamente a possibilidade de as partes realizarem negócio jurídico processual para além dos casos já previstos em lei. Entretanto, apesar de prever uma inovação normativa ao introduzir expressamente a possibilidade atípica de negociação por meio da autonomia das partes, a discussão doutrinária em relação à autonomia da vontade incidente no campo procedimental não é nova. Basta observar, por exemplo, a relevância da vontade das partes nas hipóteses em que atribuíam um certo foro competente para conhecer de futura e eventual demanda (cláusula de eleição de foro)(1).

Desse modo, é possível encontrar exemplos do que atualmente se entende por negócios processuais típicos no Decreto n. 737/1850 que regulava causas comerciais e previa situações como a conciliação prévia em processos judiciais, sujeição voluntária à decisão do juiz e eventual pacto de não recurso, escolha do juízo territorial e opção pelo procedimento sumário. No caso do CPC/1939, foram inseridos novos negócios processuais típicos, a exemplo da desistência da demanda, da transação, da suspensão convencionada de instância e da divisão de tempo quanto ao debate oral para litisconsortes. O CPC/1973 manteve a continuidade da ampliação da vontade ao prever novos negócios típicos, como o foro de eleição, a suspensão da fase de conhecimento ou da execução, a convenção sobre o ônus da prova e a opção pelo arbitramento no caso da liquidação(2).

Inegável a tendência histórica do Brasil de acompanhar o publicismo, com destaque à direta influência italiana na formação não só do pensamento processual civil, mas também do seu regramento, como é o caso do CPC/1973. Nesse sentido, apesar de haver hipóteses típicas desde o Decreto n. 737/1850, como também nos Códigos de 1939 e 1973, que possibilitavam à confluência de vontades moldar o procedimento, a doutrina era omissa ou negava o negócio jurídico processual(3).

Desse modo, diversos argumentos eram levantados para combater a admissão do negócio jurídico no âmbito processual, a exemplo da alegação de ser o direito processual um ramo do direito público, ou seja, no qual operam apenas normas cogentes; ou que a fonte normativa do direito processual é exclusivamente legislada; ou que o negócio jurídico envolve necessariamente prerrogativas do juiz nos negócios; ou que não é possível consensualidade ou convencionalidade no direito público, por consequência, no processo(4).

---

(1) ALVIM, Eduardo Arruda. *Direito processual civil*. 6. ed. São Paulo: Saraiva, 2019. p. 401.
(2) REDONDO, Bruno Garcia. *Negócios jurídicos processuais atípicos no direito processual civil brasileiro*: existência, validade e eficácia. Tese (Doutorado em Direito), Pontifícia Universidade Católica de São Paulo (PUC-SP). São Paulo, 2019. Disponível em: https://tede2.pucsp.br/handle/handle/22644. Acesso em: 10 ago. 2022, p. 94-97.
(3) OLIVEIRA, Guilherme Peres de. *Negócio jurídico processual*: a amplitude da cláusula geral de negociação no processo civil. Tese (Doutorado em Direito), Pontifícia Universidade Católica de São Paulo (PUC-SP). São Paulo, 2017. p. 69-71.
(4) FARIA, Guilherme Henrique Lage. *Negócios processuais*: aplicação e limites à luz do formalismo processual democrático. Dissertação (Mestrado em Direito), Pontifícia Universidade Católica de Minas Gerais (PUC-MG). Belo Horizonte, 2016. Disponível em: http://www.biblioteca.pucminas.br/teses/Direito_FariaGHL_1.pdf. Acesso em: 10 ago. 2022, p. 36.

Nesse sentido, a clássica posição de Dinamarco entende que os atos processuais produzidos pelas partes não são autorreguláveis, já que os efeitos dos atos processuais resultam sempre da lei e não da vontade[(5)(6)].

É necessário destacar e ressaltar a argumentação de Barbosa Moreira, em artigo escrito em 1984, que destoava do entendimento doutrinário da época e entendia pela admissibilidade das convenções não autorizadas expressamente pela lei, mesmo que a doutrina tentasse estabelecer limites:

> Acerca do ponto muito se debateu em doutrina, sobretudo na Alemanha, onde prestigiosa corrente se opôs à franquia, com maior ou menor rigor. Não se poderia reconhecer à autonomia da vontade, no campo processual, atuação tão ampla como a que se lhe abre no terreno privatístico; no processo, ramo do direito público, deveria considerar-se proibido tudo quanto não fosse permitido. Com algum exagero, receava-se a entronização do "processo convencional". Em nossos dias predomina a tese da admissibilidade de convenções não autorizadas *expressis verbis* na lei, conquanto se esforcem os escritores em estabelecer limites, sem que se haja até agora logrado unanimidade na fixação dos critérios restritivos[(7)].

Atualmente, diferente do que vinha acontecendo no século XX, houve uma evolução teórica que influenciou na tramitação do CPC/2015 e que reforçou a adoção de soluções cooperativas e negociadas. Nesse sentido, o

---

(5) DINAMARCO, Cândido Rangel. *Instituições de direito processual civil*. v. 2. 6. ed. São Paulo: Malheiros, 2009. p. 484.

(6) Atualmente, Dinamarco entende de forma diversa, adotando de forma cautelosa a possibilidade de negócio jurídico processual: "Sustentou-se até recentemente que não há negócios jurídicos processuais, porque os efeitos dos atos do processo não são determinados pela vontade dos sujeitos que os realizam. Os atos processuais são voluntários, mas apenas no sentido de que sua realização depende da vontade — e não do conteúdo acrescido por um ato de vontade; o sujeito limita-se a escolher entre praticar ou não o ato, não lhe deixando a lei margem de liberdade para a escolha dos efeitos deste. Com o advento do Código de Processo Civil de 2015, porém, essa posição deve ser posta sob ressalva porque ele abre caminho para entendimentos entre as partes mediante certos atos praticados não só com a vontade de praticá-los, mas, também, com a intenção de estabelecer novas situações concretas por elas próprias construídas, como se dá nos acordos sobre mudanças no procedimento e convenções sobre ônus, poderes, faculdades e deveres das partes, antes e durante o processo (art. 190). Já no direito anterior se admitia, como continua existindo no novo Código, a possibilidade de uma inversão do ônus da prova por acordo entre as partes (CPC-1973, art. 333, par.; CPC-2015, art. 372, § 3º) e alguns sustentavam que também as eleições de foro fossem um negócio jurídico processual". CINTRA, Antônio Carlos de Araújo; GRINOVER, Ada Pellegrini; DINAMARCO, Cândido Rangel. *Teoria geral do processo*. 31. ed. São Paulo: Malheiros, 2015. p. 395.

(7) BARBOSA MOREIRA, José Carlos. Convenções das partes sobre matéria processual. *In*: BARBOSA MOREIRA, José Carlos. *Temas de direito processual*: terceira série. São Paulo: Saraiva, 1984. p. 91.

CPC/2015, além de replicar o que dispunha o CPC/1973 no art. 158 e manter situações já asseguradas pela legislação (como a eleição de foro ou suspensão convencional do processo), ampliou as possibilidades de negócios processuais típicos e trouxe inovação legislativa ao prever cláusula geral de negociação processual[8].

Destarte, a doutrina contemporânea majoritariamente aplica e aceita o negócio jurídico processual que agora possui expressa previsão da possibilidade atípica. Desse modo, não é mais possível aplicar o entendimento estanque de que o direito processual é um ramo de direito público e, por isso, nele imperam normas cogentes, a impossibilidade de o procedimento ser negociado ou o entendimento de que o negócio processual envolve necessariamente prerrogativas do juiz quando, na verdade, já eram aceitas as cláusulas de foro de eleição há muito tempo.

Nesse sentido, a previsão da atipicidade acaba por admitir não apenas a influência doutrinária atual, mas também a tendência do legislador em permitir que as partes regulem o seu processo, afastando a ideia de que é tido apenas por regras de direito público e cogentes[9].

Como dito, há uma tendência atual do legislador em permear legislações esparsas com a possibilidade de negócios jurídicos processuais, como o caso da Lei n. 13.129/2015, que trouxe a calendarização no procedimento arbitral, e da Lei n. 13.655/2018, que inseriu na Lei de Introdução às Normas de Direito Brasileiro o negócio de certificação[10]. É claro, o fato de aceitar que a autonomia das partes disponha sobre o procedimento não é o mesmo que aplicar indistintamente o art. 190 do CPC/2015 ou as diretrizes advindas posteriormente, pois haverá a necessária observância do núcleo dos valores e das normas fundamentais estabelecidos pela Constituição Federal.

2.1.2. Negociação processual no direito comparado

Quanto ao direito estrangeiro, nesta seção, apresenta-se uma breve passagem das três referências mais utilizadas pela doutrina brasileira a respeito do direito comparado ao se analisar o negócio jurídico processual.

Primeiramente, o Código de Processo Civil português, assim como o brasileiro, é repleto de dispositivos quanto a negócios jurídicos típicos, pre-

---

(8) CABRAL, Antonio do Passo. *Convenções processuais*. Teoria geral dos negócios jurídicos processuais. 3. ed. Salvador: JusPodivm, 2020. p. 164.
(9) ALVIM, Eduardo Arruda. *Direito processual civil*. 6. ed. São Paulo: Saraiva, 2019. p. 402.
(10) CABRAL, Antonio do Passo. *Convenções processuais*. Teoria geral dos negócios jurídicos processuais. 3. ed. Salvador: JusPodivm, 2020. p. 165.

vendo, por exemplo, convenção sobre foro e fixação de prazo máximo para suspensão de instância. Contudo, não há previsão expressa quanto à possibilidade de negócio processual atípico[11].

Apesar da ausência de previsão expressa e específica, é possível defender a aplicação do negócio jurídico processual atípico, já que entende pela aplicação do princípio da autonomia. É claro, pela ausência de previsão expressa a pacificar a questão, há divergência doutrinária quanto à possibilidade atípica, ainda que o Código daquele país tenha regrado diversas disposições prezando pela autonomia[12].

No que tange ao caso laboral, o Código de Processo do Trabalho português acompanha a ausência de previsão específica quanto à modalidade atípica de negócio processual. Entretanto, prevê expressamente que o processo comum é aplicável subsidiariamente[13].

Quanto ao direito francês, a Constituição da França não estabelece que o direito processual civil tenha reserva de regulamentação pela lei. Desse modo, a lei não é a única fonte do direito processual, o que propicia um ambiente fértil para a vontade das partes. A doutrina francesa utiliza a expressão "contrato de procedimento" para se referir aos negócios tidos como institucionais, ou seja, os protocolos firmados entre os tribunais e a Ordem dos Advogados ou entre entidades de classes de profissionais relacionados à administração da justiça para que sejam solucionadas questões pontuais nas cortes[14].

Os "contratos de procedimento", além de rogarem pelo direito processual cooperativo, são vistos como um aparato legítimo e válido para a

---

(11) REDONDO, Bruno Garcia. *Negócios jurídicos processuais atípicos no direito processual civil brasileiro*: existência, validade e eficácia. Tese (Doutorado em Direito), Pontifícia Universidade Católica de São Paulo (PUC-SP). São Paulo, 2019. Disponível em: https://tede2.pucsp.br/handle/handle/22644. Acesso em: 10 ago. 2022, p. 107-108.

(12) *Ibidem*, p. 108-109.

(13) "Art. 49º Processo declarativo comum. 1 — O processo declarativo comum segue a tramitação estabelecida nos arts. 54º e seguintes. 2 — Nos casos omissos, e sem prejuízo do disposto no art. 1º, aplicam-se subsidiariamente as disposições do Código de Processo Civil sobre o processo comum de declaração. 3 — O juiz pode abster-se de proferir o despacho previsto no art. 596º do Código de Processo Civil, sempre que a enunciação dos temas da prova se revestir de simplicidade". PORTUGAL. *Código de Processo do Trabalho Português*. Decreto-Lei n. 480/99. Diário da República n. 261/1999, Série I-A de 1999-11-09. Disponível em: https://dre.pt/dre/legislacao-consolidada/decreto-lei/1999-34575575-124568150. Acesso em: 10 ago. 2022.

(14) REDONDO, Bruno Garcia. *Negócios jurídicos processuais atípicos no direito processual civil brasileiro*: existência, validade e eficácia. Tese (Doutorado em Direito), Pontifícia Universidade Católica de São Paulo (PUC-SP). São Paulo, 2019. Disponível em: https://tede2.pucsp.br/handle/handle/22644. Acesso em: 10 ago. 2022, p. 109.

democratização do acesso à justiça, efetiva e eficiente tutela jurisdicional, aplicáveis nas mais diferentes cortes, o que, consequentemente, não exclui a seara laboral(15).

O interessante a ser destacado é que, na regra para os "contratos de procedimento", como é o caso no processo civil brasileiro quanto à negociação atípica, a homologação judicial é desnecessária. Entretanto, quando versar sobre situação processual do magistrado, exige-se a homologação prévia para a produção dos efeitos(16).

Por fim, no caso italiano, começou a ser admitido o negócio jurídico processual da forma atípica por meio do *protocolli di procedura* em situações semelhantes ao procedimento francês. Todavia, há divergência quanto à aplicação na situação individual. Diante disso, na doutrina italiana atual, ainda predomina o entendimento contrário à aplicação da autonomia privada e acordos nos procedimentos individuais(17). Situação diversa se mostra quanto à negociação típica, já que, diante da expressa previsão normativa, a doutrina passa a aceitá-la, como acontece no caso do calendário processual diante da previsão advinda da reforma processual italiana de 2011(18).

Desse modo, no que tange à forma atípica, ainda há resistência não só no Brasil, mas que vem sendo combatida pela doutrina, o que ressalta a necessidade de uma ampliação no debate para sua incorporação inclusive na seara laboral.

2.1.3. Distinção entre atos, fatos e negócios jurídicos

Embora neste trabalho seja utilizada a nomenclatura "negócio jurídico processual", não há uniformidade quanto a essa terminologia, o que torna de suma importância, antes de se comentar a nomenclatura propriamente adotada, um breve estudo sobre a distinção entre ato, fato e negócio jurídico.

Assim, aproveitando da doutrina civilista, fato jurídico é um acontecimento que pode ser ou não produzido pelo homem e que necessariamente acarreta um efeito jurídico. Dessa forma, o termo incorpora em seu conceito os acontecimentos decorrentes da natureza. Já os atos jurídicos, diferentemente dos fatos, são os eventos produzidos pela vontade humana,

---

(15) REDONDO, Bruno Garcia. *Negócios jurídicos processuais atípicos no direito processual civil brasileiro*: existência, validade e eficácia. Tese (Doutorado em Direito), Pontifícia Universidade Católica de São Paulo (PUC-SP). São Paulo, 2019. Disponível em: https://tede2.pucsp.br/handle/handle/22644. Acesso em: 10 ago. 2022, p. 112.

(16) *Ibidem*, p. 114-115.

(17) *Ibidem*, p. 115-117.

(18) *Ibidem*, p. 117.

com ou sem intenção de produzir efeitos jurídicos. Assim, o ato jurídico, apesar de ser produzido pela vontade, gera efeitos que não são controlados pela autonomia privada[(19)].

Desta feita, o ato jurídico, para parcela da doutrina, é cindido em ato jurídico em sentido lato, como o gênero das espécies de ato jurídico em sentido estrito (vontade apenas na formação), e negócio jurídico (vontade na formação e nos efeitos).

> Se há uma expressão capaz de bem caracterizar a distinção entre ato jurídico em sentido estrito e negócio jurídico é a autonomia privada. Isso porque a vontade nos atos jurídicos em sentido estrito não é autônoma, mas sim vinculada à lei (sentido amplo). Fenômeno diverso se observa nos negócios jurídicos, neles há liberdade, ainda que dentro de uma moldura jurídica definida pelo ordenamento jurídico, para que a vontade dos sujeitos possa construir e definir relações, produzindo os efeitos jurídicos voluntariamente perseguidos por eles[(20)].

Segundo a teoria geral civilista, o negócio jurídico é considerado uma declaração de vontade externada conforme pressupostos de existência, validade e eficácia, cujo propósito é produzir efeitos admitidos pelo ordenamento jurídico e pretendidos pelo agente[(21)]. Desse modo, negócio jurídico distingue-se de ato jurídico em sentido estrito, já que nesta situação (ato jurídico em sentido estrito) a vontade é externada visando obter efeitos jurídicos estabelecidos em lei[(22)].

Ocorre que, ao transpor a teoria civilista para o campo processual, observam-se algumas especificidades, ainda que produzam apenas diferenças parciais. Nessa vereda, os fatos jurídicos processuais podem ser divididos em fatos jurídicos processuais *stricto sensu* (aqueles que dispensam ato humano) e atos jurídicos processuais *lato sensu* (aqueles produzidos por atividade humana). Por sua vez, atos jurídicos processuais *lato sensu* são divididos em atos jurídicos *stricto sensu* (atos cuja vontade é o elemento presente na estrutura, mas não determina conteúdo quanto à eficácia) e os

---

(19) VENOSA, Sílvio de Salvo. *Direito civil* — parte geral. v. 1. 21. ed. São Paulo: Atlas, 2021. p. 306.

(20) MULLER, Julio Guilherme. *Negócios processuais e desjudicialização da produção da prova*. São Paulo: RT, 2017. p. 28.

(21) GAGLIANO, Pablo Stolze; PAMPLONA FILHO, Rodolfo. *Manual de direito civil*. 5. ed. São Paulo: Saraiva, 2021. p. 66.

(22) JUNQUEIRA, Fernanda Antunes Marques; MARANHÃO, Ney. Negócio processual no processo do trabalho: apontamentos gerais. *Revista Eletrônica [do] Tribunal Regional do Trabalho da 9ª Região*, Curitiba, v. 6, n. 55, p. 44-70, out.-nov. 2016, p. 49. Disponível em: https://hdl.handle.net/20.500.12178/100260. Acesso em: 10 ago. 2022.

negócios jurídicos processuais (nestes, a vontade está presente tanto na opção por praticar ou não o ato, como na própria definição dos efeitos a serem produzidos)(23).

Para melhor esclarecimento, fato jurídico processual é o acontecimento da natureza que tem potencialidade de gerar efeitos para e no processo, ainda que tenha acontecido fora do processo — é o caso de catástrofes naturais; já nos atos jurídicos processuais, há a previsão da vontade em sua produção, a qual não é capaz de criar o conteúdo do ato, mas apenas ver realizados os efeitos previstos pela lei quando realizado — é o caso da citação ou da intimação da parte; finalmente, o negócio jurídico processual é celebrado para ou no processo e a vontade é dirigida a uma finalidade específica — é o caso do saneamento processual ou da escolha consensual do perito(24).

Utilizando-se exemplos processuais trabalhistas, fato jurídico processual é a morte do empregador pessoa física e a adequação da representação do *de cujus* no processo; como ato-jurídico processual *stricto sensu* ou ato-fato jurídico, menciona-se a ausência do Reclamante ou da Reclamada na audiência una que, respectivamente, gera a confissão ficta no caso do Reclamante e revelia no caso da Reclamada.

Por fim, quanto aos negócios jurídicos processuais, há a previsão do art. 507-A da CLT(25), que traz a aplicação da arbitragem no direito individual trabalhista por meio da cláusula compromissória segundo os requisitos dispostos no artigo, além da clássica previsão da demanda de natureza trabalhista submetida à Comissão de Conciliação Prévia. É claro, são todos exemplos discutíveis por se tratarem de momentos ocorridos antes da formalização do processo propriamente dito. Assim, muito mais visível a presença do negócio processual é o disposto no art. 789, § 3º, da CLT(26) que possibilita a convenção das partes sobre o pagamento das custas.

---

(23) CABRAL, Antonio do Passo. *Convenções processuais*. Teoria geral dos negócios jurídicos processuais. 3. ed. Salvador: JusPodivm, 2020. p. 57-63.

(24) NERY, Carmen Ligia Barreto de Andrade Fernandes. *O negócio jurídico processual como fenômeno da experiência jurídica*: uma proposta de leitura constitucional adequada da autonomia privada em processo civil. Tese (Doutorado em Direito), Pontifícia Universidade Católica de São Paulo (PUC-SP). São Paulo, 2016. Disponível em: https://tede2.pucsp.br/handle/handle/19840. Acesso em: 10 ago. 2022, p. 71-73.

(25) BRASIL. *Decreto-Lei n. 5.452/1043 (CLT)*. "Art. 507-A. Nos contratos individuais de trabalho cuja remuneração seja superior a duas vezes o limite máximo estabelecido para os benefícios do Regime Geral de Previdência Social, poderá ser pactuada cláusula compromissória de arbitragem, desde que por iniciativa do empregado ou mediante a sua concordância expressa, nos termos previstos na Lei n. 9.307, de 23 de setembro de 1996".

(26) BRASIL. *Decreto-Lei n. 5.452/1043 (CLT)*. "Art. 789, § 3º Sempre que houver acordo, se de outra forma não for convencionado, o pagamento das custas caberá em partes iguais aos litigantes".

2.1.4. A nomenclatura adotada

Nesta pesquisa, adota-se a nomenclatura "negócio jurídico processual", tendo em vista maior proximidade com a teoria geral do processo que, por sua vez, inspira-se na fonte civilista.

Nesse diapasão, ressalta-se que não há unanimidade na utilização da terminologia, podendo ser encontradas diversas possibilidades. Na França, por exemplo, utilizam-se diversos termos (convenções relativas ao processo ou processuais; contratos de procedimento ou acordos processuais) para o mesmo fenômeno(27).

Entretanto, a utilização do termo contrato processual na doutrina brasileira encontra ressalvas, já que no ordenamento pátrio o termo contrato ainda está muito ligado ao aspecto da ideia patrimonialista e obrigacional. Nesse contexto, acordo e convenção acabam por expressar a união de vontades comuns ou convergentes, ao contrário do que se entende por contrato, já que neste caso é necessário que os objetos, a causa ou os interesses sejam diversos ou contrapostos(28).

Nesse sentido, Barbosa Moreira, ao criticar a expressão "contrato processual", prefere utilizar a locução "convenções processuais", conforme a lei previa em diversos artigos(29). A nomenclatura "convenções processuais" também é a utilizada por Cabral que é, por sinal, o título de seu livro, fruto de sua tese de livre-docência.

Dessa forma, apesar de se adotar neste trabalho o termo "negócio jurídico processual", louvável é o posicionamento doutrinário que entende negócios processuais e convenções processuais como expressões sinônimas para comunicação e compreensão, independentemente de ser celebrado antes ou durante o processo(30).

Ao se adotar como critério distintivo a quantidade de polos da declaração da vontade, os negócios jurídicos processuais podem ser unilaterais (apenas um polo declara a vontade), bilaterais (dois polos) ou plurilaterais (mais de dois polos). Desse modo, a desistência da ação, no processo civil, é negócio

---

(27) MULLER, Julio Guilherme. *Negócios processuais e desjudicialização da produção da prova*. São Paulo: RT, 2017. p. 44.

(28) CABRAL, Antonio do Passo. *Convenções processuais*. Teoria geral dos negócios jurídicos processuais. 3. ed. Salvador: JusPodivm, 2020. p. 70-71.

(29) BARBOSA MOREIRA, José Carlos. Convenções das partes sobre matéria processual. *In*: BARBOSA MOREIRA, José Carlos. *Temas de direito processual*: terceira série. São Paulo: Saraiva, 1984. p. 89.

(30) MULLER, Julio Guilherme. *Negócios processuais e desjudicialização da produção da prova*. São Paulo: RT, 2017. p. 44.

jurídico unilateral desde que feita até a citação. Importante ressaltar que essa classificação pode gerar reflexos na denominação a ser utilizada. Assim, "contrato processual", "acordo processual" e "convenção processual" são termos comumente utilizados para negócios jurídicos processuais bilaterais ou plurilaterais; além disso, o primeiro termo é voltado a vontades divergentes[31].

Assim, neste trabalho, adotamos e entendemos que o melhor posicionamento a ser aplicado na seara processual trabalhista é aquele que não pega apreço ao termo utilizado, já que neste ramo especializado não existe forte vinculação por nomenclatura exclusiva, pois é possível encontrar situações semelhantes, nas quais determinado instituto é tratado por nomenclaturas distintas. É o caso da palavra "notificação" no corpo celetista que pode significar citação ou intimação, a depender das circunstâncias.

2.1.5. A autonomia privada, o autorregramento da vontade e o dever da motivação das decisões judiciais

A Constituição Federal de 1988, além de definir a liberdade como um objetivo da República[32], a prevê como um direito fundamental[33]. Diante disso, especifica em seu art. 1º que a dignidade da pessoa humana é um dos fundamentos do Estado Democrático de Direito em que se constitui a República Federativa do Brasil[34]. Uma das vertentes da dignidade da pessoa humana, indubitavelmente, é a autodeterminação dos indivíduos, ou seja, o poder de escolha e o dever imposto a todos quanto ao respeito a essas escolhas[35].

Diante disso, os sujeitos não têm sua liberdade e sua autodeterminação suprimidas diante de um processo judicial, já que o próprio direito processual civil deve respeitar a liberdade e o poder de autodeterminação fixados

---

(31) WONTROBA, Bruno Gressler. *Negócios jurídicos processuais atípicos*: objeto lícito, disponibilidade do direito material e disponibilidade da tutela jurisdicional. Dissertação (Mestrado em Direito). Universidade Federal do Paraná (UFPR). Curitiba, 2019. Disponível em: https://hdl.handle.net/1884/62498. Acesso em: 10 ago. 2022, p. 43-44.

(32) BRASIL. *Constituição Federal (1988)*. "Art. 3º Constituem objetivos fundamentais da República Federativa do Brasil: I — construir uma sociedade livre, justa e solidária".

(33) BRASIL. *Constituição Federal (1988)*. "Art. 5º Todos são iguais perante a lei, sem distinção de qualquer natureza, garantindo-se aos brasileiros e aos estrangeiros residentes no País a inviolabilidade do direito à vida, à liberdade, à igualdade, à segurança e à propriedade, nos termos seguintes [...]:".

(34) BRASIL. *Constituição Federal (1988)*. "Art. 1º A República Federativa do Brasil, formada pela união indissolúvel dos Estados e Municípios e do Distrito Federal, constitui-se em Estado Democrático de Direito e tem como fundamentos: III — a dignidade da pessoa humana".

(35) WONTROBA, Bruno Gressler. *Negócios jurídicos processuais atípicos*: objeto lícito, disponibilidade do direito material e disponibilidade da tutela jurisdicional. Dissertação (Mestrado em Direito). Universidade Federal do Paraná (UFPR). Curitiba, 2019. Disponível em: https://hdl.handle.net/1884/62498. Acesso em: 10 ago. 2022, p. 71.

constitucionalmente. É claro, apesar de não serem suprimidas, possuem delineamento próprio, seja no direito processual civil, seja no direito público[(36)].

Nessa toada, o CPC/2015 enaltece em diversas passagens três aspectos: autonomia, liberdade e democracia, o que é bem observado, por exemplo, na passagem relativa à arbitragem (art. 3º, § 1º, CPC/2015[(37)]), nos dispositivos sobre mediação e na conciliação[(38)].

Entretanto, Câmara[(39)] entende que o CPC/2015, apesar de dar maior respaldo à flexibilização procedimental, não trouxe um novo princípio, pois o CPC/1973 já previa disposições sobre o autorregramento — é o caso da busca quanto aos meios de conciliação, conforme previa os negócios jurídicos processuais típicos, além da possibilidade da opção pela arbitragem. Assim, entende que não existe o princípio do autorregramento, nem que tenha sido criado pelo CPC/2015, fundamentando que o princípio em questão é uma maneira diferente de se referir ao princípio da autonomia da vontade privada[(40)].

Embora estejamos de acordo com a visão apresentada no que se refere ao CPC/2015 não ser o criador do autorregramento, não temos o mesmo entendimento quanto à parte final do pensamento, já que o posicionamento de Pontes de Miranda[(41)] demonstra ser mais coeso ao defender a denominação de autorregramento em desfavor da autonomia.

Nesse sentido, no âmbito processual, como a autonomia privada está intrinsecamente ligada à esfera de atuação do sujeito no direito privado, o entendimento quanto ao autorregramento da vontade acaba superando essa premissa. Assim, não existe uma vinculação exclusiva entre negócio jurídico e caráter patrimonial do conteúdo transacionado. No caso de intervenção do Estado nas relações contratuais entre particulares, restará uma conotação social que torna incompatível o uso da terminologia "autonomia privada"[(42)].

---

(36) WONTROBA, Bruno Gressler. *Negócios jurídicos processuais atípicos*: objeto lícito, disponibilidade do direito material e disponibilidade da tutela jurisdicional. Dissertação (Mestrado em Direito). Universidade Federal do Paraná (UFPR). Curitiba, 2019. Disponível em: https://hdl.handle.net/1884/62498. Acesso em: 10 ago. 2022, p. 72.

(37) BRASIL. *Código de Processo Civil (2015)*. "Art. 3º, § 1º É permitida a arbitragem, na forma da lei".

(38) RAATZ, Igor. *Autonomia privada e processo civil*: negócios jurídicos processuais, flexibilização procedimental e o direito à participação na construção do caso concreto. Salvador: JusPodivm, 2019. p. 177-178.

(39) CÂMARA, Helder Moroni. *Os negócios jurídicos processuais*. São Paulo: Almedina, 2018. p. 102.

(40) *Ibidem*, p. 129.

(41) PONTES DE MIRANDA, Francisco Cavalcanti. *Tratado de direito privado* — parte geral. t. III. Rio de Janeiro: Borsoi, 1954. p. 55-56.

(42) BUCHMANN, Adriana. *Limites objetivos ao negócio jurídico processual atípico*. Dissertação (Mestrado em Direito), Universidade Federal de Santa Catarina (UFSC). Florianópolis, 2017. Disponível em: https://repositorio.ufsc.br/xmlui/handle/123456789/176772. Acesso em: 10 ago. 2022, p. 44-45.

Nessa toada, no direito processual, a liberdade e o poder de autodeterminação dos indivíduos estão justificados nos princípios do dispositivo e do debate. Esse princípio confere poderes aos titulares dos direitos materiais envolvidos na demanda para disporem sobre eles, como é o caso da autocomposição (concessões recíprocas, reconhecimento do pedido ou renúncia ao direito). Quanto ao princípio do debate, atribui-se que o titular da situação jurídica processual pode dispor sobre ela, a exemplo do ajuizamento de execução.

> O princípio dispositivo estabelece a disponibilidade sobre a cognição e decisão a respeito do direito material. E o princípio do debate atribui às partes autonomia para a condução do procedimento e lhes autoriza abrir mão de direitos fundamentais processuais. Por isso, não é propriamente a liberdade contratual do direito privado que justifica a autonomia das partes no processo. Como o processo é um ambiente publicizado, no qual a liberdade contratual encontra limitações, é a combinação entre princípio dispositivo e princípio do debate que permite justificar a autonomia das partes[(43)].

Diante disso, os princípios do dispositivo e do debate fundamentam o autorregramento. Ressalta-se que não é a liberdade contratual do direito privado que justifica a autonomia das partes no processo.

> O autorregramento pode ser compreendido como fundamento para as declarações conscientes de vontade, por facultar a escolha de categorias jurídicas (consequências) às partes que compõem uma determinada relação, por isso, poderá ser limitado ou pré-estabelecido pelo elemento ou conjunto de elementos que compõem o suporte fático das normas. Decorrência lógica do princípio da liberdade, o autorregramento da vontade é verificável em todo o direito, variando apenas em relação aos limites que o ordenamento estabelece ao seu exercício. O princípio do autorregramento da vontade vem a integrar o conteúdo eficacial do direito fundamental à liberdade. Pois o princípio visa assegurar às partes o direito de disciplinar suas condutas dentro do processo, a fim de resguardar o conteúdo da liberdade. Contudo, apesar de sua previsão não estar explícita no Novel Código, o princípio do autorregramento da vontade deverá fazer parte daquele rol constante das normas fundamentais do Processo Civil, mas além disso, sua instauração veio para auxiliar o desfazimento da ideia de irrelevância da vontade

---

(43) CABRAL, Antonio do Passo. *Convenções processuais*. Teoria geral dos negócios jurídicos processuais. 3. ed. Salvador: JusPodivm, 2020. p. 176.

no processo. Em realidade, pode-se dizer que o autorregramento da vontade se configura como aquele poder que dá existência aos negócios jurídicos processuais(44).

Assim, o autorregramento é o fundamento das declarações conscientes de vontade, possibilitando a escolha das consequências jurídicas, podendo ser limitado ou não.

Diante disso, os negócios jurídicos processuais são fundamentados no princípio do autorregramento da vontade que, conforme visto, baseia-se nos princípios do dispositivo e do debate, assim como na liberdade e no poder de autodeterminação dos indivíduos(45).

2.1.6. Conceito

Ultrapassadas as discussões acima, que debateram a evolução no entendimento quanto à aplicação da vontade das partes no direito processual civil, passa-se ao estudo do conceito do negócio jurídico processual.

Nesse sentido, Cabral fundamenta que o negócio jurídico deve ser entendido como uma categoria da teoria geral do direito e, com isso, amolda-se ao direito processual, definindo o negócio jurídico processual como um negócio "pelo qual as partes, antes ou durante o processo e sem necessidade da intermediação de nenhum outro sujeito, determinam a criação, modificação e extinção de situações jurídicas processuais, ou alteram o procedimento"(46).

Por outro lado, há quem prefira destacar no conceito o próprio conteúdo, a natureza jurídica e o necessário respeito ao modelo constitucional do processo:

> [...] É, na qualidade de ato processual, aquele ato pelo qual as partes de determinado processo em andamento ou de uma relação jurídica ainda não litigiosa, mas vislumbrando a possibilidade de uma futura demanda, desejam criar, modificar ou extinguir determinadas normas procedimentais, dentro dos limites permitidos

---

(44) FRIO, Nikolai Bezerra. O autorregramento da vontade: a ressignificação da liberdade concedida às partes no processo civil. *Revista Eletrônica de Direito Processual* — REDP. Rio de Janeiro, ano 14, v. 21, n. 3, set.-dez. 2020, p. 441-442. Disponível em: https://doi.org/10.12957/redp.2020.45611. Acesso em: 10 ago. 2022, p. 441-442.

(45) WONTROBA, Bruno Gressler. *Negócios jurídicos processuais atípicos*: objeto lícito, disponibilidade do direito material e disponibilidade da tutela jurisdicional. Dissertação (Mestrado em Direito). Universidade Federal do Paraná (UFPR). Curitiba, 2019. Disponível em: https://hdl.handle.net/1884/62498. Acesso em: 10 ago. 2022, p. 76.

(46) CABRAL, Antonio do Passo. *Convenções processuais*. Teoria geral dos negócios jurídicos processuais. 3. ed. Salvador: JusPodivm, 2020. p. 85.

para tanto. Tudo isso com o objetivo de adaptar o procedimento da lide e ajustá-lo às especificidades da causa, convencionando-se sobre os ônus, poderes, faculdades e deveres processuais, antes ou durante o processo, cuja validade estará sempre sujeita ao crivo do Judiciário, mercê do art. 1º c/c parágrafo único do art. 190 do CPC/2015 e do modelo constitucional do processo(47).

Interessante destacar a visão de Yarshell, para quem o negócio processual não deve ser qualificado como ato processual, adotando a premissa de que ato processual deva ser praticado no contexto de um processo:

> Por fim, o negócio processual não deve ser (quando menos não convém que seja) qualificado como ato processual, se adotada a premissa de que o aspecto diferencial desse último reside em ser praticado no contexto de um processo, para nele produzir efeitos; exceto se fosse possível estender o conceito de processo para o contexto dos contratos privados. Então, o conceito de ato processual apenas indiretamente interfere com o de negócio processual, na medida em que esse tenha por objeto a regulação daquele(48).

Entretanto, entendemos, conforme o posicionamento de Alvim, segundo o qual são considerados atos processuais mesmo aqueles produzidos fora do processo, ainda que estes atos sejam ou não levados ao processo propriamente dito. Assim, levar o ato produzido fora ao processo é uma condição para atribuir-lhe eficácia na relação jurídica processual, sem desconstituir sua natureza(49).

Já outros doutrinadores, conforme observa Redondo(50), entendem que o negócio jurídico processual é uma declaração unilateral ou plurilateral de vontade autorregrada voltada não só à prática do ato, mas também ao seu resultado, que tem como objeto um instituído de natureza processual, situação jurídica processual, relação jurídica processual ou algum aspecto do procedimento. Desse modo, o negócio processual pode ser unilateral,

---

(47) CÂMARA, Helder Moroni. *Os limites do negócio jurídico processual brasileiro*: uma análise do artigo 190 do CPC/2015. Tese (Doutorado em Direito), Pontifícia Universidade Católica de São Paulo (PUC-SP). São Paulo, 2016. p. 65.

(48) YARSHELL, Flávio Luiz. Convenção das partes em matéria processual. *In*: CABRAL, Antonio do Passo; NOGUEIRA, Pedro Henrique (coord.). *Negócios processuais*. 4. ed. Salvador: JusPodivm, 2019. p. 83.

(49) ALVIM, Arruda. *Manual de direito processual civil*. São Paulo: RT, 2019. p. RB-14.

(50) REDONDO, Bruno Garcia. *Negócios jurídicos processuais atípicos no direito processual civil brasileiro*: existência, validade e eficácia. Tese (Doutorado em Direito), Pontifícia Universidade Católica de São Paulo (PUC-SP). São Paulo, 2019. Disponível em: https://tede2.pucsp.br/handle/handle/22644. Acesso em: 10 ago. 2022, p. 82.

como o exemplo clássico de renúncia ao direito de recorrer, bilateral ou plurilateral, como no caso da previsão do art. 191 do CPC/2015 relativa à calendarização processual[(51)].

Destaca-se que, mesmo nos casos de calendarização processual ou de incentivo à prática do negócio jurídico processual, não se entende que o juiz tem capacidade negocial, pois não é próprio da função jurisdicional tal situação, mas apenas dos sujeitos que possuem algum interesse e que têm capacidade de negociação. Mesmo que o Estado-juiz aja voluntariamente, a vontade não é de escolha livre, mas autoritativa ou vinculada, total ou parcialmente[(52)].

Além disso, apesar de ser louvável ressaltar a possibilidade de negócio processual uni ou plurilateral, deve haver uma atenção maior para se evitar na conceituação termos como "partes no processo" ou "partes do acordo", já que, conforme observa Cabral, é possível haver negócio jurídico processual sem haver um processo. Além disso, o uso do termo acordo tem como característica interesses comuns ou convergentes que, muitas vezes, não se encontra em uma lide; por fim, é possível existirem situações nas quais um ou alguns dos litigantes, no caso de um litisconsórcio processual, não tenham celebrado o negócio[(53)].

Quanto ao conteúdo, as partes somente podem dispor sobre situações jurídicas delas ou sobre adequação procedimental, desde que observados certos limites[(54)]. O problema é que esses limites decorrem de uma interpretação sistemática e casuística nem sempre fácil ou visível, principalmente na seara trabalhista.

Todos os conceitos acima ressaltam a possibilidade de alteração no procedimento. Dessa forma, nesta dissertação, adota-se a doutrina defensora de que o processo é o conjunto de atos que visam a solução da lide por meio da função jurisdicional, ou seja, o processo é o instrumento[(55)]. Malgrado, procedimento é a forma e o modo pelo qual os atos processuais acabam se desenvolvendo no processo. Ressalta-se, por oportuno, que no processo do trabalho o procedimento é regido pelo princípio da oralidade e apresenta

---

(51) Ressalta-se que essa não é a única forma de classificar um negócio jurídico como unilateral ou bilateral (ou plurilateral). Nesse sentido, também é possível obter tal divisão conforme as consequências produzidas para as partes. CABRAL, Antonio do Passo. *Convenções processuais*. Teoria geral dos negócios jurídicos processuais. 3. ed. Salvador: JusPodivm, 2020. p. 65.

(52) CABRAL, Antonio do Passo. *Convenções processuais*. Teoria geral dos negócios jurídicos processuais. 3. ed. Salvador: JusPodivm, 2020. p. 273-277.

(53) *Ibidem*, p. 269-270.

(54) ALVIM, Eduardo Arruda. *Direito processual civil*. 6. ed. São Paulo: Saraiva, 2019. p. 402.

(55) MARTINS, Adalberto. *Manual didático de direito processual do trabalho*. 8. ed. De acordo com Instrução Normativa 41/2018, do TST. São Paulo: Malheiros, 2019. p. 118.

como característica a concentração dos atos[56], bem visível ao se observar a regra celetista da audiência una ou da apresentação da contestação.

Assim, definimos o negócio jurídico processual como um ato processual que pode ser produzido de forma unilateral ou plurilateral, cujo objetivo é dispor sobre situações jurídicas próprias (poderes, faculdades e deveres processuais) ou adequações procedimentais (criar, modificar ou extinguir determinadas normas procedimentais) que visem ajustar as especificidades da causa, antes ou durante o processo, desde que observados limites dispostos no núcleo de direitos fundamentais que compõe o modelo constitucional de processo e do Estado Democrático de Direito, sem deixar de observar sua efetividade.

2.2. Negócios jurídicos processuais: momento e forma

É certo que a definição do conceito de negócio jurídico processual acabou sofrendo adaptações ao longo dos anos, principalmente com as mudanças advindas do CPC/2015. Nesse aspecto, a doutrina atual segue majoritariamente adepta do entendimento de que a convenção processual pode ser elaborada dentro ou fora do processo, antes ou depois da formação da lide, inclusive no momento recursal ou executório[57].

Dessa forma, a convenção processual caracteriza-se pela finalidade de produzir efeitos na relação processual, sem necessidade de formalizá-la dentro de uma lide, já que a sede de sua celebração é desconsiderada para sua própria finalidade[58].

Nesse aspecto, Didier Junior classifica como ambiente propício para celebrar o acordo processual o momento do saneamento e organização processual em audiência, ou seja, posição conflitante ao entendido por parcela da doutrina que argumenta tratar-se de um ato conjunto[59].

Quanto à forma, vige o princípio da liberdade. Significa dizer que não há previsão de uma forma rígida ou específica, já que a lei não é expressa nesse sentido, logo, entende-se pela desnecessidade da forma escrita. Diante disso, exige-se certa formalidade ou a obrigatoriedade da forma escrita somente quando a lei assim dispuser[60].

---

(56) MARTINS, Adalberto. *Manual didático de direito processual do trabalho*. 8. ed. De acordo com a Instrução Normativa 41/2018, do TST. São Paulo: Malheiros, 2019. p. 131.

(57) CABRAL, Antonio do Passo. *Convenções processuais*. Teoria geral dos negócios jurídicos processuais. 3. ed. Salvador: JusPodivm, 2020. p. 353.

(58) ALVIM, Eduardo Arruda. *Direito processual civil*. 6. ed. São Paulo: Saraiva, 2019. p. 402.

(59) DIDIER JUNIOR, Fredie. Negócios jurídicos processuais atípicos no CPC-15. *In*: DIDIER JUNIOR, Fredie. *Ensaios sobre os negócios jurídicos processuais*. Salvador: JusPodivm, 2018. p. 35.

(60) CABRAL, Antonio do Passo. *Convenções processuais*. Teoria geral dos negócios jurídicos processuais. 3. ed. Salvador: JusPodivm, 2020. p. 354-357.

E justamente por não existir previsão expressa quanto à forma, parte da doutrina argumenta ser desnecessária a assistência de advogado para celebrar o negócio jurídico processual. Sobre este ponto, o Fórum Permanente de Processualistas Civis (FPPC) entende, por meio do seu Enunciado 18(61), que a falta de assistência técnico-jurídica revela indícios de vulnerabilidade. Além disso, como será debatido posteriormente, alguns argumentam que o negócio jurídico não precisa ser levado à homologação do juízo. Assim, não é possível a chancela judicial para qualquer instrumento autocompositivo extrajudicial, seja para sua homologação ou anulação.

Ademais, o negócio jurídico processual pode ser formalizado em conjunto com regras de direito material, o que torna relevante para a forma:

> Nessa hipótese, deve ser verificado se o contrato ou acordo foi celebrado fora do processo ou na pendência da relação processual. Para as convenções pré-processuais que sejam firmadas em conjunto com disposições materiais (ainda que não no mesmo instrumento), a forma prevista na lei material deve ser observada. Todavia, se a convenção for celebrada separadamente, externalizada, portanto, em um ato exclusivamente processual, as formalidades a serem observadas são aquelas do direito processual. É o que geralmente ocorre com os acordos firmados durante o processo(62).

Portanto, no caso de ser celebrado conjuntamente com regras de direito material, deve ser analisado se existem formalidades para ser considerado válido. Malgrado, caso a convenção processual seja celebrada separadamente, incidem as formalidades processuais, as quais, geralmente, a forma escrita é *ad probationem tantum*(63).

Quanto ao momento do pacto, entende-se que o negócio jurídico processual pode ser firmado antes da própria formação da lide, desde que obedeça à especificidade:

> O negócio processual pode ser prévio ou incidental, isto é, pode ocorrer antes do ajuizamento da causa (em caráter preparatório, portanto), como ocorre na convenção arbitral ou na pactuação do foro de eleição, ou acontecer como incidente de um processo já em curso, como nos casos de acordo sobre suspensão do processo ou

---

(61) Enunciado 18 (art. 190, parágrafo único). "Há indício de vulnerabilidade quando a parte celebra acordo de procedimento sem assistência técnico-jurídica". ENUNCIADOS FPPC. *Enunciados do Fórum Permanente de Processualistas Civis* — FPPC 2022. Disponível em: https://diarioprocessual.com/2022/03/23/enunciados-fppc-2022. Acesso em: 10 ago. 2022.

(62) CABRAL, Antonio do Passo. *Convenções processuais*. Teoria geral dos negócios jurídicos processuais. 3. ed. Salvador: JusPodivm, 2020. p. 357.

(63) *Idem*.

alteração de prazos. Uma exigência, todavia, há de ser observada, principalmente nos acordos pré-processuais: além de ser lícito, é necessário que o acordo seja preciso e determinado. Vale dizer: deve versar sobre uma situação jurídica individualizada e concreta, de sorte que não são válidas as convenções genéricas, como as que preveem o juízo arbitral ou o foro de eleição, sem identificar com precisão e clareza os casos sobre os quais os efeitos do negócio processual incidirão[(64)].

Sendo assim, não há forma específica definida, prezando pela liberdade. Além disso, não é necessário ser produzido em uma relação jurídica processual já formada pois, como visto, o fato de ter sido produzido de forma pré-processual não lhe retira a natureza de ato processual.

2.3. Negócios jurídicos processuais *versus* declarações concordantes *versus* atos conjuntos

O negócio jurídico processual, por expressar uma vontade dirigida a um fim, não pode ser confundido com as declarações sucessivas. Nesse aspecto, o negócio jurídico processual consubstancia um ato único cujas declarações são fundidas para produzir um efeito específico pretendido. Segundo Barbosa Moreira, diferente situação ocorre quando a própria lei subordina a concordância de um dos litigantes ao requerimento formalizado pelo outro, como é o caso da desistência da ação ou da modificação do pedido após a citação, em que existirão dois atos distintos, unilaterais e dirigidos ao juízo[(65)].

Nessa toada, Junqueira e Maranhão, ao interpretarem as lições de Barbosa Moreira, entendem que a doutrina distingue convenções processuais das declarações concordantes, já que nesta a aceitação se submete a uma exigência, ou seja, à concordância de um dos litigantes para posterior chancela do juiz[(66)].

Dessa forma, a distinção mostra-se relevante quando se observam as consequências práticas. É o caso da revogação, ou seja, tratando-se de

---

(64) THEODORO JÚNIOR, Humberto. *Curso de direito processual civil*, v. I: teoria geral do direito processual civil, processo de conhecimento, procedimento comum. 60. ed. Rio de Janeiro: Forense, 2019. p. 716-717.

(65) BARBOSA MOREIRA, José Carlos. Convenções das partes sobre matéria processual. *In*: BARBOSA MOREIRA, José Carlos. *Temas de direito processual*: terceira série. São Paulo: Saraiva, 1984. p. 89-90.

(66) JUNQUEIRA, Fernanda Antunes Marques; MARANHÃO, Ney. Negócio processual no processo do trabalho: apontamentos gerais. *Revista Eletrônica [do] Tribunal Regional do Trabalho da 9ª Região*, Curitiba, v. 6, n. 55, p. 44-70, out./nov. 2016. Disponível em: https://hdl.handle.net/20.500.12178/100260. Acesso em: 10 ago. 2022, p. 53.

negócio jurídico processual, não será possível que a declaração unilateral seja eficaz para desfazer o negócio, salvo autorização concedida pela lei ou do próprio negócio. Contudo, se forem declarações unilaterais sucessivas, não haverá óbice à revogação enquanto não recair a irreversibilidade por pronunciamento judicial(67).

Quanto aos atos processuais conjuntos, normalmente são requerimentos consensuais cujos efeitos são produzidos apenas depois do pronunciamento judicial. Não há situações convencionadas entre as partes, mas apenas um exercício de uma situação processual unilateral. Nesse sentido, não é possível classificá-los como negócio jurídico processual porque, além de serem situações que dependem de deferimento, envolvem situações jurídicas de terceiros. Assim, apesar de consensuais e orientados a um mesmo resultado, são independentes e não possuem eficácia negocial, como é o caso do requerimento feito em conjunto para a preferência no julgamento perante os tribunais ou do adiamento da audiência por requerimento comum, seja antes ou durante a própria audiência(68).

Diante disso, para parte da doutrina, o saneamento compartilhado (art. 357, § 3º, CPC/2015), a calendarização processual (art. 191, CPC/2015) e a cisão consensual da audiência (art. 365, CPC/2015) são exemplos de atos ou requerimentos conjuntos, ou seja, situações em que a eficácia será produzida após o deferimento judicial. Por fim, aplica-se idêntica previsão quanto ao aspecto da revisão das declarações concordantes nos atos conjuntos, ou seja, no ato conjunto pode haver revogação unilateral até a decisão judicial(69).

2.4. Negócio jurídico processual e a não violação do caráter público do processo — apontamentos sobre o modelo cooperativo

Conforme exposto, diversos argumentos eram levantados para combater a admissão do negócio jurídico no âmbito processual, alegando-se, por exemplo, ser o direito processual um ramo do direito público(70).

---

(67) BARBOSA MOREIRA, José Carlos. Convenções das partes sobre matéria processual. *In*: BARBOSA MOREIRA, José Carlos. *Temas de direito processual*: terceira série. São Paulo: Saraiva, 1984. p. 90.

(68) CABRAL, Antonio do Passo. *Convenções processuais*. Teoria geral dos negócios jurídicos processuais. 3. ed. Salvador: JusPodivm, 2020. p. 86-88.

(69) *Ibidem*, p. 88-89.

(70) FARIA, Guilherme Henrique Lage. *Negócios processuais*: aplicação e limites à luz do formalismo processual democrático. Dissertação (Mestrado em Direito), Pontifícia Universidade Católica de Minas Gerais (PUC-MG). Belo Horizonte, 2016. p. 36.

A situação não é fácil de ser resolvida, já que a tradição jurídica e doutrinária brasileira encontra-se arraigada fortemente ao publicismo processual e diante da sua proximidade ao caráter cogente dos procedimentos. Desse modo, as principais críticas doutrinárias pautam-se na preocupação quanto ao risco possível de retorno ao privatismo romano, o que seria considerado um grande retrocesso ou um grave atraso.

Nesse sentido, com base em uma análise histórica feita por Reis[(71)], não há dúvidas de que nos modelos processuais, que vão predominantemente do privatismo adversarial ao publicismo inquisitivo, a estrutura estatal interfere em suas instituições processuais, inclusive na posição e no papel assumidos pelas partes e pelo juiz.

Assim, apesar de haver uma correlação entre o regime político e o ordenamento processual, não é possível simplificar essa relação como inflexível, já que, mesmo em governos autoritários, como é o caso do período sombrio da ditadura militar brasileira, algumas leis foram produzidas sem a existência de uma correlação clara com o autoritarismo político da época, a exemplo da Lei n. 4.717/1965 (Lei da Ação Popular)[(72)].

Desse modo, adotar o publicismo não significa adotar um sistema baseado no autoritarismo, já que o modelo publicista convive harmonicamente com o Estado Democrático de Direito que superou os modelos liberal e socializador do processo[(73)].

Nesse sentido, enquanto o modelo liberal de processo almeja a igualdade formal, considerando o juiz em um papel passivo, o modelo socializador o leva a assumir um papel voltado às camadas mais desfavorecidas da sociedade e, com isso, assume um papel centralizado autoritário, suprimindo liberdades das partes e com forte intervenção do Estado-juiz na condução do processo (modelo processual de caráter tipicamente inquisitorial)[(74)].

Como referido, o Estado Democrático de Direito superou os modelos liberal e social rompendo com o pêndulo entre privado e público, trazendo

---

(71) REIS, Sérgio Cabral dos. Pressupostos ideológicos do cabimento dos negócios jurídicos processuais na justiça do trabalho: a necessária correlação entre cultura democrática. *Revista de Direito do Trabalho e Seguridade Social*, São Paulo, v. 46, n. 213, p. 275-324, set.-out. 2020, p. 283.

(72) BARBOSA MOREIRA, José Carlos. O neoprivatismo no processo civil. *In*: *Temas de direito processual*: nona série. São Paulo: Saraiva, 2007. p. 88-89.

(73) REDONDO, Bruno Garcia. *Negócios jurídicos processuais atípicos no direito processual civil brasileiro*: existência, validade e eficácia. Tese (Doutorado em Direito), Pontifícia Universidade Católica de São Paulo (PUC-SP). São Paulo, 2019. Disponível em: https://tede2.pucsp.br/handle/handle/22644. Acesso em: 10 ago. 2022, p. 51.

(74) OLIVEIRA, Guilherme Peres de. *Negócio jurídico processual*: a amplitude da cláusula geral de negociação no processo civil. Tese (Doutorado em Direito), Pontifícia Universidade Católica de São Paulo (PUC-SP). São Paulo, 2017. p. 143-145.

equilíbrio entre as autonomias privada e pública[75]. Dito isso, o receio apontado pela doutrina quanto ao retorno ao privatismo, apesar de válido, não é factível diante da previsão constitucional de diversos direitos fundamentais aplicáveis ao processo.

Assim, a adoção do negócio jurídico processual não representa um abandono ao caráter público do processo, mas apenas uma adequação:

> Nesse sentido, as convenções processuais não significam um retorno impensado ao privatismo romano, ou uma guinada ao formato anglo-americano do processo adversarial, mas um tratamento mais balanceado da tensão entre publicismo e privatismo, com redução (não eliminação!) dos poderes do juiz em razão da atuação legítima das partes. O uso de instrumentos convencionais contribui para a contenção do arbítrio, para o controle e a mais adequada repartição de poder no processo, numa relação de coordenação própria do formalismo processual contemporâneo[76].

Sendo assim, o negócio jurídico processual não busca retirar o juiz do centro do poder, mas visa um equilíbrio entre publicismo e privatismo, maior flexibilidade no procedimento judicial, buscando romper com a ideia pré-concebida de que toda norma processual possui cogência, imperatividade e inderrogabilidade[77]. Isso é claro ao observar, por exemplo, situações que, embora externas ao caso trabalhista, aproximam-se dela: no caso dos consumidores, é possível, inclusive, foro de eleição em situações benéficas, o que é de inquestionável aplicabilidade mesmo que os direitos previstos se aproximem de uma ideia de imperatividade, mas não de absoluta aplicação.

Além disso, segundo Caponi[78], o sistema normativo processual não pode ser considerado fechado em sua própria normatividade diante de um

---

(75) SANTOS, Igor Raatz dos. *Autonomia privada, (de)limitação dos poderes do juiz e flexibilização procedimento*: da insuficiência normativa do "princípio dispositivo" à construção compartilhada do caso concreto. Tese (Doutorado em Direito), Universidade do Vale do Rio dos Sinos (UNISINOS). São Paulo, 2016. p. 270-276. Disponível em: http://www.repositorio.jesuita.org.br/handle/UNISINOS/5377. Acesso em: 10 ago. 2022.

(76) CABRAL, Antonio do Passo. *Convenções processuais*. Teoria geral dos negócios jurídicos processuais. 3. ed. Salvador: JusPodivm, 2020. p. 171-172.

(77) VAUGHN, Gustavo Fávero; BRAZIL, Renato Calderia Grava; RAVAGNANI, Giovani dos Santos. As convenções processuais vistas como um possível limite aos poderes instrutórios do juiz. *Revista dos Tribunais*, v. 989, São Paulo: RT, 2018. Disponível em: https://dspace.almg.gov.br/retrieve/121201/Gustavo%20F%c3%a1vero%20Vaughn.pdf. Acesso em: 10 ago. 2022, p. 384.

(78) CAPONI, Remo. Autonomia privada e processo civil: os acordos processuais. *Revista Eletrônica de Direito Processual*, Rio de Janeiro, v. 13, n. 13, p. 733-749, jan./jun. 2014. Trad. Pedro Gomes de Queiroz. Periódico da Pós-Graduação *Stricto Sensu* em Direito Processual da UERJ, p. 748-749.

ambiente que se apresenta equilibrado harmonicamente quanto à autonomia. Assim, o intérprete e o operador do Direito são definitivamente liberados do papel insuficiente de exegeta, para assumir aquele de coprodutor e intermediador de sentido das normas processuais, dentro de um sistema legal que é como "um pulmão aberto à experiência"(79).

Ademais, a própria previsão constitucional não atribui reserva de lei para norma processual; além disso, os princípios processuais constitucionais não excluem e não são contrários aos regulamentos mais flexíveis. Desse modo, apesar da tendência da doutrina moderna em empreender fuga ao legicentrismo e diminuir a capacidade regulativa do Estado, o negócio jurídico processual não fragiliza a produção normativa do Estado e sua previsão pelo CPC/2015 não decreta vitória sobre a lei, mas torna híbrida a regulação do procedimento, sem possuir hierarquia entre lei e o acordo firmado sobre o aspecto processual(80).

Apesar de a previsão do CPC/2015 alicerçar a democratização do processo que deixou de lado uma concepção positivista e reforçou a cooperação, não estabeleceu uma cega submissão ao autorregramento da vontade:

> Essa nova perspectiva do processo civil não significa, todavia, uma cega submissão ao autorregramento de vontade dos litigantes, tampouco a perda da autonomia desse ramo do direito; significa o surgimento de um processo civil oxigenado, guardião dos direitos e garantias fundamentais previstos pelo texto constitucional, incentivador da cidadania processual e, sobretudo, em conjunto com as demais normas do ordenamento jurídico, apto a efetivar, finalmente, a assistência judiciária gratuita aos hipossuficientes, a adequada tutela dos direitos coletivos e difusos e a prestação jurisdicional eficiente; em suma, contribuirá sobremaneira para consumar o acesso à justiça nos termos propostos pela Constituição da República(81).

---

(79) CAPONI, Remo. Autonomia privada e processo civil: os acordos processuais. *Revista Eletrônica de Direito Processual*, Rio de Janeiro, v. 13, n. 13, p. 733-749, jan.-jun. 2014. Trad. Pedro Gomes de Queiroz. Periódico da Pós-Graduação *Stricto Sensu* em Direito Processual da UERJ, p. 748-749.

(80) CABRAL, Antonio do Passo. *Convenções processuais*. Teoria geral dos negócios jurídicos processuais. 3. ed. Salvador: JusPodivm, 2020. p. 206-211.

(81) CARNEIRO GUSMÃO, Caroline; NUNES ALMEIDA, Marta Cristina. A celebração de negócios jurídicos processuais bilaterais como mecanismo de efetivação do acesso à justiça: uma análise sob o enfoque do novo Código de Processo Civil, Lei n. 13.105/2015. *Cadernos de Ciências Sociais Aplicadas*, [S. l.], v. 12, n. 19, 2016, p. 194. Disponível em: https://periodicos2.uesb.br/index.php/ccsa/article/view/2078. Acesso em: 10 ago. 2022.

Dessa forma, interessante é a visão de Redondo, que classifica o direito processual civil como uma espécie de publicismo-cooperativo em que todos os sujeitos processuais são dotados de poderes para adequar o processo, inclusive de forma atípica(82).

Assim, o direito processual continua sendo ramo de direito público, todavia, não é mais possível negar ou simplesmente omitir a incorporação da autonomia privada, principalmente após a promulgação do CPC/2015. Entretanto, isso não significa que houve uma guinada na relação jurídica processual para considerá-la privada, mas, sim, que as partes possuem interesse na própria condução do processo e que podem flexibilizar o procedimento desde que não ofendam garantias fundamentais.

---

(82) REDONDO, Bruno Garcia. *Negócios jurídicos processuais atípicos no direito processual civil brasileiro*: existência, validade e eficácia. Tese (Doutorado em Direito), Pontifícia Universidade Católica de São Paulo (PUC-SP). São Paulo, 2019. Disponível em: https://tede2.pucsp.br/handle/handle/22644. Acesso em: 10 ago. 2022, p. 52.

3. A NOVA DISPOSIÇÃO DO CÓDIGO DE PROCESSO CIVIL

É necessário ressaltar que o CPC/2015, apesar de ser considerado uma inovação legislativa quanto ao negócio jurídico processual, não é o primeiro a prever situações atualmente assim classificadas.

Desse modo, quando se faz uma comparação com o CPC/1973, percebe-se que havia a possibilidade de celebração de negócios processuais, mas que as hipóteses estavam restritas aos casos expressamente previstos na lei, pois adotava-se a ideia de que o processo se enquadra em um dos ramos do direito público e se vincula ao princípio da estrita legalidade. Malgrado, o CPC/2015 inseriu a liberdade como um dos pilares na visão processual, restabelecendo a liberdade em consonância com o Estado Democrático de Direito(83).

Diante disso, no decorrer deste capítulo, será estudado o disposto no artigo previsto no CPC/2015, com destaque aos requisitos apresentados para a negociação e seus limites, além do controle da validade pelo Poder Judiciário.

3.1. O art. 190 do CPC/2015

O CPC/2015(84) assim prevê quanto ao negócio jurídico processual:

> Art. 190. Versando o processo sobre direitos que admitam autocomposição, é lícito às partes plenamente capazes estipular mudanças no procedimento para ajustá-lo às especificidades da causa e convencionar sobre os seus ônus, poderes, faculdades e deveres processuais, antes ou durante o processo.
>
> Parágrafo único. De ofício ou a requerimento, o juiz controlará a validade das convenções previstas neste artigo, recusando-lhes aplicação somente nos casos de nulidade ou de inserção abusiva em contrato de adesão ou em que alguma parte se encontre em manifesta situação de vulnerabilidade.

O *caput* do art. 190 surgiu como grande novidade na medida em que confere faculdade às partes e aos sujeitos em geral para disciplinarem de

---

(83) FERREIRA, Vanessa Rocha; SANTANA, Agatha Gonçalves. Aplicação dos negócios jurídicos processuais à justiça do trabalho. *Revista Direito e Justiça*: reflexões sociojurídicas. s/l, v. 19, n. 35, p. 127-151, set. 2019. Disponível em: https://hdl.handle.net/20.500.12178/144261. Acesso em: 5 jan. 2022, p. 132.

(84) BRASIL. *Lei n. 13.105, de 16 de março de 2015*. Código de Processo Civil. Disponível em: http://www.planalto.gov.br/ccivil_03/_ato2015-2018/2015/lei/l13105.htm. Acesso em: 11 ago. 2022.

maneira ampla o procedimento, utilizando técnica legislativa da cláusula geral — ou seja, revela uma linguagem utilizada de forma aberta. Como referido, os negócios processuais típicos já existiam no ordenamento jurídico, mas não com tamanho espaço e incentivo de participação privada a ponto de construir o procedimento de forma negociada[(85)].

Nesse sentido, o CPC/2015 prevê o dever geral de estímulo à autocomposição decorrente diretamente do princípio do respeito ao autorregramento da vontade no processo e a previsão do art. 190 é um reflexo disso que possibilita o ajuste sobre o procedimento ou uma mudança sem produzir-lhe alterações significativas, como é o caso das disposições sobre ônus, faculdades e deveres processuais[(86)].

Prosseguindo, o critério para definir se um negócio jurídico processual é típico ou atípico é a existência de previsão legal. Desse modo, a distribuição convencional do ônus da prova, por exemplo, está prevista no art. 373, §§ 3º e 4º, do CPC/2015; já o pacto de *non petendo* não tem previsão normativa e é um exemplo de negócio processual atípico[(87)].

Além disso, utiliza-se da técnica da cláusula geral, quando a hipótese fática é composta por termos vagos e o efeito jurídico é indeterminado. Cláusula geral é diferente do termo indeterminado, já que este, apesar de possuir texto vago, possui solução jurídica prevista na norma. Assim, a técnica legislativa utilizada foi de cláusula geral para o negócio jurídico processual atípico[(88)].

Há quem diga que a previsão da cláusula geral foi pensada para que o CPC/2015 não fosse um antro de diversos procedimentos que serviriam a direitos materiais específicos:

> A cláusula geral dos negócios jurídicos processuais foi definida em termos abertos em virtude do amadurecimento da ciência processual, que atinou para a impossibilidade de se prever procedimentos especiais abstratos que permitiriam atender satisfatoriamente às mais diversas necessidades concretas. Desse modo, para não

---

(85) NOGUEIRA, Pedro Nogueira. Dos atos em geral (art. 188 a 192 do CPC/2015). *In*: WAMBIER, Teresa Arruda Alvim [*et al.*] (coord.). *Breves comentários ao novo Código de Processo Civil*. 3. ed. São Paulo: RT, 2016. p. 630-631.

(86) *Ibidem*, p. 631-634.

(87) WONTROBA, Bruno Gressler. *Negócios jurídicos processuais atípicos*: objeto lícito, disponibilidade do direito material e disponibilidade da tutela jurisdicional. Dissertação (Mestrado em Direito). Universidade Federal do Paraná (UFPR). Curitiba, 2019. Disponível em: https://hdl.handle.net/1884/62498. Acesso em: 10 ago. 2022, p. 53-54.

(88) BUCHMANN, Adriana. *Limites objetivos ao negócio jurídico processual atípico*. Dissertação (Mestrado em Direito), Universidade Federal de Santa Catarina (UFSC). Florianópolis, 2017. Disponível em: https://repositorio.ufsc.br/xmlui/handle/123456789/176772. Acesso em: 10 ago. 2022, p. 139-142.

incorrer na tentativa ingênua de prever uma ampla gama de procedimentos especiais que serviriam aos direitos materiais específicos, o legislador optou por delegar às partes a prerrogativa de erigir procedimentos ou módulos procedimentais para atender aos seus interesses. Portanto, o art. 190 do CPC/2015 (LGL\2015\1656) consiste em verdadeira caixa de ferramentas a permitir a construção de técnicas processuais efetivamente idôneas para atender aos programas contratuais[89].

Por fim, outro destaque é a inovação trazida com o texto que, agora, deixou de lado a redação amplamente criticada prevista na Lei n. 9.307/1996 (Lei de Arbitragem), que adotava a nomenclatura "direitos patrimoniais disponíveis", passando a prever "direitos que admitam autocomposição". Assim, conforme será debatido na seção seguinte, houve uma evolução; diante dessa mudança, os termos utilizados pelo CPC/2015 e pela Lei n. 9.307/1996 não podem ser equiparados.

3.1.1. A diferença entre direitos indisponíveis, direitos que admitam autocomposição e direitos irrenunciáveis

No que tange à diferença entre direitos indisponíveis e direitos que admitam autocomposição, segundo a teoria sobre a efetivação dos direitos fundamentais, a indisponibilidade de direitos "comporta gradações, na medida em que a autonomia da vontade, associada a outros valores, como a celeridade na concretização dos direitos, podem determinar a necessidade de disposição, em alguma medida, dos direitos materiais ou processuais"[90].

Nessa vereda, indisponibilidade não é apenas a impossibilidade de privar direitos mediante um ato unilateral, como é o caso da renúncia, mas também veda a privação por ato bilateral, como ocorre na transação, o que ressalta a importância de se distinguir irrenunciabilidade e indisponibilidade de direitos. Desse modo, parte da doutrina considera que a irrenunciabilidade estaria em um patamar inferior quando comparada com a indisponibilidade, pois os direitos irrenunciáveis não podem ser atingidos ou serem deixados de lado pelo titular quando uma norma tiver conferido inderrogabilidade. É diferente da indisponibilidade, que permite a negociação do direito, já que não necessariamente o direito indisponível é inegociável ou não transacionável[91].

---

(89) DI SPIRITO, Marco Paulo Denucci. Controle de formação e controle de conteúdo do negócio jurídico processual — parte II. Revista dos Tribunais. *Revista de Processo*, v. 248, São Paulo: RT, 2015. p. 91 (*online*).
(90) ALVIM, Eduardo Arruda. *Direito processual civil*. 6. ed. São Paulo: Saraiva, 2019. p. 404.
(91) REBELO, Maria Paulo. *Negócios processuais trabalhistas*. Salvador: JusPodivm, 2021. p. 399-401.

Como se infere da previsão legal, somente é possível haver negócio jurídico processual em causas que admitem autocomposição, o que não é o mesmo que vincular e restringir a direitos disponíveis, pois é possível haver direitos indisponíveis sem perder a qualidade autocompositiva (por exemplo, direito aos alimentos)[(92)].

Assim, a indisponibilidade do direito material não ocasiona necessariamente a indisponibilidade sobre o processo ou a tutela jurisdicional, pois os interesses materiais em disputa podem ser indisponíveis, mas resguardarem a possibilidade de acordar sobre diversos aspectos processuais (exemplos: eleição de foro, redistribuição de ônus da prova, suspensão do processo e dilação de prazo)[(93)].

Esse posicionamento também é previsto pelo FPPC por meio do seu Enunciado 135[(94)]. Diante disso, há que se refletir que a adoção do termo "autocomposição" pelo legislador permite à negociação ser realizada em termos amplos, sem estar adstrita à discussão incidente sobre a disponibilidade do direito discutido na lide.

> A opção por "autocomposição" e não "disponibilidade" ou "patrimonialidade", serve um propósito deliberado: permitir que a negociação processual se faça em termos amplos, sem ficar limitada à disponibilidade ou não do direito discutido na lide; em outras palavras, obstar a quaisquer balizas ou limites que se coloquem hermeneuticamente como entrave à negociação processual em razão da indisponibilidade do objeto litigioso[(95)].

Malgrado, não é porque se permite a autocomposição processual mesmo diante de direito indisponível que não será resguardada a subordinação da validade e eficácia do negócio processual a não afetação a este direito:

> Estando, porém, em causa um direito indisponível, a validade e a eficácia do ajuste processual se subordina a não afetação reflexa a este direito. Será possível, por exemplo, que os litisconsortes ajustem a melhor forma de distribuição do tempo na sustentação oral, a esco-

---

(92) COSTA, Rafaella Souza Oliveira. Negócios processuais: aplicação ao processo do trabalho — análise principiológica. *Revista LTr*: legislação do trabalho, São Paulo, v. 80, n. 7, p. 838-848, jul. 2016, p. 318. Disponível em: https://hdl.handle.net/20.500.12178/144261. Acesso em: 10 ago. 2022, p. 318.

(93) CABRAL, Antonio do Passo. *Convenções processuais*. Teoria geral dos negócios jurídicos processuais. 3. ed. Salvador: JusPodivm, 2020. p. 368.

(94) Enunciado 135, art. 190. "A indisponibilidade do direito material não impede, por si só, a celebração de negócio jurídico processual". ENUNCIADOS FPPC. *Enunciados do Fórum Permanente de Processualistas Civis* — FPPC 2022. Disponível em: https://diarioprocessual.com/2022/03/23/enunciados-fppc-2022. Acesso em: 10 ago. 2022.

(95) REBELO, Maria Paulo. *Negócios processuais trabalhistas*. Salvador: JusPodivm, 2021. p. 450.

lha consensual do perito ou a forma de apresentação dos memoriais finais. Nos processos estruturais, a modulação da eficácia da decisão judicial a partir de uma implementação estratégica em etapas sucessivas pode apresentar horizonte infinitas vezes mais vantajoso do que a utilização das técnicas tradicionais de execução, mas nem por isto poderá dizer-se que houve renúncia de direito indisponível[(96)].

Dessa forma, inquestionável que o direito do trabalho se reveste de cunho especial diante da vedação da negociação incidente a uma gama de direitos, entretanto, isso não veda que os titulares de direitos indisponíveis trabalhistas no âmbito processual negociem, por exemplo, suas faculdades processuais, desde que não implique afetação do próprio direito material[(97)].

3.2. Negócio jurídico processual: análise dos elementos do negócio jurídico processual sob a ótica trabalhista

O estudo sobre os requisitos do negócio jurídico processual deve incidir sobre uma análise não exclusivamente processual. Assim, deve ser aplicada uma regulação conjunta entre direito privado e direito processual, já que, por exemplo, é possível o negócio jurídico processual antes mesmo da formação do conflito de interesses resistido. Dessa forma, não é possível negar a incidência dos requisitos de direito privado, já que isso traria uma prevalência do Estado em detrimento do indivíduo; malgrado, não significa que, ao ser incorporada ao processo, não deverá ser feita sob uma ótica adaptativa[(98)].

Isso acontece, por exemplo, quando se observa a comparação do tratamento concedido à nulidade nas teorias civilista e processual:

> Tratando-se, a rigor, de negócio jurídico, a convenção processual será nula na forma do direito material. Por isso, se, por exemplo, seu objeto for ilícito, ou as partes incapazes, tal convenção será considerada nula, na forma do art. 166, I e II, do CC/2002. Contudo, é de se notar que o negócio jurídico processual, ou convenção processual, conquanto seja negócio jurídico, integra também o regime processual, em cujo bojo só se decreta a nulidade do ato processual (*lato sensu*) se advir prejuízo[(99)].

---

(96) MARTINS, Alisson Silva. *As convenções processuais no Estado Democrático de Direito.* Tese (Doutorado em Direito), Pontifícia Universidade Católica de Minas Gerais (PUC-MG). Belo Horizonte, 2019. Disponível em: http://www.biblioteca.pucminas.br/teses/Direito_AlissonSilvaMartins_8170.pdf. Acesso em: 10 ago. 2022, p. 339.

(97) REBELO, Maria Paulo. *Negócios processuais trabalhistas.* Salvador: JusPodivm, 2021. p. 454.

(98) CABRAL, Antonio do Passo. *Convenções processuais.* Teoria geral dos negócios jurídicos processuais. 3. ed. Salvador: JusPodivm, 2020. p. 307-311.

(99) ALVIM, Eduardo Arruda. *Direito processual civil.* 6. ed. São Paulo: Saraiva, 2019. p. 405.

Dessa forma, analisando sob a ótica civilista, quando constatada uma das causas que geram a nulidade do negócio jurídico, o negócio deve ser combatido e ter seus efeitos encerrados. Por outro lado, na teoria processual, aplica-se o clássico princípio do prejuízo que encampa a possibilidade do aproveitamento do ato. Assim, é possível existirem cláusulas que se apresentam, de certo modo, conflitantes, o que não possibilita analisar as cláusulas sob a ótica de certa hierarquia entre elas, mas sim analisar a extensão da manifestação da vontade dos contratantes e a própria intenção para se verificar a conjugação das cláusulas para atingir a finalidade proposta ou o afastamento de uma delas[(100)].

Dito isso, observa-se a aplicação dos três planos dos atos jurídicos em geral para os acordos processuais: existência, validade e eficácia. Em seguida, será analisado cada um desses planos.

Primeiramente, quanto ao elemento da existência, para que o negócio jurídico processual exista é necessária a presença dos seguintes elementos: agente, manifestação da vontade e objeto. Nesse sentido, são elementos essenciais averiguados em um aspecto formal, logo, não basta o preenchimento de sua presença para gerarem efeitos no âmbito jurídico[(101)].

Assim, Cabral[(102)], ao analisar a existência, traz em seu entendimento dois elementos essenciais: a manifestação da vontade de duas ou mais pessoas em centros diversos de interesse (o negócio jurídico processual bilateral ou plurilateral) e o consentimento. O interessante a ser destacado do seu posicionamento é que a manifestação da vontade deve ser declarada ao menos tacitamente (sem o consentimento inexiste o negócio). Assim, o silêncio puro e simples não gera uma omissão conclusiva se não é possível depreender uma conclusão comportamental ou se não for acompanhada de outras condutas indicativas da situação convencional[(103)].

Por outro lado, para Yarshell, a declaração da vontade deve ser escrita para conferir existência, ou seja, deve ser expressa e não resultar apenas do silêncio[(104)].

---

(100) CABRAL, Antonio do Passo. *Convenções processuais*. Teoria geral dos negócios jurídicos processuais. 3. ed. Salvador: JusPodivm, 2020. p. 311-312.

(101) CÂMARA, Helder Moroni. *Os limites do negócio jurídico processual brasileiro*: uma análise do artigo 190 do CPC/2015. Tese (Doutorado em Direito), Pontifícia Universidade Católica de São Paulo (PUC-SP). São Paulo, 2016. p. 78-79.

(102) CABRAL, Antonio do Passo. *Convenções processuais*. Teoria geral dos negócios jurídicos processuais. 3. ed. Salvador: JusPodivm, 2020. p. 314.

(103) *Ibidem*, p. 318-322.

(104) YARSHELL, Flávio Luiz. Convenção das partes em matéria processual. *In*: CABRAL, Antonio do Passo; NOGUEIRA, Pedro Henrique (coord.). *Negócios processuais*. 4. ed. Salvador: JusPodivm, 2019.

Na seara trabalhista, o campo da existência não deve ser ignorado, principalmente em relação à vontade, pois não apenas o contrato de trabalho, como também diversos documentos e acordos produzidos na relação de trabalho muitas vezes são formalizados por adesão, reflexos dos indícios da vulnerabilidade do trabalhador e do receio da perda da fonte de renda, o que torna problemática a questão mesmo diante da própria manifestação da vontade escrita.

Quanto à validade, como ressalta Cabral, ao se adotar o entendimento da maioria da doutrina que deixa certo que os atos processuais, em geral, dependem dos requisitos da lei material (previstos nos arts. 104 e 166 do Código Civil), o requisito da validade depende do preenchimento dos requisitos gerais: agente capaz, objeto lícito e forma prescrita ou não defesa em lei. Destaca-se que esses requisitos podem sofrer adaptações ao serem transportados para o negócio jurídico processual, como ocorre com a capacidade que deverá ser analisada não só com base nas capacidades processual, de parte e postulatória, mas também segundo o disposto na legitimidade *ad actum*[(105)].

Dessa forma, em relação à legitimidade *ad actum*, as partes só estão autorizadas a negociar situações jurídicas dentro de sua esfera de autonomia. Desse modo, não é possível conceber que sejam válidos os negócios que disponham, por exemplo, sobre a privacidade do processo, os poderes e prerrogativas do juiz, a distribuição de custas processuais e honorários advocatícios sem que a Fazenda Pública ou o advogado assente o negócio ou situações que criam obstáculos ao aparato do Poder Judiciário. Assim, quando houver situação na qual o negócio jurídico viole a legitimidade *ad actum*, para as partes, o elemento violado será a validade; já para o terceiro será a eficácia, ou seja, o negócio não terá aptidão de produzir os efeitos e o terceiro poderá simplesmente desconsiderá-lo[(106)].

Assim, respeitosamente, discordamos do posicionamento de Didier Junior[(107)] e do Enunciado 21[(108)] do Fórum Permanente de Processualistas que

---

(105) CABRAL, Antonio do Passo. *Convenções processuais*. Teoria geral dos negócios jurídicos processuais. 3. ed. Salvador: JusPodivm, 2020. p. 330-331.

(106) *Ibidem*, p. 331-336.

(107) DIDIER JUNIOR, Fredie. Negócios jurídicos processuais atípicos no CPC-15. *In*: DIDIER JUNIOR, Fredie. *Ensaios sobre os negócios jurídicos processuais*. Salvador: JusPodivm, 2018. p. 35.

(108) Enunciado 21, art. 190. "São admissíveis os seguintes negócios, dentre outros: acordo para realização de sustentação oral, acordo para ampliação do tempo de sustentação oral, julgamento antecipado do mérito convencional, convenção sobre prova, redução de prazos processuais". ENUNCIADOS FPPC. *Enunciados do Fórum Permanente de Processualistas Civis* — FPPC 2022. Disponível em: https://diarioprocessual.com/2022/03/23/enunciados-fppc-2022. Acesso em: 10 ago. 2022.

entendem pela possibilidade de acordo sobre a sustentação oral, já que, além de não se encontrar na esteira jurídica da autonomia das partes, cria obstáculo ao aparato do Poder Judiciário e vincula terceiros, mesmo que por ricochete.

Ademais, ainda quanto à validade, há corrente doutrinária que divide as condições de validade em gerais e específicas. Estas últimas se subdividem em condições específicas objetivas de validade (referem-se ao objeto e modo ao qual o negócio jurídico processual deve se submeter, ou seja, são os direitos que admitem autocomposição, as questões voltadas ao procedimento e às especificidades da causa, os temas relacionados a poder, faculdade, ônus e dever das partes e, por fim, a chancela do Judiciário conforme recomenda o parágrafo único do art. 190 do CPC/2015) e condições específicas subjetivas de validade (relacionam-se aos sujeitos, à condição e à posição ocupada; trata-se de uma condição negativa, a ausência de abusividade e vulnerabilidade)(109).

Desse modo, discorda-se do Fórum Permanente de Processualistas, que entende de modo diverso. Conforme se vê no Enunciado 258(110), o art. 190 do CPC/2015 prevê clara e expressamente que as mudanças no procedimento são voltadas para ajustar o procedimento às especificidades da causa.

Os Enunciados do FPPC, embora não sejam vinculantes, criticáveis e, muitas vezes, não representem o posicionamento da maioria da doutrina, podem ser utilizados como um norte, um caminho para se debater o tema. É o que ocorre no caso do Enunciado 131(111), que contrasta com o posicionamento da Instrução Normativa n. 39 do TST; esta, apesar de também não ser vinculante, calou muitas vozes na doutrina processual trabalhista e dificultou o debate judicial sobre o tema.

Além disso, o fato de haver indícios de vulnerabilidade nos casos envolvendo o trabalhador, não significa necessariamente que o negócio inexista, já que a manifesta vulnerabilidade não é requisito negativo quanto à existência, mas sim, no que tange à validade.

---

(109) CÂMARA, Helder Moroni. *Os limites do negócio jurídico processual brasileiro*: uma análise do artigo 190 do CPC/2015. Tese (Doutorado em Direito), Pontifícia Universidade Católica de São Paulo (PUC-SP). São Paulo, 2016. p. 80-81.

(110) Enunciado 258, art. 190. "As partes podem convencionar sobre seus ônus, poderes, faculdades e deveres processuais, ainda que essa convenção não importe ajustes às especificidades da causa". ENUNCIADOS FPPC. *Enunciados do Fórum Permanente de Processualistas Civis* — FPPC 2022. Disponível em: https://diarioprocessual.com/2022/03/23/enunciados-fppc-2022. Acesso em: 10 ago. 2022.

(111) Enunciado 135, art. 190. "A indisponibilidade do direito material não impede, por si só, a celebração de negócio jurídico processual". ENUNCIADOS FPPC. *Enunciados do Fórum Permanente de Processualistas Civis* — FPPC 2022. Disponível em: https://diarioprocessual.com/2022/03/23/enunciados-fppc-2022. Acesso em: 10 ago. 2022.

Ademais, além da inserção abusiva de cláusula no contrato de trabalho contendo estipulação sobre negócio jurídico processual — que pode ser analisada sob o plano da existência ou da validade —, além da peculiaridade no caso da vulnerabilidade do trabalhador, a capacidade também demonstra suas particularidades ao ser analisada no processo do trabalho.

Nesse sentido, a capacidade postulatória é mitigada na Justiça do Trabalho por meio da previsão do *jus postulandi* que pode ser exercido pelo trabalhador ou pelo empregador. Assim, nos casos em que o trabalhador decida postular sozinho na Justiça do Trabalho, estaria diante de duas situações envolvendo indícios de vulnerabilidade: a técnica, por não estar representado por advogado, e a econômica, protetiva do trabalhador.

Outra situação interessante presente com base na capacidade é a da possibilidade de negociação em ações coletivas, pelo sindicato e pelo Ministério Público do Trabalho. Ressalta-se que todas essas questões peculiares ao processo do trabalho serão retomadas em seção específica.

Desse modo, o elemento da eficácia representa a possibilidade de o negócio jurídico surtir efeitos no campo jurídico, ou seja, o estudo deve recair sobre a possibilidade de condicionar os efeitos por meio de um evento futuro, certo ou não; de suspender o exercício do direito; e/ou impor condição suspensiva(112).

Nessa vereda, há divergência a respeito da admissibilidade dos atos processuais unilaterais condicionados, entretanto, em relação a acordos processuais (negócios bilaterais ou plurilaterais), mesmo em um posicionamento mais tradicional, a divergência se desfazia e havia concordância quanto à possibilidade condicionada ou a termo. Assim, a teoria geral dos negócios jurídicos classifica condição e termo como modais que subordinam a eficácia do negócio. O termo é aquilo que condiciona a um evento futuro e certo, já a condição refere-se a um evento futuro e incerto(113).

Nesse aspecto, a clássica doutrina processual civil, ao menos em parte, resistia quanto à aplicação da condição ou termo nos atos processuais:

> Não podem os atos processuais, em regra, ser praticados sob condição ou a termo: isso atentaria contra a exigência de certeza e segurança no desenvolvimento do processo. Afirma a doutrina que as

---

(112) CÂMARA, Helder Moroni. *Os limites do negócio jurídico processual brasileiro*: uma análise do artigo 190 do CPC/2015. Tese (Doutorado em Direito), Pontifícia Universidade Católica de São Paulo (PUC-SP). São Paulo, 2016. p. 106-107.
(113) CABRAL, Antonio do Passo. *Convenções processuais*. Teoria geral dos negócios jurídicos processuais. 3. ed. Salvador: JusPodivm, 2020. p. 291.

> convenções das partes escapam a semelhante restrição. Ao nosso ver, a lição tem de ser recebida com o clássico grão de sal: ao menos com referência a certas convenções que influem diretamente na marcha do feito, os inconvenientes poderiam ser tão graves quanto se reconhece que são nos outros atos das partes[114].

Nessa perspectiva, é possível encontrar divergência quanto à possibilidade de atos jurídicos unilaterais (no caso, atos processuais unilaterais) serem submetidos à condição ou termo, malgrado, com a amplitude proporcionada pelo art. 190 do CPC/2015, pelo qual não há mais campo para dúvidas quanto à possibilidade da aplicação no negócio jurídico processual.

Assim, Cabral[115] dá como exemplo a possibilidade de condicionar a eficácia do negócio jurídico processual à homologação do juízo, por entender, assim como Nogueira[116], que não há necessidade dessa homologação, já que não representa requisito de validade ou eficácia. De modo diverso, Câmara[117], apesar de reconhecer a desnecessidade de prévia homologação, argumenta que, para ter validade, o negócio jurídico processual deverá ser convalidado judicialmente e isso não representaria violação à autonomia das partes.

Nesse sentido, o debate será tratado em seção específica na seara do processo do trabalho, já que a situação fica ainda mais complexa diante das novas disposições oriundas da reforma trabalhista que disciplinam o procedimento de acordo extrajudicial, ressaltando a dúvida quanto à necessidade de homologação quando o acordo extrajudicial estipular somente aspectos processuais.

Por fim, é necessário que os negócios jurídicos processuais possuam autonomia em relação ao próprio negócio substancial:

> Ainda que porventura celebradas no mesmo instrumento formal, a convenção processual é independente (autônoma) da convenção substancial. Trata-se de sistemática idêntica à que ocorre

---

(114) BARBOSA MOREIRA, José Carlos. Convenções das partes sobre matéria processual. *In*: BARBOSA MOREIRA, José Carlos. *Temas de direito processual*: terceira série. São Paulo: Saraiva, 1984. p. 95.

(115) CABRAL, Antonio do Passo. *Convenções processuais*. Teoria gral dos negócios jurídicos processuais. 3. ed. Salvador: JusPodivm, 2020. p. 292.

(116) NOGUEIRA, Pedro Nogueira. Dos atos em geral (art. 188 a 192 do CPC/2015). *In*: WAMBIER, Teresa Arruda Alvim [*et al.*] (coord.). *Breves comentários ao novo Código de Processo Civil*. 3. ed. São Paulo: RT, 2016. p. 631-634.

(117) CÂMARA, Helder Moroni. *Os limites do negócio jurídico processual brasileiro*: uma análise do artigo 190 do CPC/2015. Tese (Doutorado em Direito), Pontifícia Universidade Católica de São Paulo (PUC-SP). São Paulo, 2016. p. 102-103.

na arbitragem na qual a cláusula compromissória é autônoma em relação às demais cláusulas do contrato em que estiver inserida (art. 8º da Lei n. 9.307/1996)[118].

Assim, de acordo com o Enunciado 409 do FPPC[119] e o posicionamento acima demonstrado, a invalidade do negócio substancial não ocasionará necessariamente a invalidade do negócio processual. Dessa forma, o negócio processual pode ser realizado em um instrumento no qual direitos materiais também estejam sendo negociados, o que permite concluir a autonomia entre o direito substancial e o negócio processual celebrado[120].

3.2.1. *As ondas renovatórias do acesso à justiça*

O acesso à justiça possui definição complexa, servindo para duas finalidades básicas do sistema jurídico: primeiro, evidencia que o sistema deve ser acessível a todos; segundo, que ele deve produzir resultados individuais ou sociais[121].

> A expressão "acesso à justiça" adquiriu o significado que possui hoje a partir dos anos 1970. Antes disso, era utilizada para referir-se ao acesso às instituições judiciais do Estado. No discurso jurídico do pós Segunda Guerra Mundial, a expressão aparecia ocasionalmente como uma descrição de metas e benefícios da assistência judiciária ou de meios de atingir-se a igualdade entre as pessoas perante a lei. Na década de 1970, todavia, o termo adquiriu um sentido mais amplo: a capacidade de aproveitar as várias instituições, governamentais ou não governamentais, judiciais ou não judiciais, em que o requerente deve buscar justiça[122].

Diante disso, Cappelletti e Garth elencam obstáculos a serem transpostos pelo acesso à justiça para que assim seja considerado efetivo: custas

---

(118) REDONDO, Bruno Garcia. *Negócios jurídicos processuais atípicos no direito processual civil brasileiro*: existência, validade e eficácia. Tese (Doutorado em Direito), Pontifícia Universidade Católica de São Paulo (PUC-SP). São Paulo, 2019. Disponível em: https://tede2.pucsp.br/handle/handle/22644. Acesso em: 10 ago. 2022, p. 226.

(119) Enunciado 409. "A convenção processual é autônoma em relação ao negócio em que estiver inserta, de tal sorte que a invalidade deste não implica necessariamente a invalidade da convenção processual". ENUNCIADOS FPPC. *Enunciados do Fórum Permanente de Processualistas Civis* — FPPC 2022. Disponível em: https://diarioprocessual.com/2022/03/23/enunciados-fppc-2022. Acesso em: 10 ago. 2022.

(120) CABRAL, Antonio do Passo. *Convenções processuais*. Teoria geral dos negócios jurídicos processuais. 3. ed. Salvador: JusPodivm, 2020. p. 307-309.

(121) CAPPELLETTI, Mauro; GARTH, Bryant. *Acesso à justiça*. Porto Alegre: Fabris, 1988. p. 8.

(122) SILVA, Túlio Macedo Rosa E. *Assistência jurídica gratuita na justiça do trabalho*. São Paulo: Saraiva, 2013. p. 19.

judiciais (situações envolvendo custas em geral e honorários; julgamento de pequenas causas possibilitando que a demanda se torne fútil e o tempo)[123]; possibilidade das partes (situações relativas a vantagens econômicas; aptidão para reconhecer um direito e propor uma ação; além da presença de litigantes habituais e eventuais)[124] e os problemas especiais dos interesses difusos (situações as quais ou ninguém tem direito a corrigir a lesão a um interesse coletivo ou o prêmio é pequeno demais para a tentativa)[125].

Dessa forma, os autores identificaram três "ondas" renovatórias que serviram para dirimir esses obstáculos: a assistência judiciária, a representação dos interesses difusos e, por fim, o acesso à representação em juízo, que inclui as iniciativas anteriores, mas também desenvolve outros métodos que ajudam a eliminar dificuldades ao acesso à justiça.

Cappelletti e Garth identificaram como a primeira onda a assistência judiciária para os pobres. Todavia, entendem que essa assistência não pode ser o único enfoque a ser buscado para haver eficiência ao acesso à justiça. Entendem que é necessário haver um número de advogados expressivo, até mesmo excedendo a oferta, e advogados disponíveis para auxiliar aos que não podem pagar por seus serviços. Por fim, a assistência judiciária não pode solucionar o problema das pequenas causas por compreender que é necessária atenção especial a essa limitação[126].

A segunda onda renovatória diz respeito à representação dos interesses difusos e é resultado da preocupação quanto à incapacidade de o processo civil tradicional, de cunho individualista, servir para proteger direitos ou interesses difusos (também chamados de coletivos). Diante disso, o processo civil era visto apenas como assunto das partes, o que levou à grande movimentação mundial para dar legitimidade ativa a indivíduos ou grupos que atuem na representação de interesses coletivos, além de transformar o papel do juiz e de conceitos básicos, o que passou a fundir a visão tradicionalíssima com a concepção social e coletiva[127].

Por fim, a terceira onda diz respeito ao acesso à justiça observado diante da própria representação em juízo em uma concepção mais ampla e com novo enfoque, a buscar atenção quanto ao conjunto geral de instituições e mecanismos, pessoas e procedimentos, seja para processar ou prevenir disputas[128]. Em razão disso, a terceira onda é considerada a mais abrangente, residindo

---

(123) CAPPELLETTI, Mauro; GARTH, Bryant. *Acesso à justiça*. Porto Alegre: Fabris, 1988. p. 15-20.
(124) *Ibidem*, p. 20-25.
(125) *Ibidem*, p. 20-26.
(126) *Ibidem*, p. 47-48.
(127) *Ibidem*, p. 49-50.
(128) *Ibidem*, p. 67-68.

em um enorme número de fatores a serem analisados para o aperfeiçoamento da solução dos conflitos; nela encontra-se a questão complexa dos juizados especiais e dos métodos alternativos de solução dos conflitos[(129)].

Diante disso, como a terceira onda vislumbra mecanismos judiciais voltados à celeridade do processo, não seria muito audacioso enquadrar o movimento de digitalização do processo, que teve um forte apelo na segunda década deste século XXI, fortemente impulsionado pelos fatores adversos surgidos com a pandemia e a possibilidade do juízo integralmente digital.

A partir de Cappelletti e Garth, que identificaram as três ondas descritas, a doutrina, posteriormente, passou a debatê-las sob o enfoque de novas situações surgidas desde então.

Conforme relatam Orsini e Costa[(130)], parte da doutrina relaciona a quarta onda à implementação da educação em solução de conflitos nas faculdades de Direito; outros, com uma visão mais voltada à justiça internacional, entendem que ela estaria relacionada ao acesso à justiça transnacional e à harmonia dos sistemas jurídicos internacionais[(131)].

Entretanto, para Colnago[(132)] e outros estudiosos, a quarta onda está relacionada ao processo judicial eletrônico, que proporciona um melhor atendimento ao jurisdicionado, com eficácia e celeridade, trazendo possibilidades atuais antes inimagináveis.

> Esse intercâmbio de mídias pode propiciar no futuro peças processuais que agreguem além do que já ocorre entre texto escrito e desenhos/fotografias, decisões com vídeos, texto escrito e fotografias, transmissões realizadas ao vivo em audiência, ou mesmo uma sentença interativa, onde a parte pode ao clicar em cada botão, desvelar a decisão de um chamado capítulo de sentença,

---

(129) Nesse sentido, Bezerra Leite dispõe: "É nessa última onda que surgem novos mecanismos judiciais que visam, sobretudo, a celeridade do processo, como os juizados especiais de pequenas causas, a antecipação de tutela, o procedimento sumaríssimo; além de outros institutos alternativos extrajudiciais, como a arbitragem, a mediação, a conciliação, o termo de compromisso de ajuste de conduta firmado perante o Ministério Público etc." BEZERRA LEITE, Carlos Henrique. *Curso de direito processual do trabalho*. 18. ed. São Paulo: SaraivaJur, 2020 (*ebook*). p. 243.

(130) ORSINI, Adriana Goulart Sena; COSTA, Anelice Teixeira. Educação para o acesso à justiça: a transformação dos paradigmas de solução de conflitos. *Rev. Fac. Direito UFMG*, Belo Horizonte, n. 69, p. 23-43, jul.-dez. 2016, p. 25 (*online*).

(131) BERNARDES, Lívia Heringer Pervidor; CARNEIRO, Yandria Gaudio. A jurisdição e a cooperação jurídica internacional e os métodos adequados de tratamento de conflitos. *In*: *Anais do III Congresso de Processo Civil Internacional*, Vitória, 2018, p. 204.

(132) COLNAGO, Lorena de Mello Rezende. A quarta onda de acesso à justiça: intermidialidade no PJE. *Revista eletrônica [do] Tribunal Regional do Trabalho da 9ª Região*, Curitiba, v. 9, n. 91, p. 110-116, ago. 2020, p. 114. Disponível em: https://hdl.handle.net/20.500.12178/180150. Acesso em: 10 ago. 2022, p. 114.

ouvindo a própria voz do magistrado, o que mesmo atualmente, já poderia ser considerado um *plus* à acessibilidade da Justiça para pessoas que não podem enxergar, por exemplo, ou mesmo juízes, advogados, servidores, membros do Ministério Público e desembargadores cegos[(133)].

Nesse aspecto, já se comentou sobre o processo eletrônico poder ser enquadrado diante da quarta onda renovatória de acesso à justiça, pois é um procedimento que preza pela celeridade e que integra o seu acesso, aperfeiçoando o conflito. Talvez surja no futuro como uma situação nova e uma onda independente, mas, atualmente, é reflexo da terceira e precisa ser aperfeiçoada, principalmente no Brasil, que, além de possuir parcela da população sem acesso à internet, a própria qualidade do serviço provedor padece de inúmeras melhorias.

3.3. A manifesta situação de vulnerabilidade — parágrafo único do art. 190 do CPC/2015

Conforme visualizado, o parágrafo único do art. 190 do CPC/2015 dispõe expressamente duas condições negativas de validade: presença de manifesta vulnerabilidade da parte e inserção abusiva em contrato de adesão. Abaixo, passa-se a analisar, primeiramente, a vulnerabilidade.

Destaca-se, em princípio, que não basta apenas constatar a vulnerabilidade, mas é necessário também averiguar se o conteúdo do negócio processual celebrado vem a restabelecer ou não isonomia substancial, reequilibrando as condições em prol da paridade. Além disso, essa análise não deve ser restrita ao momento da celebração do negócio, mas deve observar se o negócio beneficia o desfavorecido ou se o coloca em uma posição desfavorável, ou seja, se a vulnerabilidade é resultante do próprio contrato[(134)].

Assim, a vulnerabilidade deve ser analisada nas situações cuja presença se averigue previamente o negócio processual formalizado, e naquelas em que o próprio negócio gere vulnerabilidade a uma das partes (portanto, derivada do negócio jurídico processual)[(135)].

---

(133) COLNAGO, Lorena de Mello Rezende. A quarta onda de acesso à justiça: intermidialidade no PJE. *Revista eletrônica [do] Tribunal Regional do Trabalho da 9ª Região*, Curitiba, v. 9, n. 91, p. 110-116, ago. 2020, p. 114. Disponível em: https://hdl.handle.net/20.500.12178/180150. Acesso em: 10 ago. 2022, p. 114.

(134) REDONDO, Bruno Garcia. *Negócios jurídicos processuais atípicos no direito processual civil brasileiro*: existência, validade e eficácia. Tese (Doutorado em Direito), Pontifícia Universidade Católica de São Paulo (PUC-SP). São Paulo, 2019. Disponível em: https://tede2.pucsp.br/handle/handle/22644. Acesso em: 10 ago. 2022, p. 151.

(135) FALCE, Lúcio Roberto. O negócio processual: o processo do trabalho e a reforma trabalhista. *Revista de Direito do Trabalho*, São Paulo, v. 44, n. 194, p. 99-113, out. 2018. Disponível em: https://hdl.handle.net/20.500.12178/161011. Acesso em: 10 ago. 2022, p. 103.

Haverá vulnerabilidade quando houver um desequilíbrio na relação jurídica, devendo ser analisada segundo o caso concreto(136). A doutrina a conceitua como um estado inerente de risco que pode ser permanente ou provisório, individual ou coletivo, podendo fragilizar ou enfraquecer os sujeitos de direito tornando a relação jurídica desequilibrada, cujo fundamento está na igualdade e não em regras de proteção do mais fraco(137).

Além disso, parte da doutrina distingue vulnerabilidade de hipossuficiência: aquela seria de direito material e presumida, ao passo que esta seria de direito processual e sobre a qual cabe prova em contrário. Malgrado, esse posicionamento é criticável diante da adoção do termo vulnerável na redação do art. 190 do CPC/2015(138). Ademais, conforme ressalta Soares(139), parte da doutrina entende que hipossuficiência é espécie do gênero vulnerabilidade e que se manifesta em sua vertente econômica, por isso a crítica dirigida ao texto do CDC ao atribuir a terminologia "hipossuficiência" como critério para a inversão do ônus da prova.

Importante destacar a distinção entre presunção e indício ao se encarar a interpretação incidente sobre a vulnerabilidade. Para a doutrina, presunção judicial é situação da qual se extrai fato novo de um indício apresentado(140).

O indício, por sua vez, trata-se de uma diretriz, um norte para a análise de determinada situação (situação de desconfiança que gera uma possibilidade), enquanto a presunção é a solução (situação envolvendo convicção que repercute fato novo e gera consequência). As reflexões dessa conceituação estão no fato de se considerar que a vulnerabilidade é presumível, já que, nesse caso, geraria a inaplicabilidade da negativa de aplicação. Contudo, se considerada indício, gera um alerta para o magistrado analisar a possibilidade da sua real configuração(141).

---

(136) FERREIRA, Vanessa Rocha; SANTANA, Agatha Gonçalves. Aplicação dos negócios jurídicos processuais à justiça do trabalho. *Revista Direito e Justiça*: reflexões sociojurídicas. s/l, v. 19, n. 35, p. 127-151, set. 2019. Disponível em: https://hdl.handle.net/20.500.12178/144261. Acesso em: 5 jan. 2022, p. 136.

(137) CUNHA, Leonardo Carneiro da. Art. 190. *In*: MARINONI, Luiz Guilherme; ARENHART, Sérgio Cruz; MITIDIERO, Daniel (coord.). *Comentários ao Código de Processo Civil*: arts. 188 ao 293, v. III. São Paulo: RT, 2016. p. 57.

(138) REBELO, Maria Paulo. *Negócios processuais trabalhistas*. Salvador: JusPodivm, 2021. p. 486-489.

(139) TARTUCE, Fernanda. *Igualdade e vulnerabilidade no processo civil*. Rio de Janeiro: Forense, 2012. p. 183.

(140) BARBOSA MOREIRA, José Carlos. Provas atípicas. *Revista de Processo*, v. 76, out.-dez. 1994, p. 114-126, p. 120.

(141) SOARES, Lara Rafaelle Pinho. *A vulnerabilidade na negociação processual atípica*. Dissertação (Mestrado em Direito). Universidade Federal da Bahia (UFBA). Salvador, 2016. Disponível em: http://repositorio.ufba.br/ri/handle/ri/19279. Acesso em: 10 ago. 2022, p. 157-158.

A vulnerabilidade material, embora produza indícios e possa trazer consequências diretas no processo, não gera necessariamente a vulnerabilidade processual. Portanto, não é possível fazer uma correlação que obsta a negociação processual por meio da averiguação da vulnerabilidade material, já que isso gera apenas indícios, um norte para a averiguação judicial da presença da vulnerabilidade processual.

Concorda-se, nesse ponto, com Rebelo[(142)], para quem não é possível negar que vulnerabilidade processual, em sua maioria, decorre de fatores materiais que interferem diretamente nas faculdades, nos usos e nos exercícios das armas processuais. Entretanto, durante o processo, a vulnerabilidade não pode ser analisada de forma presumida, mas conforme a avaliação do caso concreto pelo juiz da causa[(143)].

Assim, a manifesta situação de vulnerabilidade prevista no parágrafo único do art. 190 do CPC/2015 deve ser vista em situações concretas, já que não há vulnerável processual por presunção; além disso, a vulnerabilidade será constatada por meio da análise da relação entre o sujeito ou o direito litigioso e a outra parte, ou seja, sujeitos que se encontram normalmente em uma categoria protegida materialmente não são necessariamente excluídos da possibilidade de celebrar negócio processual[(144)].

Este é o caso, por exemplo, dos trabalhadores considerados vulneráveis sob o aspecto material; entretanto, como visto, a proteção gerada com a vulnerabilidade do trabalhador não resulta necessariamente no impedimento da celebração do negócio jurídico processual.

Nesse contexto, destaca-se a posição de Soares[(145)], segundo o qual, a presunção da vulnerabilidade no caso dos trabalhadores não existirá se estes, ao celebrarem o negócio jurídico processual (prévio ou posterior ao processo), estiverem assistidos por um profissional da área jurídica, ou seja, entende tratar-se de uma correção da vulnerabilidade a participação do advogado.

Esse ponto será retomado mais adiante sob a perspectiva voltada ao processo do trabalho, todavia, adiantando a discussão, não é tão simples a

---

(142) REBELO, Maria Paulo. *Negócios processuais trabalhistas*. Salvador: JusPodivm, 2021. p. 490.
(143) SOUZA JUNIOR, Lasaro Farias de. *Negócios processuais atípicos*: compatibilidade judicial no processo trabalhista. 2020. Dissertação (Mestrado em Direito Constitucional). Instituto Brasileiro de Ensino, Desenvolvimento e Pesquisa (IDP), Brasília, 2020. Disponível em: https://repositorio.idp.edu.br//handle/123456789/2896. Acesso em: 10 ago. 2022, p. 75-76.
(144) NOGUEIRA, Pedro Nogueira. Dos atos em geral (arts. 188 a 192 do CPC/2015). *In*: WAMBIER, Teresa Arruda Alvim [*et al.*] (coord.). *Breves comentários ao novo Código de Processo Civil*. 3. ed. São Paulo: RT, 2016. p. 631-634.
(145) SOARES, Lara Rafaelle Pinho. *A vulnerabilidade na negociação processual atípica*. Dissertação (Mestrado em Direito). Universidade Federal da Bahia (UFBA). Salvador, 2016. Disponível em: http://repositorio.ufba.br/ri/handle/ri/19279. Acesso em: 10 ago. 2022, p. 159.

análise da vulnerabilidade, como propõe Soares nos termos acima, visto que a presença do advogado pode gerar a exclusão da vulnerabilidade técnica, mas esta é apenas uma das camadas ou vertentes expostas, já que ainda restará, por exemplo, a vulnerabilidade material.

É o que acontece quando o empregado postula na Justiça do Trabalho com advogado particular, já que sua vulnerabilidade econômica, diante da declaração de hipossuficiência, basta para conferir-lhe a justiça gratuita (segundo a Súmula n. 463, I, do TST, basta a própria declaração de hipossuficiência). Desta feita, a presença do advogado somente faz desaparecer os indícios de uma vulnerabilidade em seu aspecto técnico ou informacional, já aquela oriunda do direito material do trabalho não desaparece com a presença do advogado.

Nesse sentido, observa-se que o art. 190, parágrafo único, do CPC/2015, não define vulnerabilidade, logo, trata-se de um conceito indeterminado. Assim, por não haver um conceito normativo, a doutrina assume um papel fundamental para nortear sua interpretação e conceituação. A doutrina entende que a vulnerabilidade pode decorrer de múltiplos fatores (objetivos), ou seja, não apenas oriundos de questões econômicas — é o caso, por exemplo, de fatores geográficos, saúde, desinformação, técnica jurídica e incapacidade organizacional.

A vulnerabilidade do ponto de vista econômico pode ser interpretada por aquele que não consegue dispor de recursos suficientes para suportar as despesas judiciais ou extrajudiciais que assegurem os seus direitos fundamentais ou que, de alguma forma, ofenda a igualdade. Ademais, a vulnerabilidade processual também pode ter como critério questões etárias ou de saúde, por exemplo, quando envolve idosos, crianças, adolescentes ou doentes graves. Constatam-se também situações voltadas a questões geográficas, já que o Brasil possui dimensões continentais e apresenta problemas graves com o acesso à justiça. As questões informacionais voltam ao aspecto da tecnicidade da linguagem jurídica; quanto às organizacionais, é o caso dos problemas fruto da dificuldade em mobilizar recursos, estrutura e logística para averiguar o andamento do processo. Por fim, a vulnerabilidade também pode se revelar por meio de questões técnicas, a exemplo da relacionada a capacidades técnico-profissionais e o desconhecimento da dogmática-jurídica[146].

Como destaque, ressalta-se que a vulnerabilidade por questões organizacionais, segundo parte da doutrina, está dividida em três aspectos: disparidade

---

(146) REBELO, Maria Paulo. *Negócios processuais trabalhistas*. Salvador: JusPodivm, 2021. p. 589-610.

de poder e organização, fragilidade quando os indivíduos estão sem casa ou estrutura física e limitações tecnológicas[147].

Nesse sentido, com a pandemia que assolou o mundo em 2020, muitas pessoas acabaram se tornando reféns das limitações tecnológicas, enquadrando-se na vulnerabilidade pela questão organizacional na sua vertente tecnológica. Daí a necessidade de reflexão para a existência de maior maleabilidade procedimental quando o juízo escolhido for integralmente digital — é o caso dos problemas relativos à conexão digital, seja da parte ou da testemunha. A mesma reflexão deve ser tomada quanto às questões médicas e de saúde, já que, por exemplo, não é possível o Poder Judiciário impor a obrigatoriedade da realização de audiência presencial se as partes optarem pelo juízo digital.

Enfim, a vulnerabilidade processual pode decorrer de diversos critérios a serem analisados a cada caso concreto; todavia, a vulnerabilidade do empregado tem sido interpretada de forma equivocada como sinônimo de subordinação jurídica na seara trabalhista ou dependência econômica[148].

Dessa forma, a classe empregada pode assumir divergentes manifestações de vulnerabilidade. Não basta dizer que o indivíduo preenche os requisitos do art. 790-A, § 3º, da CLT para vedar o negócio processual; da mesma forma, não é possível que apenas por estarem preenchidos os requisitos do parágrafo único do art. 444 ou do art. 507-A da CLT, então, restará possível a negociação. A análise deve ser feita a cada caso, observando todos os critérios e sem adoção de presunções absolutas.

3.4. A inserção abusiva em contrato de adesão como controle da validade do negócio jurídico processual

O contrato de adesão, segundo uma parcela da doutrina, é aquele no qual o estipulante impõe o conteúdo negociado, restando à parte aderente aceitá-lo ou não para formalizar o negócio[149].

Importante observar que o art. 190 do CPC/2015 não estipula que basta a previsão em contrato de adesão para se questionar a validade do negócio. Dessa forma, ainda que inserida nessa modalidade contratual, é possível haver validade reconhecida, desde que não sejam consideradas abusivas

---

(147) TARTUCE, Fernanda. *Igualdade e vulnerabilidade no processo civil*. Rio de Janeiro: Forense, 2012. p. 208.

(148) REBELO, Maria Paulo. *Negócios processuais trabalhistas*. Salvador: JusPodivm, 2021. p. 478.

(149) TARTUCE, Flávio; NEVES, Daniel Amorim Assumpção. *Manual de direito do consumidor*: direito material e processual. Rio de Janeiro: Forense, 2018. p. 417.

as cláusulas estipuladas ou que prejudiquem a parte vulnerável ou hipossuficiente. Assim, serão nulas as causas consideradas abusivas, ou seja, contrárias ao equilíbrio da relação[150].

> Muito similar à problemática da vulnerabilidade é a inserção de negócios processuais em contratos de adesão. Não é por acaso que os dois temas são tratados em sequência no parágrafo único do art. 190 do NCPC. Regra geral, quando se pensa num negócio jurídico processual celebrado no âmbito do direito do consumidor, pensa-se em contratos de adesão, vale dizer, naqueles contratos em que as partes deixam de negociar as cláusulas contratuais, as quais são preestabelecidas por uma parte e impostas a outra. Certamente, a legislação consumerista deverá servir como um importante instrumento para delimitar o regramento dos negócios processuais em contratos de adesão, sem prejuízo, quando for o caso, da aplicação da legislação civil sobre a matéria (arts. 423 e 424, CC). Entende-se, nesse sentido, que tais contratos, quando estipularem convenções processuais, deverão fazê-lo com destaque, de maneira a permitir a fácil e imediata compreensão pela outra parte (art. 54, § 4º, CDC). Nessa ótica, sequer é vedado que o contrato de adesão limite direitos processuais, desde que não venha a fazê-lo onerando excessivamente uma das partes. Segue-se daí o parâmetro para verificar a nulidade da inserção de negócios processuais em contratos de adesão[151].

Diante disso, o mero fato de estar previsto em contrato de adesão não exclui a aplicação do negócio celebrado. A nulidade será considerada com base em questões abusivas, ou seja, contrárias ao sujeito desequilibrado na relação (art. 54 do CDC). Não basta, portanto, que o negócio seja considerado desfavorável por meio de um contrato de adesão, mas deve ser preenchido o nexo do desequilíbrio gerado diante da inexistência da liberdade de exclusão da cláusula por meio daquele prejudicado[152].

---

(150) REDONDO, Bruno Garcia. *Negócios jurídicos processuais atípicos no direito processual civil brasileiro*: existência, validade e eficácia. Tese (Doutorado em Direito), Pontifícia Universidade Católica de São Paulo (PUC-SP). São Paulo, 2019. p. 149-150.

(151) SANTOS, Igor Raatz dos. *Autonomia privada, (de)limitação dos poderes do juiz e flexibilização procedimento*: da insuficiência normativa do "princípio dispositivo" à construção compartilhada do caso concreto. Tese (Doutorado em Direito), Universidade do Vale do Rio dos Sinos (UNISINOS). São Paulo, 2016. Disponível em: http://www.repositorio.jesuita.org.br/handle/UNISINOS/5377. Acesso em: 10 ago. 2022, p. 537.

(152) REDONDO, Bruno Garcia. *Negócios jurídicos processuais atípicos no direito processual civil brasileiro*: existência, validade e eficácia. Tese (Doutorado em Direito), Pontifícia Universidade Católica de São Paulo (PUC-SP). São Paulo, 2019. Disponível em: https://tede2.pucsp.br/handle/handle/22644. Acesso em: 10 ago. 2022, p. 151-152.

Para a seara trabalhista, entende-se que é possível utilizar como parâmetro interpretativo aquelas cláusulas consideradas abusivas no que disciplina o art. 51 do CDC, desde que feitas com adaptações, e não consideradas como rol taxativo.

Dessa forma, nos casos de inserção abusiva em contrato de adesão, conforme relata Wontroba(153), parte da doutrina entende que a nulidade está amoldada no art. 166 do CC; outra corrente argumenta que a retratação dessa modalidade contratual não é suficiente para a respectiva invalidação, mas apenas conforme a presença da abusividade.

Nesse aspecto, a abusividade é qualidade atribuída à inserção e não ao negócio jurídico processual atípico em si. Assim, o que acaba de fato invalidando o negócio é a inserção abusiva em contrato de adesão(154).

Ademais, em relação à inserção abusiva em contrato de adesão, a base da negociação processual está justamente na valorização do autorregramento de vontade. Dessa forma, veda-se a inserção de convenções sobre o processo em contratos de adesão, mas deve-se observar se a situação é enquadrada como abusividade, já que, em tese, é possível, embora pouco provável, a sua estipulação benéfica ao aderente(155).

Por fim, concorda-se com o Enunciado 408 do FPPC(156), segundo o qual, nos contratos de adesão, a interpretação deverá ser favorável ao aderente nas cláusulas ambíguas ou contraditórias.

3.5. O controle da negociação processual pelo Poder Judiciário

O controle da negociação processual pelo Poder Judiciário deve ser encarado sob diversos aspectos, não apenas quanto ao juízo de validade, existência e conveniência. Dessa forma, passa-se a expor alguns aspectos de suma importância para o debate do tema.

---

(153) SARAIVA, Diogo de Oliveira. *As convenções processuais e o papel do magistrado em um modelo cooperativo de processo*. Dissertação (Mestrado em Direito), Pontifícia Universidade Católica de São Paulo (PUC-SP). São Paulo, 202. Disponível em: https://repositorio.pucsp.br/jspui/handle/handle/25940. Acesso em: 10 ago. 2022, p. 98-99.

(154) WONTROBA, Bruno Gressler. *Negócios jurídicos processuais atípicos*: objeto lícito, disponibilidade do direito material e disponibilidade da tutela jurisdicional. Dissertação (Mestrado em Direito). Universidade Federal do Paraná (UFPR). Curitiba, 2019. Disponível em: https://hdl.handle.net/1884/62498. Acesso em: 10 ago. 2022, p. 145.

(155) NOGUEIRA, Pedro Nogueira. Dos atos em geral (art. 188 a 192 do CPC/2015). *In*: WAMBIER, Teresa Arruda Alvim [*et al.*] (coord.). *Breves comentários ao novo Código de Processo Civil*. 3. ed. São Paulo: RT, 2016. p. 633.

(156) Enunciado 408 do FPPC. "Quando houver no contrato de adesão negócio jurídico processual com previsões ambíguas ou contraditórias, dever-se-á adotar a interpretação mais favorável ao aderente". ENUNCIADOS FPPC. *Enunciados do Fórum Permanente de Processualistas Civis* — FPPC 2022. Disponível em: https://diarioprocessual.com/2022/03/23/enunciados-fppc-2022. Acesso em: 10 ago. 2022.

3.5.1. Controle pelo Poder Judiciário quanto à existência e validade

O parágrafo único do art. 190 do CPC/2015 refere que "o juiz controlará a validade das convenções previstas neste artigo, recusando-lhes aplicação somente nos casos de nulidade ou de inserção abusiva em contrato de adesão ou em que alguma parte se encontre em manifesta situação de vulnerabilidade"[(157)], possibilitando ser de ofício ou a requerimento. Não há dúvidas sobre a intenção restritiva emitida pelo legislador nesse artigo.

Nesse sentido, a doutrina entende que o texto, ao adotar a premissa restritiva exposta na palavra "somente", privilegia a premissa do *in dubio pro libertate*, ou seja, indica um controle limitador do poder-dever do juiz e uma orientação clara e voltada a privilegiar a interpretação do negócio segundo a vontade das partes[(158)].

Assim, a doutrina observa que o controle judicial será limitado aos elementos da existência e validade, ou seja, o juiz negará aplicação do negócio se estiverem presentes questões que possam identificar defeito na existência e validade, e se averiguar abusividade de cláusula ou vulnerabilidade da parte. Dessa forma, não é possível ao juiz negar aplicação por motivo diverso dos aqui expostos, sendo-lhe vedado o exercício do juízo discricionário (conveniência ou oportunidade)[(159)].

> A classificação do negócio jurídico como negócio processual, bem por isso, deve dispensar a presença da vontade do juiz que, dele não participa como parte, que não colhe a consequência jurídica da força da vontade criativa das partes interessadas em sua celebração, tampouco se interessa pelo efeito patrimonial decorrente da avença. O juiz põe-se como observador da eficácia do contrato, considerando os efeitos que essa vontade criadora opera no rito procedimental e na solução da questão de mérito agitada no processo[(160)].

---

(157) BRASIL. *Lei n. 13.105, de 16 de março de 2015*. Código de Processo Civil. Disponível em: http://www.planalto.gov.br/ccivil_03/_ato2015-2018/2015/lei/l13105.htm. Acesso em: 11 ago. 2022.

(158) REDONDO, Bruno Garcia. *Negócios jurídicos processuais atípicos no direito processual civil brasileiro*: existência, validade e eficácia. Tese (Doutorado em Direito), Pontifícia Universidade Católica de São Paulo (PUC-SP). São Paulo, 2019. Disponível em: https://tede2.pucsp.br/handle/handle/22644. Acesso em: 10 ago. 2022, p. 227-228.

(159) REDONDO, Bruno Garcia. *Negócios jurídicos processuais atípicos no direito processual civil brasileiro*: existência, validade e eficácia. Tese (Doutorado em Direito), Pontifícia Universidade Católica de São Paulo (PUC-SP). São Paulo, 2019. p. 227-228.

(160) NERY, Carmen Ligia Barreto de Andrade Fernandes. *O negócio jurídico processual como fenômeno da experiência jurídica*: uma proposta de leitura constitucional adequada da autonomia privada em processo civil. Tese (Doutorado em Direito), Pontifícia Universidade Católica de São Paulo (PUC-SP). São Paulo, 2016. Disponível em: https://tede2.pucsp.br/handle/handle/19840. Acesso em: 10 ago. 2022, p. 124.

Dessa forma, o juiz poderá controlar de ofício ou a requerimento, seja diante dos requisitos subjetivos (capacidade processual, ausência de vulnerabilidade), seja dos de índole objetiva (causa que versa sobre direito passível de autocomposição, respeito ao formalismo processual, limites objetivos ao autorregramento da vontade)[(161)].

Nesse aspecto, no plano da existência do negócio processual, não há dúvidas de que o juiz poderá conhecer por sua própria iniciativa quando um dos requisitos for violado, diferentemente da validade[(162)].

Em sua maioria, os defeitos incidentes sobre a validade são de interesse público e podem ser declarados de ofício, a exemplo das hipóteses gerais de nulidade (arts. 4º, 166 e 167 do CC). Entretanto, há matérias as quais a própria lei exige que o interessado os alegue (arts. 172 e 177 do CC e art. 278 do CPC/2015). Assim, não é possível fechar os olhos quanto a esse aspecto, já que o negócio jurídico processual está regido por um sistema híbrido, que permeia matérias tanto de direito material como de direito processual[(163)].

Nesse sentido, no caso do vulnerável, por exemplo, o próprio artigo trata claramente que a situação deve ser manifesta, ou seja, deve ser analisada concretamente entre a relação para com o objeto ou para com a outra parte sob a ótica estipulada no contrato.

Dessa forma, o juiz poderá controlar de ofício a validade do negócio firmada pelo vulnerável, entretanto, deve atentar-se para não considerar o vulnerável como se incapaz fosse. Ressalta-se que a vulnerabilidade é um requisito autônomo de validade para o negócio jurídico processual e não é dever do magistrado orientar-se sobre a convencionalidade, nem mesmo para situações envolvendo vulnerável[(164)].

No direito material, em especial no âmbito da teoria das incapacidades, um negócio celebrado por incapaz gerará a nulidade do ato, não importando se o ato foi vantajoso ou não. Malgrado, no âmbito processual, o negócio celebrado por um vulnerável que, no momento da realização, não reúna os requisitos para tal, se não houver prejuízo, o negócio não será anulado. Assim, se houver suspeita de ocorrência de vulnerabilidade e se não concretizado

---

(161) NOGUEIRA, Pedro Nogueira. Dos atos em geral (arts. 188 a 192 do CPC/2015). *In*: WAMBIER, Teresa Arruda Alvim [*et al.*] (coord.). *Breves comentários ao novo Código de Processo Civil*. 3. ed. São Paulo: RT, 2016. p. 634.

(162) REDONDO, Bruno Garcia. *Negócios jurídicos processuais atípicos no direito processual civil brasileiro*: existência, validade e eficácia. Tese (Doutorado em Direito), Pontifícia Universidade Católica de São Paulo (PUC-SP). São Paulo, 2019. Disponível em: https://tede2.pucsp.br/handle/handle/22644. Acesso em: 10 ago. 2022, p. 230-232

(163) *Idem*.

(164) SOARES, Lara Rafaelle Pinho. *A vulnerabilidade na negociação processual atípica*. Dissertação (Mestrado em Direito). Universidade Federal da Bahia (UFBA). Salvador, 2016. Disponível em: http://repositorio.ufba.br/ri/handle/ri/19279. Acesso em: 10 ago. 2022, p. 163.

o prejuízo, há quem entenda que o juiz deverá intimar a parte supostamente vulnerável para conferir a oportunidade de ratificar a convenção processual, com a advertência da possível anulação do ato(165).

Ademais, outra parte da doutrina argumenta que, para não se ferir o autorregramento da vontade, o juiz, ao controlar a validade, deverá observar três critérios: a existência de prejuízo ao vulnerável, verificar se a vulnerabilidade no caso concreto não interfere nas condições de compreensão dos termos negociados e, por fim, a existência de requerimento da parte(166).

Concorda-se com o posicionamento acima, salvo quanto ao último critério, já que, além da expressa previsão no art. 190, parágrafo único, do CPC/2015 possibilitar o controle de ofício, o requerimento da parte poderá ser suprido por meio de decisão judicial que suscite a manifestação das partes, ou seja, indo ao encontro daquilo que entende Redondo(167) ao afirmar que deve haver contraditório prévio à decisão, tanto nos casos de inexistência, quanto nos casos envolvendo a validade, já que as disposições preliminares do CPC/2015 assim orientam sobre os cuidados da boa-fé, cooperação e vedação da decisão surpresa(168).

Quanto aos casos envolvendo contrato de adesão, não basta a alegação desse tipo contratual para afastar o negócio, já que a parte manifestou sua vontade e consentimento ao aderir às suas cláusulas. Assim, a invalidação da

---

(165) SOARES, Lara Rafaelle Pinho. *A vulnerabilidade na negociação processual atípica*. Dissertação (Mestrado em Direito). Universidade Federal da Bahia (UFBA). Salvador, 2016. Disponível em: http://repositorio.ufba.br/ri/handle/ri/19279. Acesso em: 10 ago. 2022, p. 163-164.

(166) JUNQUEIRA, Fernanda Antunes Marques; MARANHÃO, Ney. Negócio processual no processo do trabalho: apontamentos gerais. *Revista eletrônica [do] Tribunal Regional do Trabalho da 9ª Região*, Curitiba, v. 6, n. 55, p. 44-70, out.-nov. 2016. Disponível em: https://hdl.handle.net/20.500.12178/100260. Acesso em: 10 ago. 2022, p. 256-257.

(167) REDONDO, Bruno Garcia. *Negócios jurídicos processuais atípicos no direito processual civil brasileiro*: existência, validade e eficácia. Tese (Doutorado em Direito), Pontifícia Universidade Católica de São Paulo (PUC-SP). São Paulo, 2019. Disponível em: https://tede2.pucsp.br/handle/handle/22644. Acesso em: 10 ago. 2022, p. 235-236.

(168) Na mesma linha de raciocínio, Alisson Silva Martins ressalta: Pouco importa se a possibilidade de invalidação da convenção foi ventilada de ofício ou se houve pedido de aplicação da sanção pela parte interessada ou pelo Ministério Público, é indispensável que a questão seja submetida ao contraditório, aplicando-se nesse particular o disposto no art. 10 do CPC ("O juiz não pode decidir, em grau algum de jurisdição, com base em fundamento a respeito do qual não se tenha dado às partes oportunidade de se manifestar, ainda que se trate de matéria sobre a qual deva decidir de ofício"). MARTINS, Alisson Silva. *As convenções processuais no Estado Democrático de Direito*. Tese (Doutorado em Direito), Pontifícia Universidade Católica de Minas Gerais (PUC-MG). Belo Horizonte, 2019. Disponível em: http://www.biblioteca.pucminas.br/teses/Direito_AlissonSilvaMartins_8170.pdf. Acesso em: 10 ago. 2022, p. 373; Enunciado 259, arts. 190 e 10. "A decisão referida no parágrafo único do art. 190 depende de contraditório prévio". ENUNCIADOS FPPC. *Enunciados do Fórum Permanente de Processualistas Civis* — FPPC 2022. Disponível em: https://diarioprocessual.com/2022/03/23/enunciados-fppc-2022. Acesso em: 10 ago. 2022.

cláusula deverá observar os aspectos das abusividades e o prejuízo, ou seja, o imprescindível risco de desvantagens no plano da relação processual[(169)].

Desta feita, entende-se na doutrina processual que o ato jurídico processual segue a regra do material (agente capaz, objeto lícito e forma prescrita ou não defesa em lei) e, com isso, acompanha o regramento quanto aos vícios e defeitos no consentimento que ocasionam a nulidade do acordo processual[(170)].

> Diante de uma convenção processual, duas funções competem ao magistrado. A primeira, que não é típica dos acordos, é de incentivo. Cabe ao juiz incentivar a autocomposição, lembrando-se que o § 2º do art. 3º do Código de Processo Civil de 2015 dispõe que o Estado promoverá, sempre e na medida do possível, a solução consensual dos conflitos, estando os acordos processuais entre os instrumentos à disposição dos litigantes para a solução amistosa de litígio. A segunda tarefa, cuja justificativa extrai-se da necessária cooperação entre os sujeitos do processo, é de controle: embora o juiz não possa controlar a conveniência da celebração da convenção, deve fiscalizar sua validade, recusando aplicação das convenções nulas ou abusivamente inseridas em contrato de adesão ou em que alguma parte seja vulnerável, na forma do parágrafo único do art. 190 do Código de Processo Civil (LGL\2015\1656). O controle da validade do acordo é imprescindível para que seus limites sejam preservados, pois é óbvio que o direito de celebrar convenção processual é finito — aliás, nenhum direito ou garantia no ordenamento jurídico pátrio é absoluto[(171)].

Sendo assim, nas convenções atípicas, cabe ao juiz apreciar apenas a validade, sem manifestar sua vontade.

> Controlar a invalidade do negócio jurídico processual atípico, porém, não é sinônimo de decretar a invalidade do negócio jurídico processual atípico. "Controlar" é identificar o defeito; "decretar" a invalidade é apenas uma das possíveis sanções ao defeito. Em síntese, não há, entre "controlar" e "decretar" a invalidade, relação automática de causa e efeito[(172)].

---

(169) ALVIM, Eduardo Arruda. *Direito processual civil*. 6. ed. São Paulo: Saraiva, 2019. p. 406.
(170) *Ibidem*, p. 330.
(171) VAUGHN, Gustavo Fávero; BRAZIL, Renato Calderia Grava; RAVAGNANI, Giovani dos Santos. As convenções processuais vistas como um possível limite aos poderes instrutórios do juiz. *Revista dos Tribunais*, v. 989, São Paulo: RT, 2018. Disponível em: https://dspace.almg.gov.br/retrieve/121201/Gustavo%20F%c3%a1vero%20Vaughn.pdf. Acesso em: 10 ago. 2022, p. 385.
(172) WONTROBA, Bruno Gressler. *Negócios jurídicos processuais atípicos*: objeto lícito, disponibilidade do direito material e disponibilidade da tutela jurisdicional. Dissertação (Mestrado

Diante da eficácia relativa dos negócios jurídicos, o juiz não se subordina aos efeitos diretos do acordo estabelecido, ao passo que, nas convenções típicas, além da apreciação da existência e validade, o juiz passa a ter o dever de observar também a obediência aos requisitos legais previstos(173).

Ademais, há de se observar também que, no tocante à legitimidade *ad actum*, ou seja, quanto à impossibilidade de situação jurídica por envolver e produzir efeitos na esfera jurídica de terceiros, já que as partes do negócio não estão autorizadas para atingir a esfera de terceiros, torna ofendido o elemento da validade às partes negociantes. Contudo, para os próprios terceiros, essa cláusula, segundo Cabral(174), é ineficaz.

Por fim, é possível haver nulidade parcial do negócio jurídico processual, ou seja, afastar a aplicação de uma das cláusulas não importará a nulidade do próprio negócio. Além disso, o negócio jurídico processual é autônomo à relação material, ou seja, em um negócio no qual sejam previstos direitos materiais e normas processuais regradas segundo a vontade, afastando uma ou outra estipulação, o negócio continuará válido quanto aos demais que não foram afetados.

3.5.2. Dever de motivar as decisões judiciais

O processo civil, segundo Cabral, é pautado pela atividade das partes em equilíbrio com os poderes judiciais. Nesse sentido, os princípios do dispositivo e do debate servem como limite para a atividade judicial, permitindo a atuação dos sujeitos privados na esfera de liberdade e reduzindo o exercício da função jurisdicional. Assim, segundo o autor, o sistema processual brasileiro prefere a liberdade convencional, embora não seja uma preferência absoluta, podendo, portanto, ser revertida(175).

Diante disso, essa liberdade convencional utiliza a motivação das decisões como mecanismo de contrapeso, ou seja, segundo Cabral, quando a conclusão do magistrado for contrária à convenção, possuirá o ônus de argumentação e deverá fundamentar intensamente a decisão de invalidade:

> A motivação das decisões judiciais funciona como mecanismo de balanceamento entre a prioridade normativa do ordenamento e as circunstâncias concretas do caso. Se considerar que as convenções

---

em Direito). Universidade Federal do Paraná (UFPR). Curitiba, 2019. Disponível em: https://hdl.handle.net/1884/62498. Acesso em: 10 ago. 2022, p. 191.

(173) ALVIM, Eduardo Arruda. *Direito processual civil*. 6. ed. São Paulo: Saraiva, 2019. p. 407.

(174) CABRAL, Antonio do Passo. *Convenções processuais*. Teoria geral dos negócios jurídicos processuais. 3. ed. Salvador: JusPodivm, 2020. p. 331-333.

(175) *Ibidem*, p. 179-181.

processuais são aliadas, não há exigência de fundamentação maior porque a preferência normativa do sistema é mantida (a validade, que era tendencial, é "confirmada"); por outro lado, se a conclusão do magistrado é contrária à prioridade *prima facie*, e assim for inverter o sentido natural para o qual pressiona o ordenamento, incide o ônus de argumentação e o juiz deverá fundamentar mais intensamente a decisão de invalidade ou que nega aplicação à convenção. Por meio de exigências maiores de motivação, reduz-se, portanto, o campo da discricionariedade e o risco de arbítrio porque a técnica permite um exame crítico da racionalidade das escolhas do juiz(176).

Nesse sentido, apesar de se entender que a visão apresentada quanto ao *in dubio pro libertate* não se aplica ao processo do trabalho, ou seja, não há prevalência da convenção, já que, como será tratado no capítulo seguinte, é necessário observar a efetividade na seara trabalhista ao invés da simples prevalência da liberdade, a compreensão quanto ao dever de motivação e ônus argumentativo é interessante para a seara trabalhista.

Importante ressaltar que, em muitas situações, os magistrados incorporam o art. 765 da CLT, confundindo o poder de direção do processo como se autorizasse o mando arbitrário. Diante disso, o dever de fundamentação, especialmente quando rechaçada a aplicação do negócio processual, servirá como contorno da aplicação desvirtuada do art. 765 da CLT para atingir com efetividade o dever de fundamentação encampado na própria Constituição Federal (art. 93, IX).

3.5.3. Forma e momento do controle judicial

O controle judicial poderá ser realizado de forma prévia ou a *posteriori* (após a procuração dos efeitos do contrato). Quanto aos seus efeitos, são produzidos imediatamente, sem necessidade de homologação prévia. Entretanto, se a lei ou a vontade das partes assim o exigir, o negócio processual demandará homologação prévia pelo Poder Judiciário e, como consequência, seus efeitos somente serão produzidos após esse ato; o juiz ficará, então, impedido de exercer comportamento contraditório posteriormente por preclusão lógica(177).

---

(176) CABRAL, Antonio do Passo. *Convenções processuais*. Teoria geral dos negócios jurídicos processuais. 3. ed. Salvador: JusPodivm, 2020. p. 182.
(177) REDONDO, Bruno Garcia. *Negócios jurídicos processuais atípicos no direito processual civil brasileiro*: existência, validade e eficácia. Tese (Doutorado em Direito), Pontifícia Universidade Católica de São Paulo (PUC-SP). São Paulo, 2019. Disponível em: https://tede2.pucsp.br/handle/handle/22644. Acesso em: 10 ago. 2022, p. 229.

O negócio jurídico processual é ato negocial não necessariamente postulatório tendo em vista que pode ser celebrado antes da relação jurídica processual. Assim, diversamente da postulação em juízo que exige a presença de advogado (capacidade postulatória), para a celebração do negócio não há essa necessidade(178). É claro, na seara trabalhista, isso é ressalvado, já que é possível o *jus postulandi*; vale dizer, a presença do advogado no ato negocial, embora recomendável para evitar a vulnerabilidade, não é requisito autônomo para decretar sua inexistência ou invalidade.

Ademais, segundo Redondo, as partes devem alegar a inexistência ou invalidade sempre de forma incidental e subordinada à relação jurídica processual a qual encontra-se vinculada, o que não significa que é vedada ação autônoma. Segundo este entendimento, a inexistência ou a invalidade está vinculada à relação jurídica principal e pode ser alegada na própria demanda que discute a principal, por qualquer meio ou forma, por meio de uma relação subordinada e incidental à relação jurídica principal(179).

Além disso, o autor sublinha ser possível a alegação de forma autônoma por meio de uma ação própria, caso da ação anulatória ajuizada sempre após a instauração da demanda principal. Entretanto, será autônoma e incidental, ou seja, não será possível à parte ingressar com ação para questionar o negócio de forma autônoma e antecedente (prévia à propositura da lide principal e destinada somente à invalidade ou inexistência), já que não preenche o interesse processual (art. 485, VI, CPC/2015)(180).

O problema em se adotar o posicionamento acima é que a conduta descrita fulminaria a possibilidade de requerer homologação em juízo, mesmo nos casos em que a lei assim não estipula (ora, qual seria o interesse se a relação jurídica principal não está sendo discutida); além disso, o prazo para propor ação autônoma que vise a desconstituir o negócio jurídico processual passará a ser eterno.

Diante disso, descreve-se posicionamento diverso:

> A ação anulatória da convenção processual por vício do consentimento, acaso não deduzida a demanda na qual os efeitos do ajuste

(178) NERY, Carmen Ligia Barreto de Andrade Fernandes. *O negócio jurídico processual como fenômeno da experiência jurídica*: uma proposta de leitura constitucional adequada da autonomia privada em processo civil. Tese (Doutorado em Direito), Pontifícia Universidade Católica de São Paulo (PUC-SP). São Paulo, 2016. Disponível em: https://tede2.pucsp.br/handle/handle/19840. Acesso em: 10 ago. 2022, p. 105.
(179) REDONDO, Bruno Garcia. *Negócios jurídicos processuais atípicos no direito processual civil brasileiro*: existência, validade e eficácia. Tese (Doutorado em Direito), Pontifícia Universidade Católica de São Paulo (PUC-SP). São Paulo, 2019. Disponível em: https://tede2.pucsp.br/handle/handle/22644. Acesso em: 10 ago. 2022, p. 233-234.
(180) *Idem*.

> deveria se operar, será, a princípio, o prazo decadencial de quatro anos, instituído pela legislação civil (art. 177 do CC), cumprindo registrar que as convenções sobre temas processuais, celebradas antes da deflagração do processo, são, ao fim e ao cabo, negócios materiais versando sobre temas processuais.
>
> Acaso, porém seja proposta a demanda na qual a convenção deverá produzir efeitos e tendo sido exigido o cumprimento do pactuado, a parte interessada deverá alegar a invalidade em seu proveito na primeira oportunidade que lhe couber falar nos autos, sob pena de preclusão, em atenção ao disposto no art. 278 do CPC; será também este o prazo para propor a ação autônoma anulatória, acaso não seja possível suscitar esta pretensão incidentalmente no feito no qual a convenção deverá operar seus efeitos. Pouco importa se remanescia um prazo maior segundo a disciplina de direito material; com a propositura da demanda, os eventuais defeitos que inquinam a convenção processual, quando disserem respeito exclusivamente a interesses privados, sujeita-se ao prazo preclusivo instituído no art. 278 do CPC(181).

Apesar da discussão acima, a aplicação do negócio jurídico processual na seara do processo do trabalho sempre terá uma relação principal intrinsecamente considerada com a relação de direito do trabalho, o que torna mais viável aplicar a prescrição relacionada com o direito material no caso de negócios jurídicos prévios.

3.5.4. Necessidade ou não de homologação judicial do negócio processual

O tema já foi pincelado para ressaltar entendimentos relativos à necessidade de homologação judicial do negócio firmado entre as partes, entretanto, é necessário aprofundá-lo, sem deixar de ressaltar que, a depender do entendimento doutrinário acolhido, a homologação também pode ser encarada como forma de controle pelo Poder Judiciário.

Desta feita, destacam-se as três razões para não haver necessidade de homologação judicial, sucintamente descritas a seguir: (i) as convenções decorrem diretamente da autonomia das partes; (ii) pode haver acordos pré-processuais celebrados antes do próprio conflito; (iii) a homologação

(181) MARTINS, Alisson Silva. *As convenções processuais no Estado Democrático de Direito*. Tese (Doutorado em Direito), Pontifícia Universidade Católica de Minas Gerais (PUC-MG). Belo Horizonte, 2019. Disponível em: http://www.biblioteca.pucminas.br/teses/Direito_AlissonSilvaMartins_8170.pdf. Acesso em: 10 ago. 2022, p. 375.

seria negar autonomia das partes[182]. Ao não vislumbrar que a homologação seja um dos requisitos de validade ou eficácia, Nogueira[183] igualmente nega a necessidade de homologação.

Diversamente, Câmara[184] ressalta que, apesar de reconhecer não haver necessidade de prévia homologação, para ter validade, o negócio jurídico processual deverá ser convalidado judicialmente e isso não representaria violação à autonomia das partes.

Ademais, visando não ofender o princípio da cooperação, e entendendo que o ato negociado deva contar com a participação do magistrado — mesmo reconhecendo que este sujeito processual, diante da relação jurídica triangular, não é parte do negócio –, Ferrari Neto argumenta que o juiz deve ser mais atuante nos casos em que o negócio processual versar sobre procedimentos[185].

Assim, segundo esse posicionamento, o juiz é sujeito do processo e será afetado pelos negócios processuais que digam respeito às alterações procedimentais, por isso, é necessário que aquiesça para haver eficácia. Desse modo, o autor avalia que deverá haver homologação judicial para surtir efeitos perante o processo, já que não haverá como vincular o juiz ao negócio se não houver sua aquiescência[186].

> Em que pese o posicionamento do autor, o qual podemos resumir que está embasado na autonomia da vontade, pensamos que tal autonomia não pode prejudicar o andamento das atividades judiciais. Tal autonomia encontra, pois, limites. Como dito, para a celebração de acordos procedimentos faz-se necessária, pelo menos, a homologação judicial. Nas demais hipóteses, as partes têm seu direito subjetivo, não havendo que se falar, como regra, em homologação judicial (transação judicial, eleição de foro, inversão convencional sobre o ônus da prova, suspensão do processo)[187].

---

(182) CABRAL, Antonio do Passo. *Convenções processuais.* Teoria geral dos negócios jurídicos processuais. 3. ed. Salvador: JusPodivm, 2020. p. 285-286.

(183) NOGUEIRA, Pedro Nogueira. Dos atos em geral (arts. 188 a 192 do CPC/2015). *In*: WAMBIER, Teresa Arruda Alvim [*et al.*] (coord.). *Breves comentários ao novo Código de Processo Civil.* 3. ed. São Paulo: RT, 2016. p. 631-634.

(184) CÂMARA, Helder Moroni. *Os limites do negócio jurídico processual brasileiro*: uma análise do artigo 190 do CPC/2015. Tese (Doutorado em Direito), Pontifícia Universidade Católica de São Paulo (PUC-SP). São Paulo, 2016. p. 102-103.

(185) FERRARI NETO, Luiz Antônio. *Limites objetivos e subjetivos à celebração de negócios jurídicos processuais bilaterais no novo Código de Processo Civil Brasileiro e seu controle judicial*: tentativa de sistematização. Tese (Doutorado em Direito), Pontifícia Universidade Católica de São Paulo (PUC-SP). São Paulo, 2016. p. 191.

(186) *Ibidem*, p. 201-202.

(187) *Ibidem*, p. 203.

Assim, o controle judicial será exercido em maior ou menor grau, a depender do que foi negociado. Dessa forma, para os negócios não procedimentais, os efeitos serão produzidos desde logo, cabendo ao juiz analisar a regularidade formal e exercer um controle em menor grau[188].

Entretanto, quanto aos negócios procedimentos, a situação será outra:

> Situação diversa ocorrerá nas hipóteses de celebração de convenções procedimentais. Nesta hipótese, como haverá interferência na atividade do Judiciário, caberá ao magistrado o papel de homologar o ajuste celebrado entre as partes, para que tal ajuste surta eficácia para o processo. Ainda que se trate, por exemplo, de ajuste prevendo contagem diferenciada de prazos processuais, o que aparentemente não causaria mal algum ou transtorno algum, isto certamente afetará o dia a dia da Vara Judicial, que estará abarrotada de processos, trabalhando num sistema de produção em massa ("fordismo"). Imagine, por exemplo, que num negócio jurídico antecedente as partes estipulem que em eventual litígio os prazos para contestação, réplica e eventual tréplica será de 10 dias corridos. Noutro caso, será de 10 dias úteis. Numa outra situação, que o prazo seria de 15 dias. Noutra, e 30. Numa outra os prazos para contestar, seria diferente do prazo de réplica e assim sucessivamente[189].

Dessa forma, baseando-se nos custos estruturais do Poder Judiciário, e na afirmação de que o art. 139, VI, do CPC/2015 reforça a necessidade de homologação judicial das convenções processuais — já que, segundo o dispositivo, o magistrado dirigirá o processo adequando às necessidades do conflito —, Ferrari Neto defende que deverão ser homologados os negócios procedimentais:

> O papel do magistrado ao homologar ou não os respectivos acordos procedimentais deverá levar em conta as especificidades da causa, com vista a dois requisitos: (i) deve haver ganho de eficiência — efetividade (art. 139, VI); (i) os julgados, por via de consequência, terão ganhos de qualidade. Além destes, a avença não poderá prejudicar terceiros que dependam da atividade jurisdicional, uma vez que o Judiciário não existe para julgar apenas a demanda das partes, mas também uma imensidão de outros litígios[190].

---

(188) FERRARI NETO, Luiz Antônio. *Limites objetivos e subjetivos à celebração de negócios jurídicos processuais bilaterais no novo Código de Processo Civil Brasileiro e seu controle judicial*: tentativa de sistematização. Tese (Doutorado em Direito), Pontifícia Universidade Católica de São Paulo (PUC-SP). São Paulo, 2016. p. 220.
(189) *Idem*.
(190) *Ibidem*, p. 221.

Nesse sentido, segundo Câmara, deverá haver convalidação do negócio em juízo, mas não em relação à sua existência, já que para isso basta o preenchimento dos requisitos objetivos. Entretanto, para ter validade e produzir efeitos esperados no mundo jurídico, deverá observar não só as condições de validade, mas também ocorrer a convalidação judicial. Afirma, por fim, que não há que se falar em homologação judicial para negócios prévios, já que a intervenção judicial somente ocorrerá quando a demanda existir(191).

> Ora, as partes não podem ter maior liberdade no processo, do que a que tem fora dele. E, se todos os atos da vida são passíveis de análise judicial e de modificação por força do Poder Jurisdicional, não se pode cogitar entendimento diverso ao se falar do processo e, mormente, do negócio jurídico processual do art. 190 do CPC/2015, que só tem razão de existir num plano que admita o Estado-juiz como parte indispensável(192).

Entretanto, o Superior Tribunal de Justiça, em recente decisão, definiu que negócio jurídico processual não se sujeita a um juízo de conveniência pelo juiz que, por sua vez, apenas irá verificar sua legalidade, pronunciando-se nos casos de nulidade ou de inserção abusiva em contrato de adesão ou, ainda, quando alguma parte se encontrar em manifesta situação de vulnerabilidade, caminhando, assim, ao encontro da doutrina brasileira. Além disso, conforme o STJ, as partes não poderão dispor sobre situação jurídica do magistrado, matérias intrínsecas ao exercício da jurisdição e a garantia do devido processo legal(193).

---

(191) CÂMARA, Helder Moroni. *Os negócios jurídicos processuais*. São Paulo: Almedina, 2018. p. 116.

(192) *Idem*.

(193) "RECURSO ESPECIAL. PROCESSO CIVIL. LIBERDADE NEGOCIAL CONDICIONADA AOS FUNDAMENTOS CONSTITUCIONAIS. CPC/2015. NEGÓCIO JURÍDICO PROCESSUAL. FLEXIBILIZAÇÃO DO RITO PROCEDIMENTAL. REQUISITOS E LIMITES. IMPOSSIBILIDADE DE DISPOSIÇÃO SOBRE AS FUNÇÕES DESEMPENHADAS PELO JUIZ. 1. A liberdade negocial deriva do princípio constitucional da liberdade individual e da livre-iniciativa, fundamento da República, e, como toda garantia constitucional, estará sempre condicionada ao respeito à dignidade humana e sujeita às limitações impostas pelo Estado Democrático de Direito, estruturado para assegurar o exercício dos direitos sociais e individuais e a Justiça. 2. O CPC/2015 formalizou a adoção da teoria dos negócios jurídicos processuais, conferindo flexibilização procedimental ao processo, com vistas à promoção efetiva do direito material discutido. Apesar de essencialmente constituído pelo autorregramento das vontades particulares, o negócio jurídico processual atua no exercício do múnus público da jurisdição. 3. São requisitos do negócio jurídico processual: a) versar a causa sobre direitos que admitam autocomposição; b) serem partes plenamente capazes; c) limitar-se aos ônus, poderes, faculdades e deveres processuais das partes; d) tratar de situação jurídica individualizada e concreta. 4. O negócio jurídico processual não se sujeita a um juízo de conveniência pelo juiz, que fará apenas a verificação de sua legalidade, pronunciando-se nos casos de nulidade ou de inserção abusiva em contrato de adesão ou ainda quando alguma parte se encontrar em manifesta situação de vulnerabilidade.

Por fim, na seara trabalhista, o juiz é considerado o diretor do processo, conforme estipula o art. 765 da CLT, ou seja, os magistrados têm ampla liberdade na direção do processo e velarão pelo andamento rápido da causa.

Dessa forma, a homologação judicial prévia, embora recomendável para evitar discussões prolongadas e tecnicamente jurídicas (como é o caso da aplicabilidade ou não do negócio jurídico processual) em uma demanda que, na imensa maioria das vezes, visa reconhecer ou ressarcir um direito social constitucional assegurado, não se trata de um requisito de validade ou necessário para produzir seus efeitos.

Entretanto, no que tange à convalidação em relação exclusivamente aos aspectos procedimentais negociados processualmente, diante do art. 765 da CLT, não há como duvidar de que na seara trabalhista é necessária a convalidação judicial para que os efeitos sejam considerados eficazes, já que o juiz é considerado diretor do processo e possui como norte a celeridade e o andamento do processo, cujo dever é sempre observar o sopesamento e a ponderação em relação aos princípios processuais presentes na Constituição Federal, conforme descrito na teoria de Alexy(194).

Nesse sentido, para Cordeiro, a necessidade da homologação não descaracteriza a existência do negócio processual,

> pois a autonomia privada, como já se tratou, pode ser mais ou menos disciplinada, não desfigurando o ato como negócio jurídico. A regra geral, todavia, é a dispensa dessa obrigatoriedade da homologação judicial do negócio processual, isso porque se a autonomia privada é o poder de autorregularem-se, o negócio processual serve de base para concretização desse poder aos particulares, sem que se desrespeite a vontade do legislador(195).

Assim, apesar de primar pela regra da não homologação (no que tange ao processo civil), defende que o relevante para se caracterizar o negócio é a vontade direcionada não apenas para a prática do ato, mas também para a

---

5. A modificação do procedimento convencionada entre as partes por meio do negócio jurídico sujeita-se a limites, dentre os quais ressai o requisito negativo de não dispor sobre a situação jurídica do magistrado. As funções desempenhadas pelo juiz no processo são inerentes ao exercício da jurisdição e à garantia do devido processo legal, sendo vedado às partes sobre elas dispor. 6. Recurso especial não provido". BRASIL. *Superior Tribunal de Justiça*. REsp 1.810.444/SP, Rel. Luis Felipe Salomão, Quarta Turma, j. 15.10.2015, DJe 15.12.2021.

(194) ALEXY, Robert. *Teoria dos direitos fundamentais*. Trad. Virgílio Afonso da Silva. São Paulo: Malheiros, 2008. p. 119-120.

(195) CORDEIRO, Adriano Consentino. *Negócios jurídicos processuais e as consequências do seu descumprimento*. Tese (Doutorado em Direito), Universidade Federal do Paraná (UFPR-PR). Curitiba, 2016. Disponível em: http://hdl.handle.net/1884/45157. Acesso em: 10 ago. 2022, p. 30.

produção de certo efeito jurídico, o que corrobora o fato de os sujeitos não serem tratados como seres estranhos quanto aos atos processuais, daí não ser possível desconsiderar as vontades e as intenções expressadas por eles[196].

Diante disso, a homologação recomendada acima não ofende a existência do negócio jurídico processual, nem mesmo diminui a autonomia das partes na seara trabalhista, mas corrobora a efetividade e a celeridade, além de não conturbar o processo.

Por fim, as situações jurídicas próprias das partes (poderes, faculdades e deveres processuais) não ingressam na correlação entre a negociação processual e a direção e andamento rápido no processo, estando ressalvadas, portanto, de convalidação judicial.

3.6. Negócio jurídico processual e seus efeitos sobre terceiros

No que tange aos efeitos sobre terceiros, o negócio jurídico processual deve observar o princípio da relatividade dos efeitos dos contratos em geral (o negócio gera obrigações entre as partes), ou seja, como regra, não haverá efeitos *ultra partes*. Assim, não seria possível contratar negócios jurídicos processuais que negociam prerrogativas de terceiros de uma forma limitativa ou modificativa sem que este próprio terceiro tenha conhecimento e tome parte do negócio[197].

É nesse sentido que dispõe o Enunciado 152 do Conselho da Justiça Federal[198] ao firmar o entendimento de que o pacto de impenhorabilidade produz efeitos entre as próprias partes do negócio, não gerando efeitos a terceiros. O mesmo pensamento norteia o Enunciado 254 do FPPC[199], segundo o qual é inválida a convenção para excluir intervenção do Ministério Público como fiscal da ordem jurídica, corroborado pelas funções constitucionais atribuídas ao *parquet* (art. 129, CF/1988).

---

(196) CORDEIRO, Adriano Consentino. *Negócios jurídicos processuais e as consequências do seu descumprimento*. Tese (Doutorado em Direito), Universidade Federal do Paraná (UFPR-PR). Curitiba, 2016. Disponível em: http://hdl.handle.net/1884/45157. Acesso em: 10 ago. 2022, p. 30.

(197) CÂMARA, Helder Moroni. *Os negócios jurídicos processuais*. São Paulo: Almedina, 2018. p. 141.

(198) Enunciado 152 do CJF. "O pacto de impenhorabilidade (arts. 190, 200 e 833, I) produz efeitos entre as partes, não alcançando terceiros". ENUNCIADOS CJF. *Enunciados do Conselho da Justiça Federal*. Disponível em: https://www.cjf.jus.br/enunciados/enunciado/1289. Acesso em: 10 ago. 2022.

(199) Enunciado 254 do FPPC. "É inválida a convenção para excluir a intervenção do Ministério Público como fiscal da ordem jurídica". ENUNCIADOS FPPC. *Enunciados do Fórum Permanente de Processualistas Civis* — FPPC 2022. Disponível em: https://diarioprocessual.com/2022/03/23/enunciados-fppc-2022. Acesso em: 10 ago. 2022.

Para Câmara[200], por exemplo, as partes, ao firmarem o negócio processual, não podem celebrar negócios jurídicos processuais que obriguem ou que vedem a intervenção de terceiros, já que não é possível negociar direito alheio.

Segundo o autor, não é possível que o negócio processual trate sobre prerrogativas do juiz ou de auxiliares da justiça por configurar ofensa ao limite subjetivo, forçar que o juiz decida conforme leis estrangeiras, afastar fundamentação das decisões ou dispor sobre fixação de honorários sucumbenciais fora dos casos legalmente previstos.

Nesse sentido, Lipiani[201], ao tratar da esfera da disponibilidade das partes, entende que a autonomia não pode ser exercida em face de outra pessoa ou órgão a ponto de impor custos, deveres ou omissões. Assim, os negócios não podem tornar o processo mais custoso, onerando o Poder Judiciário e tornando-o inválido, caso as partes não arquem ou eliminem os custos extras[202].

Entretanto, apesar de ser vedado dispor sobre direitos de terceiros, estes não podem prejudicar a execução das obrigações sem justo motivo, já que deverão observar os princípios da boa-fé e da eticidade que irradiam para o ordenamento jurídico[203].

No caso de os negócios jurídicos processuais serem celebrados em benefício de sujeito que não participou das tratativas, o negócio não será considerado inválido, segundo Lipiani[204], já que, além de não restringir a liberdade deste que não participou, entende a autora que nos casos benéficos é plenamente aplicável o disposto nos arts. 436 a 438 do Código Civil que trata sobre a estipulação em favor de terceiros.

Nesse sentido, o princípio da relatividade contratual, consubstanciado na antiga regra do *res inter alios*, conforme relatado, tem como regra o fato de atingir somente os contratantes, sem prejudicar ou beneficiar terceiros. Entretanto, a relatividade encontra limitações. É possível, por exemplo, o contrato

---

(200) CÂMARA, Helder Moroni. *Os negócios jurídicos processuais*. São Paulo: Almedina, 2018. p. 141-142.
(201) LIPIANI, Julia Miranda. *Os negócios jurídicos processuais como ferramenta de garantia do exercício da liberdade pelo processo*. Dissertação (Mestrado em Direito). Universidade Estadual do Rio de Janeiro (UERJ), 141 f. Rio de Janeiro, 2019. Disponível em: http://www.bdtd.uerj.br/handle/1/9493. Acesso em: 10 ago. 2022.
(202) *Ibidem*, p. 111.
(203) CÂMARA, Helder Moroni. *Os negócios jurídicos processuais*. São Paulo: Almedina, 2018. p. 141.
(204) LIPIANI, Julia Miranda. *Os negócios jurídicos processuais como ferramenta de garantia do exercício da liberdade pelo processo*. Dissertação (Mestrado em Direito). Universidade Estadual do Rio de Janeiro (UERJ), 141 f. Rio de Janeiro, 2019. Disponível em: http://www.bdtd.uerj.br/handle/1/9493. Acesso em: 10 ago. 2022, p. 111-112.

gerar efeitos perante terceiros em determinados casos (situação da estipulação em favor de terceiros), cujos efeitos exógenos irão atingir terceiro quando este exigir seu cumprimento[(205)].

A estipulação civilista é eminentemente patrimonial, todavia, trazer esse aspecto para excepcionar a relatividade do negócio em determinados casos não é incentivar fazê-lo de forma autônoma. Desse modo, concorda-se com o posicionamento descrito, desde que tal aplicação sirva como norte interpretativo nas situações as quais o terceiro é beneficiado e, por sua vontade, requer a aplicação do negócio jurídico processual.

3.7. Negócio processual pela Fazenda Pública

A lei expressamente não prevê vedação quanto à negociação processual que tem como parte a Fazenda Pública e pessoas que integram a Administração Pública, direta ou indireta. Nesse sentido, conforme explica Yarshell[(206)], a interpretação mais correta não deve restringir a aplicação do art. 190 do CPC/2015 aos direitos patrimoniais, o que possibilita e abre campo para a negociação em situações envolvendo questões sobre o estado e a capacidade de pessoas, desde que as partes sejam capazes.

Segundo Yarshell, mesmo havendo margem restrita para a autocomposição, para a Fazenda Pública e entidades da Administração Pública direta ou indireta, ela não deixa de existir, corroborado pelo fato de não haver, em princípio, óbices legais, ressalvadas as situações envolvendo disposições substanciais ou processuais que entendam de natureza cogente[(207)].

O Enunciado 256 do FPPC[(208)] entende pela possibilidade da negociação pela Fazenda Pública, o que também é encampado pelo Enunciado 218 do I Fórum Nacional de Processo do Trabalho[(209)] (FNPT), mas limita sua aplicação na seara processual trabalhista a situações excepcionais e para dispor sobre formas de intimação pessoal.

---

(205) TARTUCE, Flávio. *Direito civil*. Teoria geral dos contratos e contratos em espécie. v. 3. Rio de Janeiro: Forense, 2021 (*ebook*). p. 167.

(206) YARSHELL, Flávio Luiz. Convenção das partes em matéria processual. *In*: CABRAL, Antonio do Passo; NOGUEIRA, Pedro Henrique (coord.). *Negócios processuais*. 4. ed. Salvador: JusPodivm, 2019. p. 83.

(207) *Idem*.

(208) Enunciado 256 do FPPC. "A Fazenda Pública pode celebrar negócio jurídico processual". ENUNCIADOS FPPC. *Enunciados do Fórum Permanente de Processualistas Civis* — FPPC 2022. Disponível em: https://diarioprocessual.com/2022/03/23/enunciados-fppc-2022. Acesso em: 10 ago. 2022.

(209) Enunciado 218 do FNPT. "Em caráter excepcional, é cabível a celebração de negócio jurídico processual pela fazenda pública para dispor sobre as formas para sua intimação pessoal". *Enunciados do I Fórum Nacional de Processo Do Trabalho*. Disponível em: https://www.trtes.jus.br/principal/publicacoes/leitor/721032812?Formato=pdf. Acesso em: 10 ago. 2022.

Diante disso, é possível encontrar na doutrina diversos exemplos que poderiam ser aplicáveis e úteis à Fazenda Pública, dentre eles, o ajuste para parcelamento de honorários com suspensão do cumprimento de sentença, a convenção de impenhorabilidade de determinado bem e a liberação de bem penhorado, liberando a garantia se houver depósito parcial do valor devido(210).

Nesse sentido, a flexibilização procedimental é possível inclusive em situações envolvendo o Instituto Nacional de Seguro Social, conforme se vê abaixo, quanto à flexibilização no processo judicial previdenciário:

> O processo judicial previdenciário, sem dúvida alguma, é o que melhor pode se beneficiar do instituto da flexibilização procedimental, porquanto a produção de prova em juízo assume condição constitutiva do próprio reconhecimento judicial do direito à prestação previdenciária almejada. E, se a prova é tão essencial assim, por que aguardar o retorno das atividades presenciais ainda por demais incerto para, somente em seguida, produzi-la? É claro que, em todas as oportunidades de videoconferência, deve ser assegurado o contraditório e a ampla defesa — e, porque não dizer, o devido processo legal digital — inclusive para possibilitar a oportuna impugnação, quando a tecnologia digital prejudicar a concreção do direito fundamental à proteção social(211).

Desse modo, o procedimento adequado a cada situação concreta demonstra ser eficiente às questões previdenciárias, nas quais também devem ser observadas as especificidades do direito pleiteado. É possível utilizar meios tecnológicos como a própria teleperícia e a teleaudiência, resguardando adequação para a efetividade da tutela jurisdicional pretendida, potencializando, assim, o acesso à justiça(212).

Quanto à seara processual trabalhista, não há óbice à elaboração de negócio processual pela autarquia. A atuação do INSS na seara trabalhista, evidentemente, não possui uma enorme variedade de possibilidades, visto que é um tanto mais restrita, todavia, a Emenda Constitucional n. 45 reforçou a competência trabalhista, passando a prever no art. 114, VIII, da CF/1988 aquilo que veio com a Emenda Constitucional n. 29, ou seja, a execução, inclusive de ofício, das contribuições previdenciárias. Diante disso, não há obstáculos que vedem a negociação, possibilitando que a autarquia realize

---

(210) FLUMINGNAN, Silvano José Gomes. Os negócios jurídicos processuais e a fazenda pública. *Revista de Processo*, v. 280, p. 353-375, jun. 2018, p. 364 (*online*).

(211) FERREIRA, Carlos Wagner Dias. O princípio da flexibilização procedimental em uma nova era tecnológica. *Revista Acadêmica da Faculdade de Direito do Recife*, v. 92, n. 2, p. 156-169, dez. 2020. Disponível em: https://periodicos.ufpe.br/revistas/ACADEMICA/article/view/248515. Acesso em: 10 ago. 2022.

(212) *Ibidem*, p. 167.

negócio processual conforme o seu interesse, por exemplo, prevendo que os prazos processuais serão contados em dias corridos, a impenhorabilidade de determinado bem ou alguma forma de execução atípica.

3.8. Negócio processual pelo Ministério Público

Os negócios jurídicos processuais não apenas são permitidos como são incentivados pelo Conselho Nacional do Ministério Público por meio da Resolução n. 118/2014, que disciplina a Política Nacional de Incentivo à Autocomposição no âmbito do Ministério Público. Relevante destacar que a Resolução é de 2014, ou seja, já representava uma inovação antes mesmo do CPC/2015.

Nesse sentido, os arts. 15 a 17 da Resolução são os principais para a delimitação deste estudo pois já preveem questões específicas sobre o negócio processual.

Inicialmente, o art. 15[(213)] da Resolução recomenda o uso das convenções processuais quando o procedimento tiver que ser adaptado para buscar a efetividade da tutela jurisdicional dos interesses materiais subjacentes ou quando permitir resguardar o âmbito de proteção dos direitos fundamentais processuais relacionados ao acordo. Já o art. 16[(214)] autoriza o *parquet* a celebrar o negócio, desde que observe os limites do ordenamento, possibilitando, inclusive, a realização de forma prévia ou incidental na fase de investigação. Por fim, o art. 17 estabelece que devem ser observados o diálogo e a colaboração, objetivando a convivência harmônica entre os envolvidos e visando a pacificação do conflito.

O art. 17 prevê expressamente a possibilidade de inserção em cláusulas de termo de ajustamento de conduta, ou seja, além de ampliar a convencionalidade na tutela coletiva, prevê um avanço quanto aos instrumentos de atuação do MP, possibilitando a inclusão de matéria processual no próprio TAC[(215)].

---

(213) Art. 15, Resolução n. 114 do CNMP. "As convenções processuais são recomendadas toda vez que o procedimento deva ser adaptado ou flexibilizado para permitir a adequada e efetiva tutela jurisdicional aos interesses materiais subjacentes, bem assim para resguardar âmbito de proteção dos direitos fundamentais processuais". Disponível em: https://www.cnmp.mp.br/portal/images/Resolucoes/Resolucao-118-1.pdf. Acesso em: 11 ago. 2022.
(214) Art. 16, Resolução n. 114 do CNMP. "Segundo a lei processual, poderá o membro do Ministério Público, em qualquer fase da investigação ou durante o processo, celebrar acordos visando constituir, modificar ou extinguir situações jurídicas processuais". Disponível em: https://www.cnmp.mp.br/portal/images/Resolucoes/Resolucao-118-1.pdf. Acesso em: 11 ago. 2022.
(215) CABRAL, Antonio do Passo. A Resolução n. 118 do Conselho Nacional do Ministério Público e as Convenções Processuais. *In*: CABRAL, Antonio do Passo; NOGUEIRA, Pedro Henrique (coord.). *Negócios processuais*. Salvador: JusPodivm, 2019. p. 773.

Assim, não há dúvidas de que a resolução também é aplicável ao Ministério Público do Trabalho, que deve zelar pela implementação e pela adoção de mecanismos de autocomposição. A figura do MP, no entanto, não deve ser vista apenas como órgão interveniente (fiscal da lei), mas também como órgão agente (autor da ação). É o caso, na seara trabalhista, das ações anulatórias de contrato individual, das ações civis públicas, de acordo coletivo ou convenção coletiva e das ações rescisórias [(216)].

Além disso, o art. 793 da CLT prevê que a representação ao menor de 18 anos poderá ser feita pelo MP que, nesse caso, irá funcionar como substituto processual[(217)]. Nesse aspecto, Cabral[(218)] avalia que é possível firmar negócio processual sobre o próprio foro competente desde que seja mais eficiente, por exemplo, para a colheita da prova.

É fato que o Ministério Público do Trabalho lida com direitos prioritariamente considerados indisponíveis, já que se assenta na coletividade. Todavia, assim como discutido nos entendimentos que incidem sobre a Fazenda Pública, estar numa margem mais restrita de negociabilidade não significa que a possibilidade de negociação seja fulminada. Mesmo nesses casos, é possível haver negociação; por exemplo, quanto ao tempo e ao modo de cumprimento das obrigações legais, o que se verifica na hipótese de celebração de termos de ajustamento de conduta. Assim, nos casos em que o Ministério Público realizar negócio processual — em uma ação civil pública, por exemplo — não se estará dispondo de direitos materiais da coletividade[(219)].

Diante disso, concorda-se com Gonçalves[(220)], pois não é coerente vedar ao MP a possibilidade de celebrar negócio processual na seara trabalhista,

---

(216) GONÇALVES, Igor Sousa. O instituto da negociação processual na Justiça do trabalho: compatibilidade, limites e desafios. *Revista de Direito do Trabalho*, São Paulo, v. 43, n. 183, nov. 2017, p. 221. Disponível em: https://hdl.handle.net/20.500.12178/124349. Acesso em: 10 ago. 2022.

(217) *Idem*.

(218) Nesse sentido, Cabral explica: "[...] caso o MP ou outro legitimado extraordinário firme convenção processual para fixar um foro competente que seja mais eficiente de para a colheita da prova ou que importe em maior proximidade geográfica com a comunidade lesada; ou um acordo para ampliar os prazos que possui para praticar atos do processo; ou uma convenção que amplie os meios de prova, ou que facilitem o acesso à justiça do incapaz. Enfim, os exemplos são inúmeros e mostram que, mesmo em processos com alguma indisponibilidade, são possíveis". CABRAL, Antonio do Passo. A Resolução n. 118 do Conselho Nacional do Ministério Público e as Convenções Processuais. *In*: CABRAL, Antonio do Passo; NOGUEIRA, Pedro Henrique (coord.). *Negócios processuais*. Salvador: JusPodivm, 2019. p. 731.

(219) GONÇALVES, Igor Sousa. O instituto da negociação processual na justiça do trabalho: compatibilidade, limites e desafios. *Revista de Direito do Trabalho*, São Paulo, v. 43, n. 183, nov. 2017, p. 222. Disponível em: https://hdl.handle.net/20.500.12178/124349. Acesso em: 10 ago. 2022.

(220) *Idem*.

já que é uma instituição extremamente preparada, inclusive nesse tipo de negócio jurídico. Além disso, o MPT atua de forma relevante na prevenção, situação na qual é possível vislumbrar uma oportunidade de se utilizar o negócio processual, inclusive por meio do TAC.

Segundo a doutrina, é possível dispor sobre direitos coletivos, apesar da restrição imposta diante da própria natureza desses direitos. Entende-se, todavia, que é possível a disposição sobre o tempo e o modo de cumprimento das obrigações legais, mesmo no caso dos direitos coletivos, podendo ser utilizado o TAC para essa finalidade[221].

(221) CABRAL, Antonio do Passo. A Resolução n. 118 do Conselho Nacional do Ministério Público e as Convenções Processuais. *In*: CABRAL, Antonio do Passo; NOGUEIRA, Pedro Henrique (coord.). *Negócios processuais*. Salvador: JusPodivm, 2019. p. 548-549.

4. A NEGOCIAÇÃO PROCESSUAL SOB A ÓTICA DO PROCESSO DO TRABALHO

Neste capítulo analisa-se a possibilidade de aplicação da negociação processual trabalhista sob a ótica das peculiaridades existentes nessa seara especializada. Assim, são avaliadas as recomendações emitidas pelo TST por meio da Instrução Normativa n. 39/2016 que foi além ao prever diversos artigos considerados com aplicação vedada na seara trabalhista, como a questão do art. 190, parágrafo único, do CPC/2015, o que, consequentemente, calou muitas vozes, na doutrina e na jurisprudência, que buscavam um estudo mais específico quanto à aplicação do CPC/2015.

De antemão, adentrando ao tema, importante frisar que os direitos fundamentais não são considerados absolutamente inegociáveis a depender da situação. Há situações, inclusive, nas quais os direitos fundamentais se conflitam apenas aparentemente, já que, nesses casos, não há uma exclusão de forma mútua entre os direitos previstos, pois são caracteristicamente considerados cláusulas abertas que convivem em harmonia. Assim, por não se excluírem mutuamente e, por consequência, conviverem em harmonia, é natural sofrerem restrições em suas aplicações concretas a fim de se garantir a tutela dos direitos fundamentais(222).

Dessa forma, entre o aparente conflito envolvendo a liberdade e os direitos fundamentais à ampla defesa, ao contraditório e ao devido processo legal (art. 5º, LIV e LV, CF/1988), deverá haver concessões mútuas sem que um direito prevaleça sobre o outro a ponto de caracterizar uma exclusão. Assim, é factível a aplicação do negócio processual sob o olhar constitucional, devendo-se evitar a sua análise genérica, inclusive na seara trabalhista.

Com base no mesmo raciocínio, não é possível considerar viável o negócio jurídico processual que suprima, de forma prévia e abstrata, posição jurídica ligada intimamente a direitos fundamentais processuais — é o caso da renúncia prévia ao direito de recorrer(223). Ao ferir o núcleo do direito fun-

---

(222) OLIVEIRA, Guilherme Peres de. *Negócio jurídico processual*: a amplitude da cláusula geral de negociação no processo civil. Tese (Doutorado em Direito), Pontifícia Universidade Católica de São Paulo (PUC-SP). São Paulo, 2017. p. 137.
(223) *Ibidem*, p. 167.

damental, caracterizando sua restrição severa ou a ponto de excluí-lo, a negociação processual não poderá ser considerada válida.

A conduta acima não é o mesmo que concluir pela impossibilidade de negociação dos direitos fundamentais, pois, preservando o núcleo essencial do direito fundamental, a vedação não será vislumbrada. Além disso, no tocante à negociação processual, continua sendo preservada a possibilidade de controle pelo Poder Judiciário que, inclusive, poderá realizá-la de ofício[(224)].

Nesse contexto, a análise da possibilidade e da validade do negócio jurídico processual deve ser feita em um caso concreto, principalmente no tocante à seara trabalhista na qual a proteção da vulnerabilidade do trabalhador frente aos meios de produção marca a natureza e a característica do próprio direito material.

Dessa forma, este capítulo busca estudar a possibilidade de aplicação da negociação processual na seara trabalhista, observando a IN 39 e a aplicação subsidiária e supletiva do art. 190 do CPC/2015, somados à compatibilização dos princípios e sob a orientação da supressão das lacunas existentes. Por fim, investigam-se os limites existentes para uma aplicação existente, válida, eficaz e regular da negociação processual na seara trabalhista.

4.1. Os direitos fundamentais sociais

Inicialmente, entende-se relevante registrar que as expressões "direitos do homem" e "direitos fundamentais", apesar de serem distintas, são reiteradamente utilizadas como sinônimas. Diante disso, frisam-se algumas particularidades de cada uma delas. Direitos do homem são direitos válidos para todos os povos e em todos os tempos (dimensão jusnaturalista-universalista); já os direitos fundamentais são direitos do homem, jurídico-institucionalmente garantidos e limitados no espaço-tempo. Assim, os direitos do homem são os da própria natureza humana, por isso, invioláveis, intemporais e universais, enquanto os direitos fundamentais são aqueles vigentes dentro de um ordenamento jurídico concreto[(225)].

---

(224) TORRES, Márcio Roberto; MALTA, Nigel Steawart Neves Patriota. A inconsistência da negação à negociação processual na justiça do trabalho. *In*: ISAIA, Cristiano Becker; MORAES, Daniela Marques de; BELLINETTI, Luiz Fernando (coord.). *Processo, jurisdição e efetividade da justiça I* [Recurso eletrônico *online*]. CONPEDI, fls. 266-286. Florianópolis: CONPEDI, 2017. p. 331. Disponível em: http://site.conpedi.org.br/publicacoes/roj0xn13/f1iv6jxw/nB0PcDy85V50H99A.pdf. Acesso em: 10 ago. 2022.

(225) CANOTILHO, José Joaquim Gomes. *Direito constitucional e teoria da Constituição*. 2. ed. Coimbra: Almedina, 1998. p. 359.

Os direitos fundamentais sociais, por sua vez, são considerados de segunda geração. Enquanto os direitos fundamentais da primeira geração exigem abstenção do Estado, limitando o seu poder e garantindo ao indivíduo uma esfera de liberdade, os direitos sociais vão além e exigem uma atuação positiva do Estado(226).

Nesse sentido, é possível haver restrição a direito fundamental, entretanto, só será admissível se, no caso concreto, for dado um peso maior, ou seja, considerar-se que os direitos fundamentais, enquanto tais, são restrições à sua própria restrição(227).

> Há posições dogmáticas distintas acerca da proteção do núcleo essencial. Quanto ao alcance do conteúdo essencial dos limites aos limites, a teoria relativa sustenta que o núcleo essencial deve ser verificado em cada caso, exigindo uma justificação, não podendo o conteúdo essencial ser definido de forma apriorística, mas somente após uma ponderação entre meios e fins com base no princípio da proporcionalidade. Por outro lado, na visão da teoria absoluta, os direitos fundamentais caracterizam-se como uma unidade substancial autônoma, configurando uma esfera permanente de direito fundamental que independe de qualquer situação concreta. O conteúdo essencial é um núcleo único e fixo que pode ser identificado independentemente de ponderação(228).

Diante disso, a previsão dos direitos fundamentais processuais, por exemplo, o acesso à justiça (art. 5º, XXXV, CF/1988), o devido processo legal (art. 5º, LIV, CF/1988), a razoável duração do processo (art. 5º, LXXVIII, CF/1988), o contraditório e a ampla defesa (art. 5º, LIV, CF/1988), dentre outros, não bastam por si só para vedar a negociação. O mesmo raciocínio é aplicável quanto à previsão dos direitos fundamentais tipicamente trabalhistas, que podem ser atingidos ao menos por ricochete em determinado negócio processual. Dessa forma, deve ser buscado o núcleo essencial, o conteúdo essencial a ser identificado e protegido.

---

(226) TREVISAN, Leonardo Simchen. Os direitos fundamentais sociais na teoria de Robert Alexy. *Cadernos do Programa de Pós-Graduação em Direito* — PPGDir./UFRGS, [S. l.], v. 10, n. 1, 2015. Disponível em: https://seer.ufrgs.br/index.php/ppgdir/article/view/54583. Acesso em: 10 jul. 2022, p. 204.

(227) ALEXY, Robert. *Teoria dos direitos fundamentais*. Trad. Virgílio Afonso da Silva. São Paulo: Malheiros, 2008. p. 224.

(228) DEMARCHI, Clovis; FERNANDES, Fernanda Sell de Souto Goulart. Teoria dos limites dos limites: análise da limitação à restrição dos direitos fundamentais no direito brasileiro. *In*: *Revista Brasileira de Direitos e Garantias Fundamentais*, Minas Gerais, v. 1, n. 2, p. 73-89, jul.-dez. 2015, p. 85. Disponível em: http://dx.doi.org/10.26668/IndexLawJournals/2526-0111/2015.v1i1.738. Acesso em: 10 ago. 2022, p. 85.

4.2. A Instrução Normativa n. 39 do Tribunal Superior do Trabalho

A Instrução Normativa n. 39/2016 foi publicada por meio da Resolução n. 203/2016 emitida pelo Pleno do Tribunal Superior do Trabalho. O instrumento normativo faz uma interpretação incidente sobre o CPC/2015 antes da sua entrada em vigor em uma tentativa de acalmar os ânimos da comunidade jurídica, visando à segurança jurídica e à compatibilidade ou não com a aplicação ao processo do trabalho. Assim, o instrumento está dividido em artigos que retratam as normas aplicáveis (arts. 3º e 10), as não aplicáveis (arts. 2º, 5º e 11) e as aplicáveis com ressalvas (arts. 4º, 6º e 15).

A natureza jurídica da Instrução Normativa, segundo uma concepção administrativista, consubstancia uma espécie do gênero ato administrativo classificado segundo a forma de sua exteriorização. Como exemplo, há quem entenda que as Instruções Normativas são espécies de "regulamentos" emitidos pelos Tribunais visando o objetivo exclusivo de clarificar as normas do ordenamento(229).

Ao se analisar a IN n. 39/2016 do TST, conforme se verifica na sua exposição de motivos, aparentemente, o objetivo visado vai além de aconselhar ou clarificar, impondo um verdadeiro posicionamento do Tribunal Superior do Trabalho. Assim, por meio desse ato administrativo, o TST entendeu que a norma instituída pelo art. 15 do CPC/2015 não possibilita a transposição de qualquer instituto do processo civil para o processo do trabalho ante a mera omissão, já que isso poderia representar uma desconfiguração do conjunto principiológico e axiológico da seara processual trabalhista(230).

Nesse sentido, incidem duras críticas à IN n. 39/2016 do TST, já que, apesar das considerações iniciais objetivarem a celeridade e a segurança jurídica, há quem entenda que a normativa acabou extrapolando sua intenção, desvirtuando seu caminho e caracterizando um verdadeiro ativismo judicial,

---

(229) SANTOS, Tainá Angeiras Gomes dos Santos. Da força legal das instruções normativas do Tribunal Superior do Trabalho: uma análise acerca da (in)constitucionalidade da IN n. 39/2016 — entre erros e acertos. *Revista Âmbito Jurídico* n. 151, ano XIX, ago. 2016. Disponível em: https://ambitojuridico.com.br/edicoes/revista-151/da-forca-legal-das-instrucoes-normativas-do-tribunal-superior-do-trabalho-uma-analise-acerca-da-in-constitucionalidade-da-in-39-2016-entre-erros-e-acertos/. Acesso em: 30 ago. 2021.

(230) SOUZA JUNIOR, Lasaro Farias de. *Negócios processuais atípicos*: compatibilidade judicial no processo trabalhista. 2020. Dissertação (Mestrado em Direito Constitucional). Instituto Brasileiro de Ensino, Desenvolvimento e Pesquisa (IDP), Brasília, 2020. p. 68-69. Disponível em: https://repositorio.idp.edu.br//handle/123456789/2896. Acesso em: 10 ago. 2022.

já que a interpretação da própria instrução tem um viés de supremacia sobre os entendimentos dos outros Poderes, ignorando o disposto e aprovado pelo Poder Legislativo(231).

> Assim sendo, a IN n. 39/2016 padece de vícios diversos. Embora a intensão (*sic*) na formulação do referido normativo tenha sido no sentido da salvaguarda de direitos, o Egrégio Tribunal utilizou meios normativos e impositivos que não lhe cabe. Observa-se que a possível vulnerabilidade e os princípios protetivos que regem o direito processual do trabalho acabaram sendo utilizados como parâmetro, ainda que de forma errônea, encorajaram o TST a manifestar-se naquele sentido. *Data venia*, tal postura não prospera, pois utiliza-se de balizas irreais e ainda sem debate para determinar a não aplicabilidade do instituto ao processo do trabalho(232).

Assim, foi vedada por meio do art. 2º, II, da IN n. 39 a aplicação do parágrafo único do art. 190 do CPC/2015 no processo do trabalho, ou seja, a negociação processual atípica. Primeiramente, esclarece-se que a vedação expressa consta somente da negociação atípica, ou seja, não é possível dizer que a negociação típica também é vedada por esta previsão na IN n. 39/2016.

Além disso, a inaplicabilidade, diante da ausência de justificativas, aparentemente reside na hipossuficiência, pois a IN n. 39/2016 do TST parte do pressuposto de que não seria recomendável deixar à escolha das partes, naturalmente desiguais, a livre estipulação sobre os seus ônus, poderes, faculdades e deveres(233).

Não é possível, entretanto, que seja totalmente incompatível com o processo do trabalho, já que a negociação processual mais benéfica à parte

---

(231) TORRES, Márcio Roberto; MALTA, Nigel Steawart Neves Patriota. A inconsistência da negação à negociação processual na justiça do trabalho. *In*: ISAIA, Cristiano Becker; MORAES, Daniela Marques de; BELLINETTI, Luiz Fernando (coord.). *Processo, jurisdição e efetividade da justiça I* [Recurso eletrônico *online*]. CONPEDI, fls. 266-286. Florianópolis: CONPEDI, 2017. p. 276-277. Disponível em: http://site.conpedi.org.br/publicacoes/roj0xn13/f1iv6jxw/nB0PcDy85V50H99A.pdf. Acesso em: 10 ago. 2022._

(232) SOUZA JUNIOR, Lasaro Farias de. *Negócios processuais atípicos*: compatibilidade judicial no processo trabalhista. 2020. Dissertação (Mestrado em Direito Constitucional). Instituto Brasileiro de Ensino, Desenvolvimento e Pesquisa (IDP), Brasília, 2020. Disponível em: https://repositorio.idp.edu.br//handle/123456789/2896. Acesso em: 10 ago. 2022, p. 74.

(233) COSTA, Rafaella Souza Oliveira. Negócios processuais: aplicação ao processo do trabalho — análise principiológica. *Revista LTr*: legislação do trabalho, São Paulo, v. 80, n. 7, p. 838-848, jul. 2016, p. 318. Disponível em: https://hdl.handle.net/20.500.12178/144261. Acesso em: 10 ago. 2022, p. 845.

obreira é algo plausível e viável em determinadas situações. Além disso, há casos em que a desigualdade não está presente, a exemplo das ações ajuizadas por sindicatos em face de empresas ou aquelas ajuizadas pelo próprio Ministério Público do Trabalho(234).

Inclusive, pouco tempo depois da publicação da IN n. 39, o TST regulamentou a mediação pelo Ato 168/TST.G, uma tentativa de acordo antes do dissídio coletivo ser ajuizado, ou seja, uma espécie de negociação processual atípica, observando o art. 764 da CLT (valorização da conciliação) e a Resolução n. 125 do Conselho Nacional de Justiça(235).

Nesse sentido, é possível utilizar os próprios fundamentos de publicação da IN 39 do TST para justificar o negócio processual na Justiça do Trabalho, como é o caso do princípio da celeridade e da efetividade (art. 5º, LXXVIII, CF/1988), ambos resultantes da garantia constitucional à duração razoável do processo. Assim, o negócio processual poderia ser plenamente aplicável ao processo laboral, já que pode gerar às partes um processo mais célere, sob a ótica do princípio da boa-fé e do contraditório, dos fins sociais, das exigências do bem comum e da dignidade da pessoa humana(236).

Dessa forma, a vulnerabilidade das partes não pode ser conferida de forma presumida, mas diante da análise do caso concreto. Por isso, o desequilíbrio não pode ser realizado por ato administrativo, que é tipicamente genérico e abstrato, e que não analisa as peculiaridades do caso concreto, logo, não pode ser considerado um instrumento que indiscutivelmente pode desconsiderar o negócio processual atípico(237).

> A presunção estabelecida por lei é falha; mas porque também ela assenta numa premissa lógico-jurídica errónea: a apresentação de uma categoria genérica, abstrata e generalizada de trabalhador, com pretensão de abarcar um espectro de empregados que vão desde o operário de fábrica e empregada de limpeza, ao diretor de uma multinacional, a um chefe de restaurante ou maestro

---

(234) COSTA, Rafaella Souza Oliveira. Negócios processuais: aplicação ao processo do trabalho — análise principiológica. *Revista LTr*: legislação do trabalho, São Paulo, v. 80, n. 7, p. 838-848, jul. 2016, p. 318. Disponível em: https://hdl.handle.net/20.500.12178/144261. Acesso em: 10 ago. 2022, p. 845.

(235) *Idem*.

(236) FALCE, Lúcio Roberto. O negócio processual: o processo do trabalho e a reforma trabalhista. *Revista de Direito do Trabalho*, São Paulo, v. 44, n. 194, p. 99-113, out. 2018. Disponível em: https://hdl.handle.net/20.500.12178/161011. Acesso em: 10 ago. 2022, p. 200.

(237) SOUZA JUNIOR, Lasaro Farias de. *Negócios processuais atípicos*: compatibilidade judicial no processo trabalhista. Dissertação (Mestrado em Direito Constitucional). Instituto Brasileiro de Ensino, Desenvolvimento e Pesquisa (IDP), Brasília, 2020. Disponível em: https://repositorio.idp.edu.br//handle/123456789/2896. Acesso em: 10 ago. 2022, p. 75-76.

> de orquestra, a um ilustre jurista e professor renomado entre seus pares na Academia, a um investigador científico, a um jogador profissional de futebol de alta categoria, a um artista de cinema ou apresentador de televisão conhecidos do grande público etc. A presunção legal estabelecida pela IN não tem em conta a existência de diferentes tipos de vulnerabilidade nas relações laborais e, portanto, ao adotar deliberadamente um regime uniforme que submete todos os empregados às mesmas regras (*rectius*, proibições), frustrando-se ao trabalho de averiguar e examinar os detalhes que os diferenciem, incorre numa prática claramente injusta e atentatória ao postulado de isonomia. Enquanto um alto empregado pode encontrar-se numa situação de vulnerabilidade hierárquica semelhante à de um operário, já não partilha com ele a mesma vulnerabilidade negocial. Da mesma forma, enquanto um empregado que labora em regime de exclusividade pode deter uma posição mais vulnerável do ponto de vista econômico que um trabalhador em tempo parcial, certamente partilharão do mesmo nível de vulnerabilidade hierárquica e social. É aqui que reside um dos principais problemas estruturais do Direito ao Trabalho e Processo do Trabalho: continuar a encarar o princípio da proteção do trabalhador como um fim em si mesmo que o sistema decidiu abraçar, indiscriminadamente, também no palco processual, e não como algo que se justifique apenas quando presentes motivos imperativos(238).

Isto posto, a vedação sem parâmetro pode lesar os interesses daqueles considerados genericamente vulneráveis, já que é necessário analisar o caso concreto e não apenas os bens como interesses juridicamente tutelados envolvidos. Assim, o critério meramente formal de vulnerabilidade não deve ser exclusivo, já que a dignidade da pessoa humana pode ser a fonte da interpretação. É vulnerável a pessoa cujo ato possa feri-la, assim, não é possível tutelar somente a projeção formal do sujeito(239).

Nessa toada, a negociação processual é algo que confere a quem tem mais conhecimento dos dramas do litígio a possibilidade de um ajuste por meio de uma forma de democratizar a relação jurídica processual. Não se entende que, por meio dessa negociação, haja uma diminuição da função

---

(238) REBELO, Maria Paulo. *A admissibilidade de negócios jurídicos processuais no processo do trabalho*. Tese (Doutorado em Direito). Universidade Federal da Bahia (UFBA), Salvador, 2019. p. 394.

(239) FERREIRA, Vanessa Rocha; SANTANA, Agatha Gonçalves. Aplicação dos negócios jurídicos processuais à justiça do trabalho. *Revista Direito e Justiça*: reflexões sociojurídicas. s/l, v. 19, n. 35, p. 127-151, set. 2019. Disponível em: https://hdl.handle.net/20.500.12178/144261. Acesso em: 5 jan. 2022, p. 136.

do processo, mas que os destinatários da prestação jurisdicional possuem interesse em deliberar sobre o procedimento e estejam mais habilitados que o magistrado para escolher os rumos e as providências do feito(240). Tudo isso ressaltado pelo fato de que o parágrafo único é claro em expressar que não basta a vulnerabilidade, ela deve ser manifesta.

É um equívoco, portanto, presumir que a simples condição de vulnerabilidade seja fundamento para negar toda e qualquer negociação processual, até porque nem todo acordo processual é feito para prejudicar o trabalhador, a exemplo do negócio que atribui um foro territorial mais benéfico ao trabalhador(241).

Conforme exemplo trazido por Gonçalves(242), já foi chancelada cláusula de foro de eleição presente em contrato individual de trabalho que estipulava uma condição mais favorável ao empregado, devendo esta permanecer, conforme se depreende do julgamento do Recurso Ordinário 0100436-52.2016.5.01.0066(243).

Assim, por mais que a jurisprudência trabalhista atual interprete a IN n. 39/2016 como mera recomendação, o fato é que a forma como foi proposta no momento da promulgação calou muitas vozes sobre diversos temas ali propostos, já que havia um tom impositivo e de obediência quanto ao que vinha disposto como vedado em prol da segurança jurídica e da celeridade.

---

(240) TORRES, Márcio Roberto; MALTA, Nigel Steawart Neves Patriota. A inconsistência da negação à negociação processual na justiça do trabalho. *In*: ISAIA, Cristiano Becker; MORAES, Daniela Marques de; BELLINETTI, Luiz Fernando (coord.). *Processo, jurisdição e efetividade da justiça I* [Recurso eletrônico *online*]. CONPEDI, fls. 266-286. Florianópolis: CONPEDI, 2017. p. 331. Disponível em: http://site.conpedi.org.br/publicacoes/roj0xn13/f1iv6jxw/nB0PcDy85V50H99A.pdf. Acesso em: 10 ago. 2022, p. 276-277.

(241) FERREIRA, Vanessa Rocha; SANTANA, Agatha Gonçalves. Aplicação dos negócios jurídicos processuais à justiça do trabalho. *Revista Direito e Justiça*: reflexões sociojurídicas. s/l, v. 19, n. 35, p. 127-151, set. 2019. Disponível em: https://hdl.handle.net/20.500.12178/144261. Acesso em: 5 jan. 2022, p. 142.

(242) GONÇALVES, Igor Sousa. O instituto da negociação processual na justiça do trabalho: compatibilidade, limites e desafios. *Revista de Direito do Trabalho*, São Paulo, v. 43, n. 183, nov. 2017, p. 219-220. Disponível em: https://hdl.handle.net/20.500.12178/124349. Acesso em: 10 ago. 2022.

(243) "COMPETÊNCIA EM RAZÃO DO LUGAR. CLÁUSULA DE ELEIÇÃO DE FORO. CLÁUSULA MAIS FAVORÁVEL AO TRABALHADOR. PREVALÊNCIA. A competência territorial na seara trabalhista é determinada pelo local onde o reclamante presta serviços, nos termos do art. 651 da CLT. Mas, se existe cláusula de eleição de foro no contrato, estipulando uma condição mais favorável ao empregado, ela deve prevalecer". BRASIL. *Tribunal Regional do Trabalho* (1ª Região). RO 10100436-52.2016.5.01.0066, Rel. Rildo Albuquerque Mousinho de Brito, Terceira Turma, j. 22.02.2017, DEJT 09.03.2017. Disponível em: https://bibliotecadigital.trt1.jus.br/jspui/handle/1001/874334?mode=full. Acesso em: 10 ago. 2022.

Por fim, atualmente, a IN n. 39/2016 encontra-se em confronto com o Ato n. 11/GCGJT, que possibilita o negócio processual na seguinte hipótese(244):

> Art. 6º Preservada a possibilidade de as partes requererem a qualquer tempo, em conjunto (art. 190 do CPC), a realização de audiência conciliatória, fica facultado aos juízes de primeiro grau a utilização do rito processual estabelecido no art. 335 do CPC quanto à apresentação de defesa, inclusive sob pena de revelia, respeitado o início da contagem do prazo em 4 de maio de 2020(245).

Diante do relatado, assim como Rebelo(246) e Souza Junior(247), nos posicionamos contrariamente ao disposto na IN n. 39/2016 do TST, art. 2º, II, que vedou a aplicação do art. 190, parágrafo único, do CPC/2015 no processo do trabalho, ou seja, o negócio jurídico processual atípico, por se tratar de um posicionamento genérico que presume a vulnerabilidade do trabalhador sem observar que, além da manifestação da vulnerabilidade estar com a característica de ser manifesta, ou seja, acima de uma mera condição, há situações nas quais o negócio pode gerar benefícios ao ser implementado. É o que ocorre com a facilitação do acesso à justiça a partir do foro de eleição, conforme exemplo acima.

4.3. A aplicação supletiva e subsidiária do processo comum

O art. 15 do CPC/2015 prevê que, na ausência de normas que regulamentam os processos eleitorais, trabalhistas ou administrativos, as regras previstas no CPC/2015 serão aplicadas de forma supletiva e subsidiária.

> O dispositivo foi feliz em prever a aplicação supletiva e subsidiária, afastando-se do equívoco costumeiro de dar os fenômenos como

---

(244) Sobre as disposições do ato emitido pelo TST, há quem entenda que houve reconhecimento da flexibilização procedimental: "Restou igualmente chancelada a possibilidade da aplicação da flexibilização procedimental ao passo que a Corte Trabalhista, em conjunto com a Corregedoria Geral, editou o Ato n. 11 de 23 de abril de 2020, que "regulamenta os prazos processuais relativos a atos processuais que demandem atividades presenciais, assim como a uniformização dos procedimentos para registro e armazenamento das audiências em áudio e vídeo e fixa outras diretrizes". BARUFI, Renato; NASHARA SIQUEIRA, Oniye; GERAIGE NETO, Zaiden. Flexibilização procedimental em tempos de emergência social: análise dos negócios jurídicos processuais atípicos na justiça do trabalho. *Anais do Congresso Brasileiro de Processo Coletivo e Cidadania*, [S. l.], n. 8, 2020, p. 1.352. Disponível em: https://revistas.unaerp.br/cbpcc/article/view/2171. Acesso em: 10 ago. 2022, p. 1.352.

(245) BRASIL. *Tribunal Superior do Trabalho*. Ato n. 11/GCGJT. Diário Eletrônico da Justiça do Trabalho, 23 abr. 2020, Brasília, p. 3.

(246) REBELO, Maria Paulo. *Negócios processuais trabalhistas*. Salvador: JusPodivm, 2021. p. 216-222.

(247) SOUZA JUNIOR, Lasaro Farias de. *Negócios processuais atípicos*: compatibilidade judicial no processo trabalhista. 2020. Dissertação (Mestrado em Direito Constitucional). Instituto Brasileiro de Ensino, Desenvolvimento e Pesquisa (IDP), Brasília, 2020. Disponível em: https://repositorio.idp.edu.br//handle/123456789/2896. Acesso em: 10 ago. 2022, p. 74.

sinônimos. Na aplicação subsidiária tem-se a integração da legislação subsidiária na legislação principal, resultando no preenchimento de vácuos e lacunas da lei principal. Já na aplicação supletiva as leis complementam uma a outra(248).

A CLT possui a previsão antiga insculpida no seu art. 769, que destaca a aplicação do processo comum quando houver omissão, desde que não exista incompatibilidade.

O processo do trabalho visou um objeto mais simples, célere e não custoso de acesso à justiça gratuita quando em comparação, por exemplo, com o CPC/1973. Assim, o processo comum era aplicado subsidiariamente ao processo do trabalho quando este último se deparava com uma lacuna e as normas fossem compatíveis(249).

Os artigos acima, atualmente, são usados rotineiramente na Justiça do Trabalho, fazendo a doutrina e a jurisprudência dedicarem especial atenção ao tema. Há quem entenda que o legislador reconheceu a insuficiência das normas processuais trabalhistas autorizando a aplicação subsidiária(250). Malgrado, Leite observa, diversamente, ao analisar as características do processo do trabalho, concluindo que a aplicação subsidiária deverá observar dois requisitos:

> Daí a necessidade de criar na CLT uma cláusula de contenção para impedir normas do CPC, o qual somente seria aplicado subsidiariamente em duas situações: existência de lacuna no sistema processual trabalhista e compatibilidade da norma a ser transplantada com os seus princípios peculiares (CLT, art. 769)(251).

Dessa forma, a previsão do art. 769 da CLT não seria um reconhecimento da existência de lacuna para incorporação, mas uma verdadeira norma de contenção ao processo do trabalho de normas constituídas fora de sua natureza, já que os princípios seriam totalmente distintos, evitando, assim, um desvirtuamento da natureza peculiar do processo do trabalho.

---

(248) NEVES, Daniel Amorim Assumpção. *Novo Código de Processo Civil comentado artigo por artigo*. 8. Ed. Salvador: JusPodivm, 2017. p. 36.

(249) SILVA, Douglas Antônio da. Negócios processuais e a reforma trabalhista: a aplicabilidade da cláusula geral de negociação processual do Código de Processo Civil na seara processual laboral. *In*: *Revista do TRT 4º*, v. 47, n. 46, p. 90-107, Porto Alegre, 2018. p. 99.

(250) MONTEIRO, Carlos Augusto Marcondes de Oliveira. *Aplicação subsidiária do processo comum nas fases postulatória e instrutória do processo de conhecimento do trabalho*. 2007. Dissertação (Mestrado em Direito). Pontifícia Universidade Católica de São Paulo (PUC-SP). Disponível em: https://tede2.pucsp.br/handle/handle/7482. Acesso em: 10 ago. 2022, p. 3.

(251) BEZERRA LEITE, Carlos Henrique. *Curso de direito processual do trabalho*. 14. ed. São Paulo: Saraiva, 2016. p. 124.

Nesse mesmo sentido ensina Souto Maior:

> Ora, se o princípio é o da melhoria contínua da prestação jurisdicional, não se pode utilizar o argumento de que há previsão a respeito na CLT, como forma de rechaçar algum avanço que tenha havido neste sentido no processo civil, sob pena de se negar a própria intenção do legislador ao fixar os critérios da aplicação subsidiária do processo civil. Notoriamente, o que se pretendeu (daí o aspecto teleológico da questão) foi impedir que a irrefletida e irrestrita aplicação das normas do processo civil evitasse a maior efetividade da prestação jurisdicional trabalhista que se buscava com a criação de um procedimento próprio na CLT (mais célere, mais simples, mais acessível). Trata-se, portanto, de uma regra de proteção, que se justifica historicamente. Não se pode, por óbvio, usar a regra de proteção do sistema como óbice ao seu avanço. Do contrário, pode-se ter por efeito um processo civil mais efetivo que o processo do trabalho, o que é inconcebível, já que o crédito trabalhista merece tratamento privilegiado no ordenamento jurídico como um todo[252].

Assim, é necessário o preenchimento de dois requisitos para haver subsidiariedade: omissão e compatibilidade de princípios.

Nesse aspecto, o confronto doutrinário está vinculado à interpretação do que seria a omissão necessária para conceder a permissão da incorporação de preceitos externos ao processo do trabalho. Assim, parte da doutrina não entende pela ampliação do conceito, mantendo-se como omissão única, viável e exclusiva aquela vinculada à ausência de lei.

Malgrado, outra parte da doutrina acolhe o pensamento de que existem outras formas de lacunas, não apenas a clássica visão da lacuna normativa:

> No nosso entender, ante a consideração dinâmica do direito e a concepção multifária do sistema jurídico, que abrange um subsistema de normas, de fatos e de valores, havendo quebra da isomorfia. Três são as principais espécies de lacunas: 1ª) normativa, quando se tiver ausência de norma sobre determinado caso; 2ª) ontológica, se houver norma, mas ela não corresponder aos fatos sociais (por exemplo, o grande desenvolvimento das relações sociais e o progresso técnico acarretarem o ancilosamento da norma positiva); e

---

(252) SOUTO MAIOR, Jorge Luiz. *Reflexos das alterações do Código de Processo Civil no processo do trabalho*. 13. Ed. São Paulo: LTr, 2018. Disponível em: https://www.jorgesoutomaior.com/uploads/5/3/9/1/53916439/reflexos_das_altera%C3%A7%C3%B5es_do_c%C3%B3digo_de_processo_civil_no_processo_do_trabalho2.pdf. Acesso em: 10 ago. 2022.

3ª) axiológica, no caso de ausência de norma justa, ou seja, quando existe um preceito normativo, mas, se for aplicado, sua solução será insatisfatória ou injusta(253).

Assim, a doutrina em questão aceita três espécies de lacunas: normativa, ontológica e axiológica. Schiavi tenta esclarecer os conceitos adotados por Maria Helena Diniz: as normativas são aquelas em que a lei não contém previsão para o caso concreto (não há regulamentação da lei sobre determinado instituto processual); ontológicas são aquelas que, apesar de possuir lei, esta não mais é considerada compatível com os fatos sociais, ou seja, está desatualizada (a norma regulamenta determinado instituto processual, mas aquela previsão não está mais em consonância com a realidade, ou seja, ausência de efetividade da norma processual); por fim, as axiológicas, aquelas as quais, mesmo havendo normas processuais, levam a uma solução injusta ou insatisfatória (existe a norma, mas a aplicação gera solução incompatível com os valores de justiça e equidade, que são as vertentes a serem buscadas pela própria eficácia da norma processual)(254).

Portanto, diante da ampliação do conceito de omissão dado pela doutrina, duas correntes de entendimento se formaram: a restritiva, que se limita a aplicar o procedimento comum na omissão da legislação processual trabalhista; e a corrente evolutiva (sistemática ou ampliativa) que alarga a aplicação para ir além da ausência de norma(255).

Leite adota a possibilidade da aplicação diante das lacunas axiológicas e ontológicas, aquilo que inclui no conceito de heterointegração, mas alerta que para isso acontecer é necessário acolher nova interpretação incidente sobre o art. 769 da CLT:

> Para colmatar as lacunas ontológica e axiológica do art. 769, CLT, torna-se necessária uma nova hermenêutica que propicie um novo sentido ao seu conteúdo ao peso dos princípios constitucionais do acesso efetivo à justiça que determinam a utilização dos meios necessários para abreviar a duração do processo(256).

Ademais, Souto Maior, ao analisar o CPC/2015, alerta:

> E como a regra do art. 769, CLT, deve ser vista como uma regra de proteção da CLT, frente às ameaças do CPC, não é possível utilizar a mesma regra para impedir a aplicação de normas do CPC que,

---

(253) DINIZ, Maria Helena. *As lacunas no direito*. 8. ed. São Paulo: Saraiva, 2007. p. 95.

(254) SCHIAVI, Mauro. *Manual de direito processual do trabalho*. 13. ed. São Paulo: LTr, 2018. p. 167.

(255) *Idem*.

(256) BEZERRA LEITE, Carlos Henrique. *Curso de direito processual do trabalho*. 14. ed. São Paulo: Saraiva, 2016. p. 128.

> na evolução legislativa, tornam-se mais efetivas do que aquelas previstas na CLT. Ou seja, mesmo que a CLT não seja omissa, não se pode recusar a incidência do CPC, quando este esteja mais avançado no aspecto específico[(257)].

Segundo o autor, as disposições processuais da CLT não devem ser utilizadas quando as normas do procedimento comum forem mais efetivas. A efetividade, por sua vez, está encrustada desde a integração normativa.

Nessa toada, Leite afirma que, durante a vigência do CPC/1973, o caráter da condição de proteção aos princípios basilares do processo do trabalho funcionava bem, já que o CPC/2015 tinha cunho conceitualista e formalista[(258)].

Malgrado, com o passar dos anos, e a partir das diversas reformas que culminaram na promulgação do CPC/2015, a avaliação que era feita de forma simples e razoável quanto à compatibilidade da aplicação já não era mais tão clara a se interpretar sob a ótica exclusiva do conceito protetor[(259)].

Sobre a aplicabilidade do CPC/2015, Leite ressalta:

> Ademais, se o processo nada mais é do que instrumento de realização do direito material, é condição necessária aplicar as normas do CPC que, na prática, impliquem a operacionalização do princípio da máxima efetividade da tutela jurisdicional, que tem no princípio da celeridade uma de suas formas de manifestação. Isso significa que as normas do NCPC, desde que impliquem maior efetividade à tutela jurisdicional dos direitos sociais trabalhistas, devem ser aplicadas nos domínios do processo do trabalho como imperativo de promoção do acesso do cidadão-trabalhador à jurisdição justa[(260)].

Nesse aspecto, uma visão interessante é trazida por Souto Maior e Souto Severo quando analisam o contexto atual no Brasil, ou seja, diante do CPC/2015 e a reforma trabalhista:

> Uma questão intrigante se impõe aqui. É que já nos manifestamos no sentido de que o novo CPC não deveria ser aplicado ao Processo do Trabalho porque já se tinha na CLT um processo com as disposições necessárias para atender os objetivos de sua função instrumental e que a aplicação do novo CPC, inspirado no propósito

(257) SOUTO MAIOR, Jorge Luiz. Relação entre o processo civil e o processo do trabalho. *In*: MIESSA, Elisson (org.). *O novo Código de Processo Civil e seus reflexos no processo do trabalho*. Salvador: JusPodivm, 2015. p. 164.
(258) LEITE, Carlos Henrique Bezerra. *Curso de direito processual do trabalho*. 14. ed. São Paulo: Saraiva, 2016. p. 128.
(259) *Idem*.
(260) *Ibidem*, p. 129.

de controlar a atuação do juiz, o que dificultaria mais a concretização de direitos sociais do que o contrário, e agora, diante de uma reforma processual trabalhista, que buscou atender, de forma direta e explícita, aos interesses do capital, especialmente no sentido de ameaçar e punir com altos custos processuais os trabalhadores, inviabilizando o seu acesso à justiça, nos vemos na contingência de buscar no CPC normas que possam evitar esse descalabro cometido pela "reforma".

Se antes colocávamos o foco no princípio de que o especial pretere o geral porque mais benéfico e apropriado aos propósitos da atuação jurisdicional trabalhista, o que, por certo, continua valendo, deve-se, agora, também conferir visibilidade à mesma proposição mas em sentido inverso, qual seja, a de que o geral pretere o específico quando este último rebaixar o nível de proteção social já alcançado pelo padrão regulatório generalizante, o que serve, ao mesmo tempo, para demonstrar o quão contrária aos interesses populares foi essa "reforma"(261).

Portanto, sobre o posicionamento acima, é possível refletir: houve rebaixamento social e prejuízo processual proporcionados pela reforma trabalhista. Diante do próprio procedimento trabalhista posterior à reforma, o processo civil tende a ser mais acessível e útil à Justiça do Trabalho, ou seja, a posição exposta é de inversão do caminho: aplicar de forma pretérita o procedimento geral quando o especial (trabalhista) violar a proteção social. Discordamos desse entendimento já que representa uma inversão lógico-interpretativa, além de ofender o art. 769 da CLT e o art. 15 do CPC/2015 que trata da aplicação apenas de forma supletiva e subsidiária.

Ainda nesse sentido, ressalta-se que a CLT autoriza a negociação processual, caso da responsabilidade pelo pagamento das custas processuais (art. 789, § 3º, da CLT), já que a convenção das partes pode dispor sobre o seu pagamento se houver acordo; nos casos que não dispuser sobre essa situação, caberá em partes iguais aos litigantes(262).

Observa-se que a situação de vulnerabilidade do trabalhador não desaparece no aspecto processual. Assim, reconhecer a validade da negociação

---

(261) SOUTO MAIOR, Jorge Luiz. *Vamos falar séria e honestamente sobre a Reforma Trabalhista?* 2017. Disponível em: http://www2.camara.leg.br/atividade-legislativa/comissoes/comissoes-temporarias/especiais/55a-legislatura/pl-6787-16-reforma-trabalhista/documentos/audiencias-publicas/prof-jorge-luiz-souto-maior. Acesso em: 18 jan. 2021.

(262) COSTA, Rafaella Souza Oliveira. Negócios processuais: aplicação ao processo do trabalho — análise principiológica. *Revista LTr*: legislação do trabalho, São Paulo, v. 80, n. 7, p. 844-845, jul. 2016. Disponível em: https://hdl.handle.net/20.500.12178/144261. Acesso em: 10 ago. 2022.

processual não é o mesmo que reconhecer a validade de qualquer tipo de conteúdo de cláusula, já que se deve observar o princípio protetivo, a razoabilidade e a proporcionalidade(263).

Diante disso, a IN n. 39 de 2016 do TST não foi bem vista pela comunidade jurídica, já que apresentou diversas vedações sem verdadeiras orientações voltadas ao campo prático, como no caso da negociação processual que, hoje, confronta-se tanto com os próprios entendimentos dos Tribunais Regionais do Trabalho quanto ao juízo digital.

4.4. A aplicação de negócios processuais na Justiça do Trabalho: uma nova visão

Segundo Rodriguez, "o Direito do Trabalho surgiu como consequência de que a liberdade de contrato entre pessoas com poder e capacidade econômica desiguais conduzia diferentes formas de exploração"(264). Baseado neste posicionamento, Leite(265) entende que o princípio protetor acaba sendo aplicável tanto ao direito do trabalho quanto ao direito processual do trabalho, já que se busca compensar a desigualdade existente na realidade socioeconômica com uma desigualdade jurídica em sentido oposto.

Assim, o princípio da proteção processual deriva da sua própria razão de ser, pois fora concebido para efetivar os direitos materiais trabalhistas que, por sua vez, são frutos criados visando reduzir a desigualdade real entre empregado e empregador, os maiores litigantes no processo do trabalho(266).

Entretanto, o desequilíbrio que baseia a irrenunciabilidade e a indisponibilidade dos direitos trabalhistas, vedando transação ou alteração, atos nulos por possibilitar a violação das normas de proteção, acaba sendo relativizado no âmbito de uma relação jurídica processual.

> A desigualdade das partes no âmbito processual não é tão evidente, dado que, uma vez ajuizada a ação, o vínculo não mais subsiste, cessando-se a dependência econômica e de subordinação que caracterizavam o contrato de emprego, embora ainda se possa

---

(263) FERRARI NETO, Luiz Antônio. *Limites objetivos e subjetivos à celebração de negócios jurídicos processuais bilaterais no novo Código de Processo Civil Brasileiro e seu controle judicial*: tentativa de sistematização. Tese (Doutorado em Direito), Pontifícia Universidade Católica de São Paulo (PUC-SP). São Paulo, 2016. p. 62-64.
(264) RODRIGUEZ, Américo Plá. *Princípios de direito do trabalho*. Trad. Wagner D. Giglio. São Paulo: LTr, 1993. p. 30.
(265) BEZERRA LEITE, Carlos Henrique. *Curso de direito processual do trabalho*. 18. ed. São Paulo: SaraivaJur, 2020 (*ebook*). p. 140.
(266) *Idem*.

enxergar o desequilíbrio da relação jurídica, visto que o reclamante possui maior dificuldade na produção das provas, na contratação de um bom advogado, na obtenção de influências dentro dos tribunais, além da dificuldade financeira para arcar com as despesas do processo[(267)].

Não se nega aqui a ausência da aplicação do princípio protetor no processo do trabalho que, nos exemplos de Giglio[(268)], pode ser encontrado quando se observa a gratuidade do processo com isenção de custas e despesas, a assistência judiciária gratuita, a inversão do ônus por meio de presunções e o impulso oficial da execução[(269)].

> Desse modo, sendo reconhecida a vulnerabilidade, o ordenamento cuidou de estabelecer mecanismos de proteção ao trabalhador, como a garantia de facilitação ao acesso à justiça, positivada no art. 791 da Consolidação das Leis Trabalhistas, por meio do *jus postulandi*; a limitação da autonomia negocial no ajuste das condições do contrato de trabalho, pois é necessário observar as regras de proteção ao trabalhador, acordos e convenções coletivas; a irrenunciabilidade dos direitos trabalhistas; a irredutibilidade do salário; e também a necessária aplicação da condição mais benéfica ao obreiro[(270)].

O fato é que a referida proteção é suavizada diante de um ambiente marcado primordialmente pela isonomia e essencialmente acompanhado e controlado pelo juiz.

É claro, o negócio processual atípico, por exemplo, pode ser praticado tanto em uma relação jurídica processual já constituída como em um momento pretérito à lide, o que não torna totalmente compreensível o posicionamento contrário à aplicação na seara trabalhista.

Entretanto, negar simplesmente a validade do negócio processual, assim como fez a IN n. 39 do TST, não resolve a situação na seara trabalhista,

---

(267) FERREIRA, Vanessa Rocha; SANTANA, Agatha Gonçalves. Aplicação dos negócios jurídicos processuais à justiça do trabalho. *Revista Direito e Justiça*: reflexões sociojurídicas. s/l, v. 19, n. 35, p. 127-151, set. 2019. Disponível em: https://hdl.handle.net/20.500.12178/144261. Acesso em: 5 jan. 2022, p. 144.

(268) GIGLIO, Wagner D.; CORRÊA, Claudia Giglio Veltri. *Direito processual do trabalho*. 15. ed. São Paulo: Saraiva, 2005. p. 71.

(269) O impulso oficial na execução foi alterado pela reforma trabalhista para ser permitido apenas quando as partes não estiverem representadas por advogado, mesmo assim, a essência protecionista exemplificada ainda está lá.

(270) SOARES, Lara Rafaelle Pinho. *A vulnerabilidade na negociação processual atípica*. Dissertação (Mestrado em Direito). Universidade Federal da Bahia (UFBA). Salvador, 2016. Disponível em: http://repositorio.ufba.br/ri/handle/ri/19279. Acesso em: 10 ago. 2022, p. 60-61.

já que, além de se constituir um grave equívoco, pode gerar situações as quais o aplicador do direito tenha que rechaçar negócio processual ainda que haja um reforço ou prevalência de direitos trabalhistas ou que condicione situações mais benéficas ao trabalhador, como ressaltado no exemplo do foro de eleição mais benéfico ao trabalhador. Assim, apesar de relativizado dentro do próprio processo, o princípio protetor não é excluído do âmbito processual na seara trabalhista pela adoção de negócio jurídico processual típico ou atípico.

Conforme visto, a análise do negócio jurídico processual deve ser incidental a um caso concreto, inclusive quando em sua vertente pré-processual, o que corrobora para sua aplicação na Justiça do Trabalho, já que a vulnerabilidade não pode ser presumida, mas deve ser analisada concretamente. Assim, Silva se posiciona pela aplicação do negócio jurídico processual atípico pré-processual na seara trabalhista, apesar de restringir fortemente as hipóteses diante da assimetria das partes:

> [...] Em verdade, embora o processo do trabalho "admita autocomposição", não há muito espaço para a convenção pré-processual nas relações trabalhistas, predominantemente marcadas pela assimetria entre as partes. Por mais que as relações tenham evoluído e o sistema sindical tenha se desenvolvido no Brasil, ainda estamos muito distantes da afirmação de que o empregado pode exercer liberdade autêntica de escolha entre as formas de solução do conflito ou deliberar sobre os mecanismos de instrução e julgamento. Ainda assim, caso se considere adequado o uso das convenções pré-processuais às relações trabalhistas, deve-se ter em mente que os negócios jurídicos não se destinam a (a) afetar os poderes do magistrado, (b) interferir no conceito de litigância de má-fé, (c) alterar as condições da ação ou o sistema de intervenção de terceiros, (d) ampliar o rol de recursos e remédios jurídicos, (e) autorizar o uso de provas ilícitas, (f) chancelar a incompetência absoluta, dentre outras deturpações que não podem ser toleradas sob o falso pretexto do negócio jurídico processual. A interpretação restritiva se faz necessária[(271)].

É claro que o direito processual do trabalho, em regra, deve acompanhar a proteção prevista no direito material, o que torna a posição deste trabalho mais visível à aplicação na seara trabalhista ao posicionar-se contrário

---

(271) SILVA, Homero Batista Mateus da. *Curso de direito do trabalho aplicado*. V. 9, 2017. Capítulo 10. Ônus da prova (art. 818, CLT). São Paulo: RT, 2017. Disponível em: https://proview.thomsonreuters.com/launchapp/title/rt/monografias/106225603/v3/document/125656798/anchor/a-125656798. Acesso em: 10 ago. 2022.

a negócios processuais prejudiciais ao trabalhador e contrários à efetividade, o que não é idêntica à posição do TST externada na IN n. 39.

Por fim, discorda-se nesta pesquisa do posicionamento do Fórum Nacional de Processo do Trabalho por meio do seu Enunciado 6[(272)] que, além de uma forma escrita criticável, apresenta erros graves: o enunciado entende pela não aplicação do art. 190 do CPC/2015 nos dissídios individuais envolvendo relação de trabalho por ter a CLT rito próprio e não haver lacuna ontológica ou axiológica.

Ora, se o posicionamento fosse correto, não haveria decisões na Justiça do Trabalho aplicando a multa prevista no art. 523, § 1º, do CPC/2015 no processo de execução, a moratória legal prevista no art. 916 do CPC/2015, ou mesmo saneando o processo para delimitar produção de prova, entre diversos outros exemplos que demonstram situações nas quais é possível encontrar lacunas ontológicas ou axiológicas. Essa crítica também é apresentada por Junqueira e Maranhão[(273)], apesar de entenderem pela não aplicação do negócio processual pré-processual, pois consideram que a relação de emprego quase sempre está relacionada a um quadro de vulnerabilidade, o que, respeitosamente, discorda-se por apresentar-se de forma genérica.

Portanto, é possível haver aplicação da negociação processual na seara trabalhista, inclusive atualmente reconhecida na questão do juízo digital, desde que se vislumbre a efetividade processual em conjunto, a vedação à violação ao núcleo central de direitos fundamentais, em especial, os sociais e processuais.

4.4.1. A vulnerabilidade do trabalhador e o suposto óbice para a aplicação do negócio jurídico processual no processo laboral

A vulnerabilidade do trabalhador tem representado o maior óbice aplicado na seara trabalhista quanto à negociação processual. Nesse sentido, o

---

(272) "ENUNCIADO 6 FNPT — CLT, ARTS. 769, 849, 852-C E NCPC, ART. 190. NEGÓCIO JURÍDICO PROCESSUAL. INEXISTÊNCIA DE LACUNA ONTOLÓGICA OU AXIOLÓGICA. PREVISÃO NA CLT E NA LEI N. 5.584/70. CELERIDADE DOS RITOS TRABALHISTAS, ORDINÁRIO, SUMARÍSSIMO OU ALÇADA. DURAÇÃO RAZOÁVEL DO PROCESSO. A previsão contida no art. 190 do NCPC não se aplica aos processos que envolvam dissídios individuais de RELAÇÃO DE TRABALHO, tendo em vista que a CLT tem rito próprio (ordinário, sumaríssimo ou alçada), conforme arts. 849, 852-C e art. 2º, §§ 3º e 4º, da Lei n. 5.584/70. Aplicação dos arts. 769, 849, 852-C da CLT e NCPC, art. 190".

(273) JUNQUEIRA, Fernanda Antunes Marques; MARANHÃO, Ney. Negócio processual no processo do trabalho: apontamentos gerais. *Revista eletrônica [do] Tribunal Regional do Trabalho da 9ª Região*, Curitiba, v. 6, n. 55, p. 44-70, out.-nov. 2016. Disponível em: https://hdl.handle.net/20.500.12178/100260. Acesso em: 10 ago. 2022, p. 65.

direito do trabalho possui características diferenciadas ao prever uma tutela especial quanto à proteção do trabalhador, já que, por características históricas, é possível depreender uma necessária proteção diante da existência de certa dependência econômica na relação, além da presença da subordinação hierárquica, o que, à luz do direito do trabalho, traz à tona a necessidade de proteção visando uma aparente isonomia[(274)].

É desse entendimento que a doutrina, ao tratar da negociação processual, acaba pecando ao interpretar a vulnerabilidade de forma equivocada como sinônimo de subordinação jurídica ou dependência econômica na seara trabalhista, interpretação que não observa que a classe trabalhadora, na realidade, pode assumir divergentes manifestações quanto às circunstâncias que revelam desigualdades, não necessariamente vulnerabilidade, nos âmbitos material ou processual[(275)].

Nesse sentido, apesar da forma abstrata e genérica ser a tendência prevista pela lei trabalhista, a manifestação da vulnerabilidade pode assumir diferentes gradações ou, a depender do caso, nem existir quando analisada a situação concreta[(276)].

Diante disso, não é possível padronizar a situação quanto à aplicação do negócio processual, já que a análise genérica deve ceder lugar para uma incidência real sobre a pluralidade de circunstâncias quanto às desigualdades, por exemplo, negocial, hierárquica, econômica, técnica, social ou informativa[(277)(278)].

---

(274) SOUZA JUNIOR, Lasaro Farias de. *Negócios processuais atípicos*: compatibilidade judicial no processo trabalhista. 2020. Dissertação (Mestrado em Direito Constitucional). Instituto Brasileiro de Ensino, Desenvolvimento e Pesquisa (IDP), Brasília, 2020. Disponível em: https://repositorio.idp.edu.br//handle/123456789/2896. Acesso em: 10 ago. 2022, p. 76.

(275) REBELO, Maria Paulo. *Negócios processuais trabalhistas*. Salvador: JusPodivm, 2021. p. 478.

(276) REBELO, Maria Paulo. *A admissibilidade de negócios jurídicos processuais no processo do trabalho*. Tese (Doutorado em Direito). Universidade Federal da Bahia (UFBA), Salvador, 2019. p. 370.

(277) TUPINAMBÁ, Carolina. Ao seu dispor! A lenda da indisponibilidade dos direitos dos trabalhadores. *In*: TUPINAMBÁ, Carolina (coord.). *Soluções de conflitos trabalhistas*: novos caminhos. São Paulo: LTr, 2018. p. 47.

(278) Nesse sentido, Rebelo interpreta da seguinte forma: "[...] Em todo o caso, (i) a contratação de um sujeito por outrem revela a presença de uma certa fragilidade negocial daquele que procura o emprego; (ii) a condição de sujeição a ordens, instruções e plano económico-empresarial do empregador, a que se submete esse trabalhador contratado, é indicativo de uma vulnerabilidade hierárquica; (iii) a dependência do trabalhador em relação ao seu soldo mensal, indiciam idêntica vulnerabilidade económica; (iv) a inserção organizacional do trabalhador na estrutura da empresa na vigência do vínculo empregatício, apontam também para uma vulnerabilidade organizacional-técnica; (v) o *status* que o trabalhador assume no contexto social, pertencendo à minimizada classe da força de trabalho que produz bem alheio sem partilhar dos respetivos proventos, induz ainda o empregado a uma situação de vulnera-

Dessa forma, não há dúvidas de que é em razão da tendência da generalização protecionista concedida a todos os trabalhadores que o direito do trabalho construiu sua base de garantias limitando a autonomia da vontade(279).

Assim, Junqueira e Maranhão(280) entendem pela vedação à negociação pré-processual diante da vulnerabilidade material, ressaltando que esta vulnerabilidade não desaparece quando se adentra no plano processual. Diante disso, fundamentam pela exclusividade do negócio processual chancelado pela Justiça do Trabalho, ou seja, apenas diante de um processo em curso, e entendem pela necessária homologação do negócio. Nesse aspecto, Falce(281) também nega a possibilidade do negócio pré-processual se firmado sem a presença de advogado, além de vedar negócio em situações de *jus postulandi*.

Discorda-se do posicionamento acima, visto que não reflete os inúmeros negócios processuais desde muito tempo praticados na Justiça do Trabalho no curso da ação, como nos exemplos trazidos por Souza Junior(282): dispensa de produção de prova testemunhal, dispensa de perícias, limitações de recorribilidade em recurso ordinário e penalidades pelo descumprimento de obrigações judiciais. Assim, o trabalhador, por exemplo, poderia negociar de forma pré-processual uma determinada situação conjuntamente com direitos materiais e apenas pedir homologação posterior de acordo extrajudicial com a presença de advogado; outra situação seria o procedimento tocado por *jus postulandi*, as partes negociarem adiamento da audiência, ou seja, exemplos que confrontam com a posição de Junqueira, Maranhão e Falce.

Ademais, concorda-se com Tupinambá: "[...] o princípio protetor representa incremento da posição jurídica do empregado, mas não viabiliza que o

---

bilidade social; e, por último, (vi) a falta de percepção e consciência de todos os direitos de que são titulares relativamente à sua relação profissional, revela uma vulnerabilidade informacional". REBELO, Maria Paulo. *A admissibilidade de negócios jurídicos processuais no processo do trabalho*. Tese (Doutorado em Direito). Universidade Federal da Bahia (UFBA), Salvador, 2019. p. 367-369.

(279) REBELO, Maria Paulo. *A admissibilidade de negócios jurídicos processuais no processo do trabalho*. Tese (Doutorado em Direito). Universidade Federal da Bahia (UFBA), Salvador, 2019. p. 369.

(280) JUNQUEIRA, Fernanda Antunes Marques; MARANHÃO, Ney. Negócio processual no processo do trabalho: apontamentos gerais. *Revista eletrônica [do] Tribunal Regional do Trabalho da 9ª Região*, Curitiba, v. 6, n. 55, p. 44-70, out.-nov. 2016. Disponível em: https://hdl.handle.net/20.500.12178/100260. Acesso em: 10 ago. 2022, p. 62.

(281) FALCE, Lúcio Roberto. O negócio processual: o processo do trabalho e a reforma trabalhista. *Revista de Direito do Trabalho*, São Paulo, v. 44, n. 194, p. 99-113, out. 2018. Disponível em: https://hdl.handle.net/20.500.12178/161011. Acesso em: 10 ago. 2022, p. 106.

(282) SOUZA JUNIOR, Lasaro Farias de. *Negócios processuais atípicos*: compatibilidade judicial no processo trabalhista. 2020. Dissertação (Mestrado em Direito Constitucional). Instituto Brasileiro de Ensino, Desenvolvimento e Pesquisa (IDP), Brasília, 2020. Disponível em: https://repositorio.idp.edu.br//handle/123456789/2896. Acesso em: 10 ago. 2022, p. 80.

mesmo abdique ou enfraqueça sua própria posição"[283]. Desse modo, o autor critica a situação em que a proteção do trabalhador passa muito próximo de considerar a condição do trabalhador como uma tutela ou curatela, retirando seu poder de escolha[284].

> Sempre existirão desigualdades em qualquer tipo de relacionamento jurídico, baseiem-se elas em critérios pessoais, econômicos, sociais etc. O problema não é a sua existência, porque elas são inevitáveis. Não acreditamos que exista, alguma vez, uma igualdade absoluta entre partes. O problema é, então e apenas, quando alguns desses desequilíbrios são usados sob a forma de poder e de manipulação, de exploração contra o outro. Só nestes, e apenas nestes casos, faz sentido estender um regime tutelar. E é aqui, *data venia*, que a maioria da doutrina trabalhista peca: por não reconhecer a diferenciação e querer forçar uma presunção indiscriminada, que não leva em consideração as características do trabalhador em concreto e do momento ou local da prática do ato[285].

Diante disso, o art. 190 do CPC/2015 prevê que não basta a situação de vulnerabilidade para o negócio ser rechaçado, mas ela deve ser manifesta. Mesmo para aqueles que consideram o trabalhador vulnerável pela simples situação quanto à subordinação jurídica ou econômica sendo transportada para o processo do trabalho, há que se observar a situação de desequilíbrio manifesto, ou seja, a vulnerabilidade como situação de exploração no negócio processual.

Ademais, a proteção na seara processual e a vulnerabilidade devem ser interpretadas em conjunto com outros princípios, como o da conciliação, da cooperação e da celeridade. Com base nesse entendimento, a própria conciliação é externada pelas normas processuais trabalhistas (ex. arts. 764, 831, 846 e 850 da CLT); a cooperação prevista no art. 6º do CPC/2015 estando ligada ao poder dos litigantes de influenciar na solução da controvérsia; a celeridade decorrente, por sua vez, dos princípios constitucionais da eficiência e da duração razoável do processo, o que é propiciado pelo negócio processual, como é o caso da calendarização[286].

---

(283) TUPINAMBÁ, Carolina. Ao seu dispor! A lenda da indisponibilidade dos direitos dos trabalhadores. *In*: TUPINAMBÁ, Carolina (coord.). *Soluções de conflitos trabalhistas*: novos caminhos. São Paulo: LTr, 2018. p. 54.

(284) *Idem*.

(285) REBELO, Maria Paulo. *A admissibilidade de negócios jurídicos processuais no processo do trabalho*. Tese (Doutorado em Direito). Universidade Federal da Bahia (UFBA), Salvador, 2019. p. 367-369.

REBELO, Maria Paulo. *A admissibilidade de negócios jurídicos processuais no processo do trabalho*. Tese (Doutorado em Direito). Universidade Federal da Bahia (UFBA), Salvador, 2019. p. 374.

(286) GONÇALVES, Igor Sousa. O instituto da negociação processual na justiça do trabalho: compatibilidade, limites e desafios. *Revista de Direito do Trabalho*, São Paulo, v. 43, n. 183,

Assim, não basta a vulnerabilidade estar presente, mas é necessário que dela decorra situação manifesta a desequilibrar a relação jurídica processual. Ainda, é possível existir situação na qual o negócio jurídico seja válido, desde que assegurada a igualdade real, assim como nos casos em que a parte vulnerável seja beneficiada. Portanto, cabe ao juiz, diante de um caso concreto, analisar a validade do negócio jurídico processual, inclusive quanto à manifesta situação de vulnerabilidade, negando validade em determinadas situações, inclusive de ofício[(287)].

4.4.2. Hipersuficiente e altos empregados

Segundo Leite[(288)], a classificação "altos empregados" é um gênero do qual decorrem diversas espécies.

> Os altos empregados (ou altos executivos) representam uma categoria de trabalhadores que se distinguem pelas suas valências e habilidades técnicas de gestão no mundo laboral; são, portanto, uma mais-valia imprescindível para a empresa. A doutrina costuma identificá-los pela atenuação da intensidade da subordinação jurídica no seu vínculo empregatício, possuindo, portanto, acentuada autonomia e poder de iniciativa; bem como uma extensão de poderes por comparação com os normais empregados, em razão da confiança que neles é depositada. Neles estaria depositado parte do próprio poder empregatício[(289)].

Diante disso, para essa categoria, é possível encontrar duas correntes distintas quanto à existência ou não de relação de emprego com a tomadora de seu serviço. A primeira delas nega essa relação por considerar incompatível a cumulação da função de diretor ao mesmo tempo subordinado. A segunda, considerada mais moderna, admite a existência do vínculo empregatício do executivo para compor a diretoria da pessoa jurídica contratante, invocando o art. 157, § 1º, "d", da Lei n. 6.404/1976[(290)].

---

nov. 2017, p. 221. Disponível em: https://hdl.handle.net/20.500.12178/124349. Acesso em: 10 ago. 2022, p. 217-218.

(287) FERREIRA, Vanessa Rocha; SANTANA, Agatha Gonçalves. Aplicação dos negócios jurídicos processuais à justiça do trabalho. *Revista Direito e Justiça*: reflexões sociojurídicas. s/l, v. 19, n. 35, p. 127-151, set. 2019. Disponível em: https://hdl.handle.net/20.500.12178/144261. Acesso em: 5 jan. 2022.

(288) BEZERRA LEITE, Carlos Henrique. *Curso de direito do trabalho*. 14. ed. São Paulo: SaraivaJur, 2022. p. 396.

(289) REBELO, Maria Paulo. *A admissibilidade de negócios jurídicos processuais no processo do trabalho*. Tese (Doutorado em Direito). Universidade Federal da Bahia (UFBA), Salvador, 2019. p. 400.

(290) BEZERRA LEITE, Carlos Henrique. *Curso de direito do trabalho*. 14. ed. São Paulo: SaraivaJur, 2022. p. 396-397.

No caso de empregado eleito diretor, é possível encontrar quatro correntes: a primeira, segundo a qual o contrato de trabalho extingue-se automaticamente; a segunda, que entende ser mera suspensão do contrato de trabalho (posição do TST por meio da Súmula n. 239[291]); a terceira defende que o contrato de trabalho fica interrompido, pois o tempo de serviço é computado para todos os efeitos legais; e, por fim, a quarta que, diga-se de passagem, é seguida por Leite, para a qual somente o diretor que se apresenta dono do negócio ou acionista controlador deve ser considerado excluído da proteção celetista. Os demais cargos de gestão, como é o caso do gerente ou do chefe de departamento (filial), enquadram-se no art. 62, II, da CLT[292].

É fato que os empregados classificados acima podem ser enquadrados também como hipersuficientes, se preenchidos os requisitos do art. 444, parágrafo único, da CLT. Entretanto, a situação aqui vai além do mero enquadramento diante do salário e ensino superior, como ainda será debatido, o que reforçaria sua posição negocial.

Além destes cargos voltados à direção e gestão, há ainda os trabalhadores de elevado valor econômico, como atletas profissionais de alto desempenho, jornalistas prestigiados, artistas, celebridades e trabalhadores que possuem um conhecimento técnico especializado. Essa classe não sofreu impacto direto com a Lei n. 13.467/2017, mas, apesar da presença de um poder maior negocial, esses profissionais não podem ser considerados com poder pleno de autonomia[293].

Quanto aos trabalhadores de elevado valor econômico, segundo Rebelo[294], há uma situação cujos traços de assimetria econômica possibilita uma compensação do desnível inicial, colocando as partes do vínculo em uma posição de igualdade para negociar livremente os termos do seu contrato. Entretanto, entende-se também não ser aplicada a plena autonomia, ou seja, resguarda a aplicação da situação geral.

---

(291) "Súmula n. 239 do TST — BANCÁRIO. EMPREGADO DE EMPRESA DE PROCESSAMENTO DE DADOS (incorporadas as Orientações Jurisprudenciais ns. 64 e 126 da SBDI-1) — Res. 129/2005, DJ 20, 22 e 25.04.2005. É bancário o empregado de empresa de processamento de dados que presta serviço a banco integrante do mesmo grupo econômico, exceto quando a empresa de processamento de dados presta serviços a banco e a empresas não bancárias do mesmo grupo econômico ou a terceiros (primeira parte — ex-Súmula n. 239 — Res. 15/1985, DJ 09.12.1985; segunda parte — ex-Ojs ns. 64 e 126 da SBDI-1 — inseridas, respectivamente, em 13.09.1994 e 20.04.1998)".

(292) BEZERRA LEITE, Carlos Henrique. *Curso de direito do trabalho.* 14. ed. São Paulo: SaraivaJur, 2022. p. 397-398.

(293) REBELO, Maria Paulo. *A admissibilidade de negócios jurídicos processuais no processo do trabalho.* Tese (Doutorado em Direito). Universidade Federal da Bahia (UFBA), Salvador, 2019. p. 405-406.

(294) *Ibidem*, p. 406-407.

Desse modo, em todos os exemplos trazidos acima, diverge-se da posição que entende pela igualdade negocial. Evidente que, na realidade dos fatos, no que tange ao direito material, há maior poder do próprio empregado em impor sua vontade negociada, mas isso não o torna pleno em sua autonomia.

Nesse sentido, são raros os casos nos quais o empregado pode ser considerado ou aproximar-se da condição classificada por Rebelo(295) como "para-capitalista", ou seja, situações as quais o prestador de serviços possui o reconhecido e especializado conhecimento, uma imagem com valor econômico considerável, ou talento diferenciado, entre outras qualidades de relevante repercussão, que acabam por se equiparar a meios de produção próprios. São situações raras ocorridas quando as próprias empresas disputam ou assediam o prestador de serviços, que, por isso, tem amplo poder de barganha, inclusive processualmente, desde que observados a efetividade e o núcleo dos direitos fundamentais já debatidos.

Nos demais casos, concorda-se com Rebelo(296) ao dispor que não é possível classificar esses trabalhadores de forma idêntica aos trabalhadores vulneráveis ou hipossuficientes materiais, mas entende-se que ainda assim a efetividade negocial deverá ser observada.

Por fim, a reforma trabalhista trouxe previsão expressa inovadora ao dispor sobre o que atualmente a doutrina denomina hipersuficiente:

> Art. 444, CLT. As relações contratuais de trabalho podem ser objeto de livre estipulação das partes interessadas em tudo quanto não contravenha às disposições de proteção ao trabalho, aos contratos coletivos que lhes sejam aplicáveis e às decisões das autoridades competentes.
>
> Parágrafo único. A livre estipulação a que se refere o *caput* deste artigo aplica-se às hipóteses previstas no art. 611-A desta Consolidação, com a mesma eficácia legal e preponderância sobre os instrumentos coletivos, no caso de empregado portador de diploma de nível superior e que perceba salário mensal igual ou superior a duas vezes o limite máximo dos benefícios do Regime Geral de Previdência Social.

Esse artigo é amplamente debatido na doutrina trabalhista, inclusive com posição doutrinária afirmando sua inconstitucionalidade(297). Por não ser

---

(295) REBELO, Maria Paulo. *A admissibilidade de negócios jurídicos processuais no processo do trabalho*. Tese (Doutorado em Direito). Universidade Federal da Bahia (UFBA), Salvador, 2019. p. 405.

(296) *Ibidem*, p. 405-406.

(297) "Esse dispositivo, a nosso ver, é de induvidosa inconstitucionalidade por atritar com os arts. 1º, III e IV, 3º, IV, 7º, *caput*, e XXXII, e 170 da CF, os quais enaltecem a dignidade da pessoa humana, o valor social do trabalho, a função social da empresa e do contrato de trabalho, a proibição de discriminação de qualquer natureza e abominam qualquer distinção entre trabalho manual, técnico ou intelectual ou entre os profissionais respectivos". BEZERRA LEITE, Carlos Henrique. *Curso de direito do trabalho*. 14. ed. São Paulo: SaraivaJur, 2022. p. 354-355.

objeto desse trabalho, partimos do pressuposto de sua constitucionalidade ante a ausência de manifestação do Pretório Excelso por meio de processo abstrato e da Corte Superior Trabalhista em sede incidental.

Diante disso, Rebelo[(298)] entende que a escolaridade e o salário são indícios que demonstram diferentes níveis de vulnerabilidade do seu titular. Concorda-se com a visão, desde que ela incida no caso concreto em relação ao negócio processual.

Da mesma forma que não é possível haver exclusão presumida da aplicação do negócio jurídico processual na seara trabalhista, por coerência de raciocínio, não é possível afirmar que, nas situações nas quais o empregado se enquadra como hipersuficiente, a negociação seja aplicada de modo irrestrito, já que isso demandaria graves ofensas ao trabalhador. Esse contexto é bem visível, por exemplo, no caso dos bancários, já que não é raro encontrar trabalhador neste ramo recebendo salários consideráveis e possuidores de pós-graduação. Todavia, diante do poderio da empresa, não há que se falar em exclusão ou diminuição da vulnerabilidade.

Portanto, no caso da hipersuficiência, apesar desta situação ser indício de diminuição da vulnerabilidade, para o negócio processual, a aplicação deve ser norteada de forma idêntica aos demais, ou seja, deve-se observar a efetividade e analisar intrinsecamente a situação concreta.

Ao final, a discussão quanto a estes empregados tenderá a perder importância caso não seja alterado o entendimento encampado pelo julgamento da Arguição de Descumprimento de Preceito Fundamental (ADPF) n. 324[(299)] e do Recurso Extraordinário n. 958.252[(300)] que tornou possível a terceirização ou qualquer outra forma de divisão do trabalho entre pessoas jurídicas distintas, firmando a tese do Tema 725[(301)] de repercussão geral do STF.

---

(298) REBELO, Maria Paulo. *A admissibilidade de negócios jurídicos processuais no processo do trabalho*. Tese (Doutorado em Direito). Universidade Federal da Bahia (UFBA), Salvador, 2019. p. 408-409.

(299) BRASIL. *Supremo Tribunal Federal*. ADPF 324, Rel. Roberto Barroso, Tribunal Pleno, j. 30.08.2018. Processo Eletrônico, DJe-194, Divulg. 05.09.2019, Public. 06.09.2019. Disponível em: https://redir.stf.jus.br/paginadorpub/paginador.jsp?docTP=TP&docID=750738975. Acesso em: 10 ago. 2022.

(300) BRASIL. *Supremo Tribunal Federal*. RE 958252, Rel. Luiz Fux, Tribunal Pleno, j. 30.08.2018, Processo Eletrônico, Repercussão Geral, DJe-199, Divulg. 12.09.2019, Public. 13.09.2019. Disponível em: https://jurisprudencia.stf.jus.br/pages/search?classeNumeroIncidente=%22RE%20958252%22&base=acordaos&sinonimo=true&plural=true&page=1&pageSize=10&sort=_score&sortBy=desc&isAdvanced=true. Acesso em: 10 ago. 2022.

(301) "Tema 725. Terceirização de serviços para a consecução da atividade-fim da empresa. É lícita a terceirização ou qualquer outra forma de divisão do trabalho entre pessoas jurídicas distintas, independentemente do objeto social das empresas envolvidas, mantida a responsabilidade subsidiária da empresa contratante".

Com isso, o STF vem aceitando Reclamações Constitucionais com base na aplicação destes precedentes para assegurar a pejotização, por exemplo: a Reclamação Constitucional n. 47.843 AGR/BA[302], que versa sobre contratação de médicos; a Reclamação Constitucional 39.351[303], que versa sobre contratação de profissionais liberais; e, por fim, a decisão liminar na Reclamação Constitucional n. 53.899[304], que versa sobre contratação de advogados.

Não é preciso, portanto, profundo conhecimento e raciocínio para avaliar que para todos os empregados mencionados acima, mantendo-se firme o posicionamento do STF, a tendência será por acatar a pejotização para fugir das amarras dos direitos fundamentais sociais e dos demais previstos no texto celetista, o que tornará difícil qualquer análise ou construção de pensamento que verse sobre a vulnerabilidade.

4.5. Contrato de trabalho — inserção abusiva

No que tange à generalidade dos trabalhadores, o contrato de trabalho se caracteriza como contrato de adesão, ou seja, a redução da liberdade do trabalhador ao consentimento da sua celebração. Desse modo, o Estado encontrou uma forma para contrabalancear a existência da dominação na relação trabalhista, que são as situações contratuais mínimas impostas pela lei e sua força cogente, caso da irrenunciabilidade dos direitos trabalhistas[305].

Desse modo, os contratos de trabalho são, em grande parte, caracterizados por serem contratos de adesão diante da dificuldade de o empregado impor cláusulas contratuais favoráveis a esta parte, ou seja, exercer aquela autonomia privada encampada nos termos do art. 444 da CLT, principalmente no que tange à fase pré-contratual.

Nesse sentido, a Lei n. 13.467/2017 trouxe a homologação do acordo extrajudicial permitindo a solução do conflito extrajudicialmente quanto aos direitos materiais. Assim, há quem entenda que não haveria óbice na aplicação do negócio jurídico processual, caso não seja por contrato de adesão. Para além disso, a presença de advogado afastaria por si só a vulnerabilidade.

---

(302) BRASIL. *Supremo Tribunal Federal*. RCL 47843 AGR/BA. Disponível em: https://redir.stf.jus.br/paginadorpub/paginador.jsp?docTP=TP&docID=760099218. Acesso em: 10 ago. 2022.
(303) BRASIL. *Supremo Tribunal Federal*. Rcl 39.351 AgR. Rel. Rosa Weber, Rel. p/ acórdão Alexandre de Moraes, Primeira Turma, j. 11.05.2020. Disponível em: https://redir.stf.jus.br/paginadorpub/paginador.jsp?docTP=TP&docID=752712760. Acesso em: 10 ago. 2022.
(304) BRASIL. *Supremo Tribunal Federal*. Medida Cautelar na Reclamação n. 53.899, Minas Gerais, Rel. Min. Dias Toffoli, j. 30.06.2022, Public. 04.07.2022. Disponível em: https://portal.stf.jus.br/processos/downloadPeca.asp?id=15352168253&ext=.pdf. Acesso em: 10 ago. 2022.
(305) REBELO, Maria Paulo. *Negócios processuais trabalhistas*. Salvador: JusPodivm, 2021. p. 670.

Malgrado, quanto à aplicação ao negócio jurídico processual ao processo do trabalho durante o processo, esta não seria uma hipótese de inserção abusiva em contrato de adesão(306).

Assim, mesmo que essas situações relativas à seara trabalhista, em grande maioria, envolvam condição de vulnerabilidade e contrato de trabalho com verdadeiras características de contrato de adesão, é a inserção abusiva o requisito obrigatório a ser analisado em cada caso concreto, e não a simples presença de um contrato de adesão.

4.6. Homologação ou não na Justiça do Trabalho

Diante do afirmado, há quem entenda que o negócio processual não poderia produzir efeitos antes do pronunciamento do juiz, pois poderia colocar o trabalhador numa situação de risco, ou seja, se a homologação é exigida para os negócios envolvendo o direito material, indubitavelmente para os negócios de direito processual que atinjam a disposição de ambos(307).

Nesse sentido, para Gonçalves, a homologação é necessária, já que também é exigida para a celebração de negócios jurídicos de direito material, tudo corroborado pelo fato de não ser clara a distinção, já que é possível que os acordos possam dispor sobre ambas as naturezas(308). Junqueira e Ney Maranhão(309) comungam o mesmo entendimento pela homologação. Orsini entende pela homologação do acordo, mas vai além, atribuindo um dever de conveniência do juiz que poderá "negar a homologação do acordo quando verificar, por exemplo, a infringência das normas de proteção do trabalhador ou a imposição de ônus excessivo ao empregador, resultando em graves dificuldades para o seu cumprimento"(310).

Nesta pesquisa, concorda-se com essa doutrina, já que a homologação na seara trabalhista deverá ser vista como uma forma de benefícios,

---

(306) FALCE, Lúcio Roberto. O negócio processual: o processo do trabalho e a reforma trabalhista. *Revista de Direito do Trabalho*, São Paulo, v. 44, n. 194, p. 99-113, out. 2018. Disponível em: https://hdl.handle.net/20.500.12178/161011. Acesso em: 10 ago. 2022, p. 105.

(307) GONÇALVES, Igor Sousa. O instituto da negociação processual na justiça do trabalho: compatibilidade, limites e desafios. *Revista de Direito do Trabalho*, São Paulo, v. 43, n. 183, nov. 2017, p. 221. Disponível em: https://hdl.handle.net/20.500.12178/124349. Acesso em: 10 ago. 2022, p. 220.

(308) *Ibidem*, p. 230.

(309) JUNQUEIRA, Fernanda Antunes Marques; MARANHÃO, Ney. Negócio processual no processo do trabalho: apontamentos gerais. *Revista eletrônica [do] Tribunal Regional do Trabalho da 9ª Região*, Curitiba, v. 6, n. 55, p. 44-70, out.-nov. 2016. Disponível em: https://hdl.handle.net/20.500.12178/100260. Acesso em: 10 ago. 2022, p. 66.

(310) ORSINI, Adriana Goulart de Sena. Juízo conciliatório trabalhista. *Revista do Tribunal Regional do Trabalho da 3ª Região*, Belo Horizonte, v. 45, n. 75, p. 139-161, jan.-jun. 2007. Disponível em: http://as1.trt3.jus.br/bd-trt3/handle/11103/27362. Acesso em: 10 ago. 2022, p. 153.

inclusive econômicos e céleres, resguardando deveres de conciliação e de cooperação processual. Entretanto, apesar de adotar este posicionamento, no caso da homologação judicial prévia, embora recomendável, não se trata de um requisito de validade ou necessário para produzir efeitos.

No que tange à convalidação em relação exclusivamente aos aspectos procedimentais negociados processualmente, diante do art. 765 da CLT, não há como duvidar que na seara trabalhista haja necessidade da convalidação judicial para que os efeitos sejam considerados eficazes, já que o juiz é considerado diretor do processo e possui como norte a celeridade e o andamento do processo, sempre observando o sopesamento ou a ponderação em relação aos princípios processuais presentes na Constituição Federal de 1988.

Por fim, situações jurídicas próprias das partes (poderes, faculdades e deveres processuais) não entram na correlação entre a negociação processual e a direção e andamento rápido no processo, estando assim ressalvadas de convalidação judicial.

4.7. Limites da negociação processual na seara do trabalho

Primeiramente, importante registrar que, no direito do trabalho, a vontade privada não é excluída, mas encontra-se, de certa forma, restringida:

> No campo do Direito do Trabalho, surge pois, uma distinção essencial e de suma importância: nele existem normas imperativas que não excluem a vontade privada, mas a cercam de garantias para assegurar sua livre formação e manifestação, valorizando-a como a expressão da própria personalidade humana[(311)].

Dessa forma, o que se verifica é uma consequência lógica da possibilidade de negociação do direito material, ou seja, se é possível negociar direito material, mesmo sob o manto da obediência às restrições impostas diante das garantias, igual possibilidade deve ser conferida quanto ao direito processual[(312)]. O mesmo raciocínio apresenta-se nos Enunciados 131[(313)] e

---

(311) RODRIGUEZ, Américo Plá. *Princípios de direito do trabalho*. Trad. Wagner D. Giglio. São Paulo: LTr, 1993. p. 74.

(312) FERREIRA, Vanessa Rocha; SANTANA, Agatha Gonçalves. Aplicação dos negócios jurídicos processuais à justiça do trabalho. *Revista Direito e Justiça*: reflexões sociojurídicas. s/l, v. 19, n. 35, p. 127-151, set. 2019. Disponível em: https://hdl.handle.net/20.500.12178/144261. Acesso em: 5 jan. 2022, p. 143.

(313) Enunciado 131 do FPPC. “Aplica-se ao processo do trabalho o disposto no art. 190 no que se refere à flexibilidade do procedimento por proposta das partes, inclusive quanto aos prazos”. ENUNCIADOS FPPC. *Enunciados do Fórum Permanente de Processualistas Civis* — FPPC 2022. Disponível em: https://diarioprocessual.com/2022/03/23/enunciados-fppc-2022. Acesso em: 10 ago. 2022.

135[314] do FPPC, segundo os quais a negociação processual aplica-se ao processo do trabalho, além de a indisponibilidade do direito material não ser óbice à celebração de negócio jurídico processual.

Malgrado, verifica-se que, quanto menor a possibilidade de autocomposição incidente no direito material deduzido em juízo, menores serão as possibilidades de negociar processualmente. Idêntico raciocínio aplica-se ao interesse público, ou seja, quanto maior o interesse público presente na lide discutida, menor a disponibilidade das situações jurídicas processuais; quanto maior o desequilíbrio, menor a possibilidade de negociação processual prejudicial à parte menos favorecida[315].

Nesse sentido, alguns entendem, diante do disposto no art. 764 da CLT, que o princípio da conciliação deve ser encarado como um norte para a resolução de litígios. Assim, sempre que possível, o acordo incidente sobre direito material autoriza as convenções procedimentais. Inclusive, segundo esse entendimento, nos litígios submetidos à seara trabalhista, o princípio da proteção é mitigado, pois foi cessado o vínculo de emprego e a subordinação do empregado, possibilitando a transação de direitos, destacando o manto da imparcialidade da Justiça do Trabalho[316].

Mitigado ou não, o princípio da proteção incide sobre o processo do trabalho e deve ser encarado como um dos limites específicos quando se aplica a negociação processual na seara trabalhista. Além disso, outros princípios também devem ser utilizados para orientar a negociação processual, principalmente quando se está diante de um processo a buscar celeridade, participação e democracia entre as partes[317].

Esse é o caso, por exemplo, da efetividade processual, já que, segundo o posicionamento que fundamenta a prevalência da efetividade sobre os

---

(314) Enunciado 135 do FPPC. "A indisponibilidade do direito material não impede, por si só, a celebração de negócio jurídico processual". ENUNCIADOS FPPC. *Enunciados do Fórum Permanente de Processualistas Civis* — FPPC 2022. Disponível em: https://diarioprocessual.com/2022/03/23/enunciados-fppc-2022. Acesso em: 10 ago. 2022.

(315) REDONDO, Bruno Garcia. *Negócios jurídicos processuais atípicos no direito processual civil brasileiro*: existência, validade e eficácia. Tese (Doutorado em Direito), Pontifícia Universidade Católica de São Paulo (PUC-SP). São Paulo, 2019. Disponível em: https://tede2.pucsp.br/handle/handle/22644. Acesso em: 10 ago. 2022, p. 224.

(316) BARUFI, Renato; NASHARA SIQUEIRA, Oniye; GERAIGE NETO, Zaiden. Flexibilização procedimental em tempos de emergência social: análise dos negócios jurídicos processuais atípicos na justiça do trabalho. *Anais do Congresso Brasileiro de Processo Coletivo e Cidadania*, [S. l.], n. 8, 2020, p. 1.350. Disponível em: https://revistas.unaerp.br/cbpcc/article/view/2171. Acesso em: 10 ago. 2022.

(317) GONÇALVES, Igor Sousa. O instituto da negociação processual na Justiça do trabalho: compatibilidade, limites e desafios. *Revista de Direito do Trabalho*, São Paulo, v. 43, n. 183, nov. 2017, p. 217.

casos *in dubio pro libertate*, o negócio processual só será constitucional se promover a efetividade, contrapondo-se à ideia de que, na dúvida sobre a legitimidade de um negócio, deve ser permitido por conta do *in dubio pro libertate*, já que em alguns casos pode prevalecer um negócio sem a efetividade processual obtida(318).

Desta feita, entende-se que, para aplicar a negociação processual na seara trabalhista, deve-se observar, primeiramente, as condições gerais de validade (capacidade do agente, licitude do objeto negociado, respeito à forma prevista em lei ou da real autonomia da vontade dos agentes); as condições específicas de validade da negociação jurídica processual (direitos que admitam autocomposição e a capacidade processual negocial); e, por fim, limites específicos à negociação processual (abuso na inserção de convenções processuais em contratos de adesão)(319).

Assim, os negócios jurídicos processuais deverão observar os limites gerais, como no caso do plano da existência que devem ser preenchidos, ou seja, agente capaz de ser parte, vontade, autorregramento da vontade, objeto e forma(320).

No plano da validade, quanto aos limites gerais, devem preencher o agente capaz, objeto lícito, forma prescrita ou não defesa em lei, consensualidade e a causa ao rol de condições. Há, ainda, condições de validade específicas, como as objetivas que dizem respeito ao objeto e modo, e as subjetivas, que tratam do sujeito, condição e posição que ocupam(321).

Assim, para a concretização das condições de validade, devem ser preenchidas condições gerais e específicas, limitando-se aos direitos que admitam autocomposição, questões envolvendo procedimento e especificidades da causa, temas relativos ao ônus, poderes, faculdades e deveres processuais, por fim, chancelado pelo Poder Judiciário(322).

---

(318) OLIVEIRA, Guilherme Peres de. *Negócio jurídico processual*: a amplitude da cláusula geral de negociação no processo civil. Tese (Doutorado em Direito), Pontifícia Universidade Católica de São Paulo (PUC-SP). São Paulo, 2017. p. 165-166.

(319) REBELO, Maria Paulo. *Negócios processuais trabalhistas*. Salvador: JusPodivm, 2021. p. 670.

(320) TORRES, Márcio Roberto; MALTA, Nigel Steawart Neves Patriota. A inconsistência da negação à negociação processual na justiça do trabalho. *In*: ISAIA, Cristiano Becker; MORAES, Daniela Marques de; BELLINETTI, Luiz Fernando (coord.). *Processo, jurisdição e efetividade da justiça I* [Recurso eletrônico *online*]. CONPEDI, fls. 266-286. Florianópolis: CONPEDI, 2017. p. 331. Disponível em: http://site.conpedi.org.br/publicacoes/roj0xn13/f1iv6jxw/nB0PcDy85V50H99A.pdf. Acesso em: 10 ago. 2022, p. 2.

(321) CÂMARA, Helder Moroni. *Os negócios jurídicos processuais*. São Paulo: Almedina, 2018. p. 140.

(322) *Idem*.

Nesse sentido, mesmo nos casos em que houver apenas o envolvimento de interesses das partes, não poderá haver renúncia a direitos fundamentais processuais, à ampla defesa e à duração razoável do processo[(323)]. Além disso, a negociação processual que culmine em limitações absurdas e unilaterais que possa comprometer o próprio direito material também não deve ser permitida[(324)].

Por fim, parte do entendimento doutrinário, com o qual se comunga, adota a tese de impossibilidade de ser considerado válido negócio jurídico processual que suprima prévia e abstratamente posição jurídica ligada aos direitos fundamentais processuais[(325)].

---

(323) OLIVEIRA, Guilherme Peres de. *Negócio jurídico processual*: a amplitude da cláusula geral de negociação no processo civil. Tese (Doutorado em Direito), Pontifícia Universidade Católica de São Paulo (PUC-SP). São Paulo, 2017. p. 78.

(324) TORRES, Márcio Roberto; MALTA, Nigel Steawart Neves Patriota. A inconsistência da negação à negociação processual na justiça do trabalho. *In*: ISAIA, Cristiano Becker; MORAES, Daniela Marques de; BELLINETTI, Luiz Fernando (coord.). *Processo, jurisdição e efetividade da justiça I* [Recurso eletrônico *online*]. CONPEDI, fls. 266-286. Florianópolis: CONPEDI, 2017. p. 331. Disponível em: http://site.conpedi.org.br/publicacoes/roj0xn13/f1iv6jxw/nB0PcDy85V50H99A.pdf. Acesso em: 10 ago. 2022, p. 331.

(325) OLIVEIRA, Guilherme Peres de. *Negócio jurídico processual*: a amplitude da cláusula geral de negociação no processo civil. Tese (Doutorado em Direito), Pontifícia Universidade Católica de São Paulo (PUC-SP). São Paulo, 2017. p. 167.

5. ANÁLISE DE HIPÓTESES DE NEGOCIAÇÃO PROCESSUAL APLICÁVEIS NA JUSTIÇA DO TRABALHO

Em capítulos anteriores, a pesquisa se dedicou a elucidar a aplicabilidade da negociação processual na seara trabalhista, desde que preservadas a efetividade processual, a garantia dos direitos fundamentais (benefícios ao trabalhador) e a convolação nos negócios procedimentais.

Malgrado, não é uníssono na doutrina, pois alguns entendimentos consideram impossíveis que os negócios jurídicos processuais sejam incorporados no Poder Judiciário Trabalhista, já que haveria uma impossibilidade técnica. Entende-se que esse órgão especializado não estaria preparado para a regulamentação individualizada, o que geraria uma dificuldade quanto à gestão processual nas secretarias(326).

Esse posicionamento, porém, não é algo que se aplica com tanta clareza na seara trabalhista, já que, além de genérico — ou seja, pode ser utilizado o mesmo argumento para impossibilitar a incorporação dos negócios processuais em qualquer seara do Poder Judiciário –, também não vislumbra as especificidades trabalhistas, já que, por não ter um código próprio de processo do trabalho, e por não haver consenso na aplicabilidade das normas externas, há uma multiplicidade de entendimentos quanto às regras aplicáveis, sobretudo aquelas decorrentes do próprio entendimento do juiz que movimenta o processo.

Essa é uma das grandes críticas ao processo do trabalho, pois em determinadas situações há um verdadeiro "código de processo da vara" em que a gestão da secretaria se molda ao entendimento do juiz. Além disso, ao propor por este trabalho que sejam convalidados os aspectos procedimentais, a própria vara se atentaria às especificidades da demanda; além disso, atualmente, o campo eletrônico e o procedimento digital são utilizados automaticamente e com maestria procedimental.

---

(326) GONÇALVES, Igor Sousa. O instituto da negociação processual na justiça do trabalho: compatibilidade, limites e desafios. *Revista de Direito do Trabalho*, São Paulo, v. 43, n. 183, nov. 2017, p. 221. Disponível em: https://hdl.handle.net/20.500.12178/124349. Acesso em: 10 ago. 2022, p. 216.

Por fim, observa-se que a Justiça do Trabalho vem aplicando o negócio processual em diversas situações, a exemplo da conciliação, da calendarização processual, da fixação de provas e da escolha de perito, todavia, todas sob o controle do juiz(327).

Há outros exemplos, conforme elenca Rebelo(328), além das previsões expressas dos arts. 507-A e 855-B da CLT (previsões advindas com a reforma trabalhista), como é o caso do art. 789, § 3º, da CLT (acordo sobre distribuição e responsabilidade das custas em transação); do art. 847 da CLT (admite defesa imediata do reclamado no início da audiência em caso de dispensa por acordo das partes da leitura da reclamação trabalhista); do art. 887 da CLT (escolha livre e consensual do responsável pela avaliação dos bens penhorados); além de algumas consideradas implícitas, a exemplo da decorrente do art. 845 da CLT (quanto à dispensa de testemunhas) ou do art. 850 da CLT (quanto à dispensa das razões finais).

Diante disso, o presente capítulo analisará algumas situações nas quais é possível viabilizar a negociação sem ser imposta ou controlada rigorosamente pelo juiz, mas uma possibilidade negociada pelas partes que, além de serem as maiores conhecedoras do problema proposto judicialmente, são as mais interessadas na solução do eventual litígio.

5.1. Conciliação trabalhista e jurisdição voluntária

Primeiramente, já se definiu um entendimento sobre negócio jurídico processual. Neste trabalho, é ato processual que pode ser produzido de forma unilateral ou plurilateral, cujo objetivo é dispor sobre situações jurídicas próprias (poderes, faculdades e deveres processuais) ou adequações procedimentais (criar, modificar ou extinguir determinadas normas procedimentais) que visem ajustar as especificidades da causa, antes ou durante o processo, desde que observados limites dispostos no núcleo de direitos fundamentais que compõem o modelo constitucional de processo e do Estado Democrático de Direito, sem desconsiderar a efetividade.

Nesse sentido, na seara trabalhista, a conciliação é fruto de uma previsão prevista como princípio expresso nas Constituições brasileiras de 1946

---

(327) GONÇALVES, Igor Sousa. O instituto da negociação processual na justiça do trabalho: compatibilidade, limites e desafios. *Revista de Direito do Trabalho*, São Paulo, v. 43, n. 183, nov. 2017, p. 221. Disponível em: https://hdl.handle.net/20.500.12178/124349. Acesso em: 10 ago. 2022, p. 216.

(328) REBELO, Maria Paulo. *A admissibilidade de negócios jurídicos processuais no processo do trabalho*. Tese (Doutorado em Direito). Universidade Federal da Bahia (UFBA), Salvador, 2019, p. 506-507.

(art. 123), de 1967 (art. 134), de 1969 (art. 142, com redação dada pela EC n. 1/1969) e na redação original do art. 114 da Constituição Federal de 1988. Todas essas normas provinham competência da Justiça do Trabalho para "conciliar" e julgar os dissídios, individuais ou coletivos. Entretanto, o art. 114 da Constituição de 1988 foi amplamente alterado com a EC n. 45/2004 que deixou de prever o termo "conciliar e julgar", substituindo-o por "processar e julgar"(329).

Entende-se que o princípio continua válido, mas implicitamente, em razão da ausência de previsão expressa, decorrendo de uma interpretação feita pelo art. 114 da CF/1988. Além disso, entendimento contrário levaria a uma interpretação que geraria retrocessos sociais.

Diante disso, a conciliação é uma forma de solucionar os conflitos trabalhistas nos quais as partes acabam por fazer, em regra, concessões recíprocas sobre seus direitos subjetivos. Nesse sentido, o acordo (apenas uma parte faz concessões), a transação (concessões recíprocas) e a renúncia (ato unilateral sobre direito certo e atual que importa em abandono ou desistência do titular) podem ser objetos de conciliação(330).

> A transação consiste no contrato pelo qual as partes pactuam a extinção de uma obrigação por meio de concessões mútuas ou recíprocas, o que também pode ocorrer de forma preventiva (art. 840 do CC). Interessante verificar, contudo, que se ambas as partes não cedem, não há que se falar em transação. Se não há essas concessões mútuas ou recíprocas, não está presente a transação, mas um mero acordo entre as partes(331).

Observa-se ainda que o juiz não está obrigado a homologar o acordo firmado entre as partes (Súmula n. 418 do TST(332)), podendo ser, na seara trabalhista, judicial ou extrajudicial(333).

O fato interessante da conciliação na Justiça do Trabalho é o que dispõe quanto ao efeito diante da aplicação do parágrafo único do art. 831 da

---

(329) BEZERRA LEITE, Carlos Henrique. *Curso de direito processual do trabalho*. 18. ed. São Paulo: SaraivaJur, 2020 (*ebook*). p. 150.
(330) *Ibidem*,.p. 198.
(331) TARTUCE, Flávio. *Manual de direito civil*. São Paulo: Grupo GEN, 2022. Disponível em: https://integrada.minhabiblioteca.com.br/#/books/9786559643134/. Acesso em: 19 jul. 2022 (*ebook*), p. 878.
(332) Súmula n. 418 do TST. MANDADO DE SEGURANÇA VISANDO À HOMOLOGAÇÃO DE ACORDO (nova redação em decorrência do CPC/2015) — Res. 217/2017, DEJT 20, 24 e 25.04.2017. A homologação de acordo constitui faculdade do juiz, inexistindo direito líquido e certo tutelável pela via do mandado de segurança.
(333) BEZERRA LEITE, Carlos Henrique. *Curso de direito processual do trabalho*. 18. ed. São Paulo: SaraivaJur, 2020 (*ebook*). p. 198.

CLT[334], ou seja, ao se conciliar na Justiça do Trabalho, o termo é considerado decisão irrecorrível, salvo para a Previdência Social quanto às contribuições a ela devidas. Nesse sentido, o TST entende por meio da Súmula n. 259[335] que a decisão transita em julgado na homologação, cabendo apenas ação rescisória.

Diante disso, o efeito da conciliação pura e simples decorre expressamente da lei, além do complementado pela jurisprudência do TST. Não é uma disposição sobre situações jurídicas próprias (poderes, faculdades e deveres processuais) ou adequações procedimentais (criar, modificar ou extinguir determinadas normas procedimentais) que visem a ajustar às especificidades da causa.

Diante disso, entende-se que a conciliação pura e simples, ou seja, aquela que dispõe sobre o direito material discutido, não se enquadra como negócio jurídico processual até porque negociado o direito que buscava com a tutela jurisdicional, atingiu-se o fim pretendido, o que torna o conflito não mais resistido pelas partes, logo, a consequência é o fim do processo.

Diferente situação quando as partes incorporam na conciliação certas situações jurídicas próprias (poderes, faculdades e deveres processuais) ou adequações procedimentais, por exemplo, quando a conciliação firmada prevê a suspensão do processo até o cumprimento integral do acordado (aplicação conjunta dos arts. 190 e 313 do CPC/2015) ou quando acordam apenas sobre parte do objeto da demanda. Para a outra parte, dispõe na própria conciliação cláusulas processuais — é o caso da limitação do número de testemunhas.

Entretanto, há quem entenda que a conciliação representaria um negócio jurídico processual, tendo a conciliação trabalhista uma natureza híbrida administrativa e judicial. Foi o caso do julgamento do Recurso Ordinário n. 1000721-86.2014.5.02.0381[336] pelo Tribunal Regional da 2ª Região, conforme consignado no voto da Relatora:

---

(334) BRASIL. *Decreto-Lei n. 5.452/1943 (CLT)*. "Art. 831. A decisão será proferida depois de rejeitada pelas partes a proposta de conciliação. Parágrafo único. No caso de conciliação, o termo que for lavrado valerá como decisão irrecorrível, salvo para a Previdência Social quanto às contribuições que lhe forem devidas".

(335) BRASIL. *Tribunal Superior do Trabalho*. "Súmula n. 259. Termo de conciliação. Ação rescisória (mantida). Res. 121/2003, DJ 19, 20 e 21.11.2003. Só por ação rescisória é impugnável o termo de conciliação previsto no parágrafo único do art. 831 da CLT". Disponível em: https://www3.tst.jus.br/jurisprudencia/Sumulas_com_indice/Sumulas_Ind_251_300.html#SUM-259. Acesso em: 10 ago. 2022.

(336) "CONCILIAÇÃO. SENTENÇA SUBJETIVAMENTE COMPLEXA. A conciliação é um ato híbrido, ou seja, administrativo e jurisdicional. Administrativo, porque leva à extinção do processo não por um ato do juiz, mas das próprias partes e; jurisdicional, porque a instância não cessa, sem a manifestação do juiz. O acordo é ato de jurisdição voluntária, de administração pública de interesses privados, em que o juiz não se substitui às partes. Esses são os motivos

Tese Decisória — A conciliação que põe termo ao processo, como sabido, é negócio jurídico processual. Negócio jurídico, porque, como acordo de vontades, produz efeitos substanciais entre as partes e; Processual, porque produz efeitos na relação entre elas e o Juízo, já que leva à extinção do processo. Ainda, cumpre salientar que, a conciliação é um ato híbrido, ou seja, administrativo e jurisdicional. Administrativo, porque leva à extinção do processo não por um ato do juiz, mas das próprias partes e; Jurisdicional, porque a instância não cessa, sem a manifestação do juiz. O acordo é ato de jurisdição voluntária, de administração pública de interesses privados, em que o juiz não se substitui às partes. Esses são os motivos pelos quais o juiz não pode interferir no quanto acordado pelas partes, cabendo a ele apenas resguardar que a avença não se faça com violação da lei e do direito. Assim, quando as partes acordam quanto aos títulos e valores em torno dos quais se conciliam, ao juiz incumbe apenas verificar se tais disposições se conformam ao direito e negar a homologação para a extinção do processo caso qualquer delas o afrontem. Não, porém, alterar o que foi pactuado, a pretexto de exercer controle sobre aquelas que constituam base de cálculo de tributos e contribuições[(337)].

Ademais, necessário ressaltar que a reforma trabalhista trouxe um novo procedimento voluntário, a homologação de acordo extrajudicial (art. 855-B da CLT). Na previsão celetista, há alguns requisitos específicos, como petição conjunta e representação por advogados distintos complementados por diretrizes dos Tribunais Regionais, como as previstas pelo Núcleo Permanente de Métodos Consensuais de Solução de Disputas (conflitos individuais) do TRT-2 que preveem a discriminação das verbas e suas naturezas, a impossibilidade de a quitação envolver sujeitos estranhos, entre outras diretrizes[(338)].

O interessante é que o juiz também tem a faculdade de homologar nesse procedimento. Caso isso ocorra, conforme pondera Martins, na jurisdição voluntária, homologando o acordo, haverá extinção com resolução do mérito nos termos do art. 487, III, *b*, do CPC/2015; entretanto, se o juiz não homologar, caberá recurso ordinário sem exigência de custas e de depósito recursal[(339)].

Concorda-se com o doutrinador e acrescenta-se que o procedimento de jurisdição voluntária pode servir como base de fundamentação quanto à

---

pelos quais o juiz não pode interferir no quanto acordado pelas partes, cabendo a ele apenas resguardar que a avença não se faça com violação da lei e do direito. Assim, quando as partes acordam quanto aos títulos e valores em torno dos quais se conciliam, ao juiz incumbe apenas verificar se tais disposições se conformam ao direito e negar a homologação para a extinção do processo caso qualquer delas o afrontem". BRASIL. *Tribunal Regional do Trabalho* (2ª Região). Processo: 1000721-86.2014.5.02.0381, Quarta Turma, Cadeira 5, Rel. Ivani Contini Bramante, j. 06.12.2016. Disponível em: https://juris.trt2.jus.br/jurisprudencia/. Acesso em: 10 ago. 2022.

(337) BRASIL. *Tribunal Regional do Trabalho* (2ª Região). Processo: 1000721-86.2014.5.02.0381, Quarta Turma, Cadeira 5, Rel. Ivani Contini Bramante, j. 06.12.2016. Disponível em: https://juris.trt2.jus.br/jurisprudencia/. Acesso em: 10 ago. 2022.

(338) BRASIL. *Tribunal Regional do Trabalho* (2ª Região). Núcleo Permanente de Métodos Consensuais de Solução de Disputas (conflitos individuais). Disponível em: https://ww2.trt2.jus.br/institucional/o-trt-2/portal-da-conciliacao/nucleo-permanente-de-metodos-consensuais-de-solucao-de-disputas-conflitos-individuais. Acesso em: 10 ago. 2022.

(339) MARTINS, Adalberto. *Manual didático de direito processual do trabalho*. 8. ed. De acordo com a Instrução Normativa 41/2018 do TST. São Paulo: Malheiros, 2019. p. 36.

necessidade de homologação judicial relativa ao negócio jurídico processual; entende-se que não há vedação para que nesse procedimento voluntário os interessados possam negociar algum aspecto processual.

Por fim, quanto ao aspecto recursal, comunga-se do posicionamento quanto à possibilidade recursal, inclusive nos casos em que houve a própria homologação desde que haja interesse recursal comprovado, como no caso de o juiz ter alterado qualquer disposição do acordo firmado. Esse é o caso, por exemplo, do juiz que altera a natureza das verbas pactuadas, tornando aquilo que era líquido passível de desconto; com isso, demonstrado o interesse e eventual prejuízo, tornaria possível o recurso ordinário, já que não é razoável aplicar o que dispõe o parágrafo único do art. 831 da CLT que versa sobre a irrecorribilidade da homologação no procedimento contencioso. Diante disso, parece viável o negócio processual ser cabível também no procedimento de jurisdição voluntária, por exemplo, quanto às custas e eventuais tributos decorrentes de medida judicial.

5.2. A opção pelo juízo digital — negociação processual?

O novo coronavírus abalou o mundo contemporâneo e forçou uma adaptação abrupta e repentina a uma nova modalidade de convivência, não só social, como também laboral, fazendo com que as relações ficassem mais interligadas através dos meios eletrônicos, tendo em vista a necessidade de afastamento do convívio.

Nesse sentido, a relação jurídica e processual não ficou de fora. Foi instituído e incentivado o chamado *Juízo 100% Digital*, premissa fática da Resolução n. 345/2020 do CNJ que institui a exclusividade da prática de atos processuais por meios eletrônicos(340).

Destaca-se que a adesão ao *Juízo 100% Digital* é uma faculdade manifestada pelas partes. Assim, o autor faz sua escolha no momento do ajuizamento da demanda, deixando claro que pretende que os atos processuais sejam praticados de forma eletrônica e remota, enquanto a parte contrária poderá aceitar essa condição ou apresentar sua oposição(341).

A Resolução n. 345/2020 foi alterada pela Resolução n. 378/2021(342), passando a prever, por meio do art. 3º-A, que as partes poderão firmar, a qualquer

---

(340) BRASIL. *Conselho Nacional de Justiça*. Resolução n. 345/2020. Disponível em: https://atos.cnj.jus.br/atos/detalhar/3512. Acesso em: 15 fev. 2022.

(341) MORAES, Camila Miranda de; GAIA, Fausto Siqueira; SILVA, Karla Yacy Carlos da. Apontamentos sobre o "juízo 100% digital" na Justiça do Trabalho. *Revista do Tribunal Superior do Trabalho*, São Paulo, v. 87, n. 2, p. 222-237, abr.-jun. 2021, p. 223-224. Disponível em: https://hdl.handle.net/20.500.12178/190043. Acesso em: 10 ago. 2022.

(342) BRASIL. *Conselho Nacional de Justiça*. Resolução n. 378/2021. Disponível em: https://atos.cnj.jus.br/atos/detalhar/3773. Acesso em: 15 fev. 2022.

tempo, negócio jurídico processual para a escolha do *Juízo 100% Digital* ou para, ausente esta opção, realizar atos processuais isolados de forma digital.

> Outra evolução regulamentar foi a inclusão do art. 3º-A na Resolução n. 345/2020, que prevê expressamente que as partes poderão realizar negócio jurídico processual a qualquer tempo, seja para adotar o "Juízo 100% Digital", seja para praticar atos processuais isolados de forma digital na hipótese de não terem a opção de aderir ao "Juízo 100% Digital". Isso permitirá a adoção do "Juízo 100% Digital" por iniciativa das partes mesmo nas hipóteses em que o magistrado tenha deixado de intimá-las para fazê-lo (§ 4º do art. 3º), ou que não tenha havido presunção de aceitação tácita(343).

Dessa forma, atualmente é concedido ao juiz a faculdade de notificar as partes a qualquer tempo visando a manifestação quanto ao interesse na adoção do *Juízo 100% Digital* ou se tem interesse na prática de determinado ato processual específico nessa modalidade. Ademais, conforme o art. 3º, § 4º, da Resolução n. 345/2020 do CNJ, o silêncio ou inércia das partes intimadas duas vezes culminará na presunção de aceitação tácita do *Juízo 100% Digital*(344). Nesse sentido, a própria IN n. 39/2016 atualmente conflita com o art. 3º-A da Resolução n. 345/2020 do Conselho Nacional de Justiça que se aplica a todo o Poder Judiciário, encontrando-se totalmente defasada quanto ao negócio processual.

Ademais, os Tribunais Regionais do Trabalho estão replicando a resolução emitida pelo CNJ, adotando a aplicação do negócio jurídico processual na seara trabalhista, a exemplo do TRT-2, que emitiu o Ato n. 20/GP, de 19 de março de 2021, alterando o Ato n. 10/GP, de 19 fevereiro de 2021, para instituir o seguinte artigo:

> Art. 8-A. As partes poderão, a qualquer tempo, celebrar negócio jurídico processual, nos termos do art. 190 do CPC, para a escolha do "Juízo 100% Digital" ou para, ausente esta opção, a realização de atos processuais isolados de forma digital(345).

Outros Tribunais, na mesma sintonia, aceitam negociação atípica: TRT-1 (art. 10 do Ato conjunto n. 15/2021(346)); TRT-3 (art. 9º da Resolução

---

(343) MORAES, Camila Miranda de; GAIA, Fausto Siqueira; SILVA, Karla Yacy Carlos da. Apontamentos sobre o "juízo 100% digital" na Justiça do Trabalho. *Revista do Tribunal Superior do Trabalho*, São Paulo, v. 87, n. 2, p. 222-237, abr.-jun. 2021, p. 223-224. Disponível em: https://hdl.handle.net/20.500.12178/190043. Acesso em: 10 ago. 2022, p. 231.

(344) *Ibidem*, p. 225.

(345) BRASIL. *Tribunal Regional do Trabalho* (2ª Região). Ato GP n. 10/2021. Diário Eletrônico da Justiça do Trabalho. 2 dez. 2021. São Paulo, 3 fev. 2021, p. 1. Disponível em: https://basis.trt2.jus.br/handle/123456789/13948. Acesso em: 11 ago. 2022._

(346) BRASIL. *Tribunal Regional do Trabalho* (1ª Região). Ato Conjunto n. 15/2021. Diário Eletrônico da Justiça do Trabalho. 30 nov. 2021, Rio de Janeiro. Disponível em: https://bibliotecadigital.trt1.jus.br/jspui/bitstream/1001/2805481/Ato2021-0015_PresCorreg-C.htm. Acesso em: 11 ago. 2022.

Conjunta GP/GCR/GVCR n. 204[(347)]); TRT-5 (art. 8º da Resolução Administrativa n. 038[(348)]); TRT-18 (art. 9º, § 2º, da Portaria TRT18 18ª SGP/SGJ n. 896/2021[(349)]); TRT-15 (art. 5º da Resolução Administrativa n. 05/2021[(350)]); TRT-12 (art. 34 da Portaria Conjunta Seap/Gvp/Secor n. 21[(351)]). Malgrado, contrariando a Resolução n. 345 do CNJ, o Tribunal Regional do Trabalho da 4ª Região, nas considerações de sua Resolução Administrativa n. 24/2021[(352)], entende que não é aplicável o art. 190 do CPC/2015 com base na vedação disposta na IN 39/2016 do TST.

Assim, por meio da Resolução Administrativa n. 24/2021, confirma-se que a IN 39/2016 do TST calou vozes que buscavam discutir a aplicabilidade do CPC/2015, na jurisprudência ou doutrina, além de desvirtuar seu caminho, aproximando-se muito mais de uma supremacia de entendimento do que uma mera recomendação. Por fim, discorda-se da Resolução Administrativa n. 24/2021 do TRT-04, pois, além de inúmeros negócios processuais serem praticados na Justiça do Trabalho, a adoção do *Juízo 100% Digital*, por meio de um negócio jurídico processual atípico, traz benefícios não só à efetividade e celeridade processual, mas, ainda, preserva a saúde pública.

---

(347) BRASIL. *Tribunal Regional do Trabalho* (3ª Região). Resolução Conjunta GP/GCR/GVCR n. 204. Diário Eletrônico da Justiça do Trabalho, Belo Horizonte, 29 set. 2021, p. 4. Disponível em: https://sistemas.trt3.jus.br/bd-trt3/bitstream/handle/11103/69511/RCJ%20TRT3_GP_GCR_GVCR%20204_2021%20ORIG.pdf?sequence=1. Acesso em: 11 ago. 2022, p. 4.

(348) BRASIL. *Tribunal Regional do Trabalho* (5ª Região). Resolução Administrativa n. 038 de 2021. Diário Eletrônico da Justiça do Trabalho, Salvador. 3 set. 2021, p. 3. Disponível em: https://www.trt5.jus.br/sites/default/files/www/normas/09_2021/0038-2021institui_juizo_100_digital.pdf. Acesso em: 11 ago. 2022, p. 3.

(349) BRASIL. *Tribunal Regional do Trabalho* (18ª Região). Portaria SGP/SGJ n. 896/2021, de 30 de junho de 2021. Diário Eletrônico da Justiça do Trabalho: Caderno Administrativo [do] Tribunal Regional do Trabalho da 18ª Região, Brasília, DF, n. 3257/2021, 1 jul. 2021. Disponível em: http://bibliotecadigital.trt18.jus.br/handle/bdtrt18/22166. Acesso em: 11 ago. 2022._

(350) BRASIL. *Tribunal Regional do Trabalho* (15ª Região). Resolução Administrativa n. 05/2021, de 30 de junho de 2021. Diário Eletrônico da Justiça do Trabalho, Caderno Administrativo [do] Tribunal Regional do Trabalho da 15ª Região, Brasília, DF, n. 3257/2021, 16 abril. 2021. Disponível em: https://trt15.jus.br/legislacao/normas-institucionais/resolucoes/resolucao-administrativa-no-0052021. Acesso em: 11 ago. 2022.

(351) BRASIL. *Tribunal Regional do Trabalho* (12ª Região). Portaria Conjunta SEAP/GVP/SECOR n. 2, de 27 de janeiro de 2021. Diário Eletrônico da Justiça do Trabalho: Caderno Administrativo [do] Tribunal Regional do Trabalho da 12ª Região, Brasília, DF, 27 de janeiro de 2021. Disponível em: chrome-extension://efaidnbmnnnibpcajpcglclefindmkaj/https://portal.trt12.jus.br/sites/default/files/2022-04/portaria-conjunta-21-2021.pdf. Acesso em: 11 ago. 2022.

(352) BRASIL. *Tribunal Regional do Trabalho* (4ª Região). Resolução Administrativa n. 24/2021. Diário Eletrônico da Justiça do Trabalho: Porto Alegre, n. 3.166/2021, p. 1-6, 19 fev. 2021, p. 4. Disponível em: https://www.trt4.jus.br/portais/documento-ato/1061075/RA%2024-2021%20Ju%C3%ADzo%20100%20Digital.pdf. Acesso em: 11 ago. 2022, p. 4.

5.3. Foro de eleição

O foro de eleição é negócio processual típico permitido expressamente pelo processo civil (art. 63 do CPC/2015[(353)]). Por meio dele, as partes escolhem livremente o local onde serão direcionadas as eventuais controvérsias decorrentes do negócio jurídico entabulado[(354)].

> Quando a competência é fixada ou estabelecida com base nos critérios valor e território, pode ser afastada por convenção das partes, diversamente do que ocorre com o caso de a competência ser determinada com fulcro nos critérios de matéria, pessoa ou função. O foro de eleição não exclui o foro geral do art. 46, não podendo ensejar, a escolha deste último, em detrimento do foro de eleição, o oferecimento de exceção de incompetência. Ou, por outras palavras, o fato de existir foro de eleição não impede a propositura da ação no foro do domicílio do réu. Há, todavia, julgados entendendo ser cabível o oferecimento de exceção de incompetência em tais casos, desde que o réu demonstre prejuízo causado pela não escolha do foro de eleição. A eleição de um foro é prática corrente nos contratos de adesão, o que, muitas vezes, coloca o consumidor em situação de desvantagem perante o fornecedor. Vislumbrando que o foro eleito acarreta, ou poderá acarretar, dificuldades para o exercício de defesa pelo consumidor, o STJ já vinha reconhecendo ser possível decretar a nulidade da cláusula de eleição. Observe-se que, em casos tais, não se estava autorizando o reconhecimento de ofício de incompetência relativa, mas sim a decretação de ofício de nulidade da cláusula, que, por sua consequência, gera o reconhecimento da incompetência para julgamento do feito[(355)].

Entretanto, a jurisprudência e a doutrina trabalhistas tendem a considerar que a omissão celetista não é condição suficiente para a aplicação subsidiária do processo comum em razão da incompatibilidade com os dissídios individuais ou dissídios coletivos de trabalho[(356)]. Nesse sentido, para

---

(353) BRASIL. *Código de Processo Civil (2015)*. "Art. 63. As partes podem modificar a competência em razão do valor e do território, elegendo foro onde será proposta ação oriunda de direitos e obrigações. § 1º A eleição de foro só produz efeito quando constar de instrumento escrito e aludir expressamente a determinado negócio jurídico. § 2º O foro contratual obriga os herdeiros e sucessores das partes. § 3º Antes da citação, a cláusula de eleição de foro, se abusiva, pode ser reputada ineficaz de ofício pelo juiz, que determinará a remessa dos autos ao juízo do foro de domicílio do réu. § 4º Citado, incumbe ao réu alegar a abusividade da cláusula de eleição de foro na contestação, sob pena de preclusão".

(354) BEZERRA LEITE, Carlos Henrique. *Curso de direito processual do trabalho*. 18. ed. São Paulo: SaraivaJur, 2020 (*ebook*). p. 462.

(355) ALVIM, Eduardo Arruda. *Direito processual civil*. 6. ed. São Paulo: Saraiva, 2019. p. 152.

(356) BEZERRA LEITE, Carlos Henrique. *Curso de direito processual do trabalho*. 18. ed. São Paulo: SaraivaJur, 2020. p. 462.

Romar[357], o foro de eleição não se aplica no processo do trabalho, já que o texto celetista é expresso quanto à competência territorial e o art. 2º, I, da Instrução Normativa n. 39/2016 do Tribunal Superior do Trabalho veda a aplicação do art. 63 do CPC/2015.

Contrário a esse entendimento, Leite[358] afirma que o foro de eleição possibilita o cumprimento do princípio do acesso à justiça, já que as próprias regras do art. 651 da CLT e seus parágrafos buscam este intuito. Dessa forma, é necessário observar o caso concreto para verificar se a situação é mais benéfica ao empregado, assegurando o pleno acesso à justiça do trabalho.

Assim, se o foro eleito for o do domicílio do empregado, segundo o autor, a competência será a da fonte normativa por ser mais favorável ao trabalhador, salvo se este preferir ajuizar no local de prestação do serviço, abrindo mão da vantagem processual; no caso de o foro ter sido definido por mútuo consentimento das partes, não será possível apresentar exceção, já que isto representaria falha no dever de boa-fé, o que seria passível de multa[359].

Rebelo aceita que seja aplicado na Justiça do Trabalho o foro de eleição, mas divide o entendimento em três perspectivas:

> Da nossa parte, no seguimento da tese que deixamos claro no capítulo anterior, não nos restam dúvidas para afirmar que: (i) se o negócio consagrar competência territorial mais vantajosa para o empregado ou neutra para ambas as partes, deve ser sempre considerado admissível; (ii) se o negócio tiver sido celebrado por parte processual que não possa ser tida como vulneráveis do ponto de vista da negociação processual (leia-se, as quatro categorias de empregados não vulneráveis, trabalhadores não empregados, sindicatos, poder público), deve ser considerado admissível independentemente de ser ou não mais vantajoso para este; (iii) se tiver sido celebrado por algum dos restantes empregados — ordinários-tipo, cuja situação material indicia vulnerabilidade processual — o negócio deverá ser considerado *ab inicio* e à partida admissível, desde que não seja inserido de forma abusiva no contrato de emprego quando a contratação, a sua vulnerabilidade não tiver sido explorada pelo empregador e não afete de forma substancial o seu acesso à Justiça[360].

---

(357) ROMAR, Carla Teresa Martins. *Direito processual do trabalho* (Coleção Direito Esquematizado). São Paulo: Saraiva, 2019. Disponível em: https://integrada.minhabiblioteca.com.br/#/books/9788553612239/. Acesso em: 2 ago. 2022 (*ebook*). p. 89.

(358) BEZERRA LEITE, Carlos Henrique. *Curso de direito processual do trabalho*. 18. ed. São Paulo: SaraivaJur, 2020. p. 462-463.

(359) *Idem*.

(360) REBELO, Maria Paulo. *A admissibilidade de negócios jurídicos processuais no processo do trabalho*. Tese (Doutorado em Direito). Universidade Federal da Bahia (UFBA), Salvador, 2019. p. 514.

Concorda-se com o posicionamento acima, visto que muito próximo ao acesso à justiça, mesmo em situação de vulnerabilidade, desde que aplicado em prol da proteção a esse acesso. Todavia, amplia-se seu entendimento no seguinte sentido: proporcionar um melhor foro, ou seja, aquele que oferece maior facilidade no seu acesso deve ser analisado diante de um caso concreto, da produção da prova e da celeridade.

Nesse sentido, de nada adianta proporcionar o foro no domicílio do Reclamante se, por exemplo, ele reside em outra subseção ou é abrangido pela competência de outro TRT. Nessas situações, pode haver grave prejuízo à celeridade, à efetividade e à eficiência da justiça, assim como do local apto à produção de prova, quando necessária oitiva de testemunhas ou prova pericial, já que, pela praxe do procedimento comum, seria realizado por precatória e inviabilizaria a situação.

Assim, nos exemplos citados, que criam obstáculos à eleição de foro, não há que se falar em óbices intransponíveis, já que o juízo 100% digital ou colheita de prova oral por videoconferência funcionaria muito bem em situações como essa; havendo necessidade de perícia, a aceitação de prova emprestada seria viável.

O TST vem alterando seu entendimento que vedava sem maiores discussões a eleição de foro, como é o caso dos Embargos em Recurso de Revista n. 11727-90.2015.5.03.0043[(361)] julgado pela SDI-I que reconheceu

---

(361) "RECURSO DE EMBARGOS EM RECURSO DE REVISTA REGIDO PELA LEI N. 13.015/2014. COMPETÊNCIA TERRITORIAL. RECLAMAÇÃO TRABALHISTA AJUIZADA EM LOCALIDADE DISTINTA DA CONTRATAÇÃO E PRESTAÇÃO DOS SERVIÇOS. TÉRMINO DAS ATIVIDADES DA FILIAL NA LOCALIDADE. PRINCÍPIOS DO ACESSO À JUSTIÇA, DO CONTRADITÓRIO E DA AMPLA DEFESA. DIREITOS DE ACESSO À JUSTIÇA E DE DEFESA. APLICAÇÃO DOS PRINCÍPIOS DA RAZOABILIDADE E PROPORCIONALIDADE. As normas definidoras da competência emanam do princípio da proteção que norteia o Direito do Trabalho e garantem a efetivação do princípio do livre acesso à Justiça, pois, no local onde prestou serviços, em regra, tem acesso com maior facilidade aos elementos de convicção necessários à demonstração do que efetivamente ocorreu durante a execução do contrato de trabalho. Da mesma forma e em linha de princípio, o empregador exerce plenamente o seu direito de defesa, com o acesso à documentação existente no estabelecimento vinculado à prestação de labor por parte do empregado. Contudo, há muito, esta Subseção firmou tese no sentido de relativizar — em casos excepcionais — a aplicação rígida de tais normas, a partir da interpretação conforme a Constituição do art. 651 da CLT, nos casos em que a atribuição da competência ao foro da prestação dos serviços ou da contratação inviabiliza o exercício do direito de ação, garantia nela assegurada, desde que não cause prejuízo ao exercício do direito de defesa. E, nesse sentido, faz-se necessário interpretar a regra, não de forma literal, mas sistematicamente, de modo a concretizar os demais direitos e garantias fundamentais insculpidos no texto constitucional, na busca de solução para o que Norberto Bobbio denomina de antinomia, por ele conceituada como a "situação que se verifica entre duas normas incompatíveis, pertencentes ao mesmo ordenamento e tendo o mesmo âmbito de validade" ou "o encontro de duas normas que não podem ser ambas aplicadas" (BOBBIO, Norberto. Teoria do ordenamento jurídico. 2ª reimpr. Brasília: Polis; Universidade de Brasília, 1991. p. 88-91), o

competência territorial do foro do domicílio da reclamante, desde que não inviabilizado o direito de defesa, observado o acesso à justiça, ainda que nos casos que não envolvam empresas com atuação nacional.

---

que também ocorre com direitos de igual dimensão. A solução para tais casos deve basear-se na aplicação dos princípios da proporcionalidade e razoabilidade, tal como autorizado no art. 8º do CPC, a partir, o primeiro, dos subprincípios (a) da proporcionalidade em sentido estrito; (b) da adequação e (c) da exigibilidade ou máxima do meio mais suave. Portanto, há que se verificar a adequação dos meios utilizados para o atingimento dos fins pretendidos; a necessidade da utilização daqueles meios em detrimento de outro, menos gravoso, em seu lugar; e a efetiva razoabilidade da medida (proporcionalidade em sentido estrito), o que pode ser aferido a partir da comparação entre as soluções original e a adotada no caso concreto para o atingimento dos objetivos fixados pelo legislador. O segundo, por sua vez, deve ser compreendido consoante assinala Luís Roberto Barroso (Interpretação e aplicação da Constituição. 4. ed. São Paulo: Saraiva, 2002. p. 373), no sentido de ser "um valioso instrumento de proteção dos direitos fundamentais e do interesse público, por permitir o controle da discricionariedade dos atos do Poder Público e por funcionar como medida com que uma norma deve ser interpretada no caso concreto para a melhor realização do fim constitucional nela embutido ou decorrente do sistema". Diante do possível conflito entre o pleno exercício dos direitos de ação (autor) e defesa (réu) consolidou-se a jurisprudência no sentido de admitir que a regra do art. 651 da CLT possa ser relativizada, nas hipóteses em que a empresa possua atuação nacional e, ao menos, a contratação ou arregimentação tenha ocorrido em local diverso daquele em que laborou o empregado. Desse modo, apenas quando a ré contratar e promover a prestação dos serviços em diferentes localidades do território nacional é possível a aplicação ampliativa do § 3º do art. 651 da CLT e se permite ao autor o ajuizamento da ação no local do seu domicílio. Precedentes desta Subseção. Todavia, a presente hipótese possui peculiaridade atinente ao fato de a empresa haver encerrado as suas atividades na filial da cidade de Altamira/PA, mantendo-as apenas na cidade do Rio de Janeiro/RJ, o que justifica o acolhimento da tese recursal, no sentido da competência de uma das Varas do Trabalho da cidade de Uberlândia/MG. O Juízo competente não é aquele onde o empregado trabalhou, porque a própria ré não desejou isso, na medida em que escolheu e indicou o local de sua sede, conforme se verifica da peça de exceção de imcompetência (sic). A distinção autorizadora da aplicação do precedente da SDI-1 (E-RR-420-37.2012.5.04.0102, Rel. Min. Renato de Lacerda Paiva, Subseção I Especializada em Dissídios Individuais, DEJT 06.03.2015) baseia-se no fato de a empresa promover atividades em âmbito nacional, o que autoriza o empregado optar pelo endereço em que reside. A solução centrou-se no ponto de equilíbrio entre o direito de amplo acesso à justiça e princípio do contraditório e da ampla defesa. Essa ponderação de regras e princípios é essencial para que a Constituição prevaleça sobre as normas infraconstitucionais. Assim, partindo dessa *ratio decidendi* e amparado nos princípios mencionados, no caso concreto, a solução mais adequada e menos comprometedora do direito de defesa remete à rejeição da exceção, pois não há dúvida de que, atualmente, a empresa empregadora da autora não tem mais atividade em Altamira e a reclamante não reside mais nessa cidade. Essa ponderação de regras e princípios é essencial para que a Constituição prevaleça sobre as normas infraconstitucionais, sobretudo levando-se em consideração, no caso, a distância entre as cidades de Altamira e Uberlândia (2.264,3km); Altamira e Rio de Janeiro (3.059km); e Uberlândia e Rio de Janeiro (993,8km). Portanto, para a autora, o processamento do feito na cidade em que reside atualmente garante-lhe o acesso à justiça e, para a ré, a possibilidade de deslocamento até Uberlândia é mais fácil e seguramente menos onerosa do que para Altamira, principalmente porque suas atividades nesta cidade foram encerradas, pressuposto que legitimava a competência deste último local. Se a empresa tem sede no Rio de Janeiro, não se pode afirmar que está violado ou comprometido o seu direito de defesa se tivesse de se deslocar para Uberlândia, em detrimento de Altamira. Pelo contrário, além de ser muito mais próxima, os meios de mobilidade são muito mais favoráveis. De outra parte, acerca da necessidade de eventual

Recentemente, o TST decidiu o Conflito Negativo de Competência n. 7301-46.2018.5.00.0000[(362)] que discutia sobre o ajuizamento da ação. Consensualmente, após apresentarem a exceção, as partes entenderam pela incompetência, consenso que foi validado pelo TST que o interpretou como um negócio jurídico processual superveniente e anômalo (CPC/2015, art. 190), válido e aplicável no caso.

Entretanto, a situação ainda não é pacificada na Corte Superior Trabalhista, pois é possível encontrar julgados, inclusive da própria SDI-II, que rechaçam o pedido de foro de eleição por entenderem pela inexistência de omissão na legislação processual trabalhista e incompatibilidade, além de considerar que o art. 651 da CLT é norma de ordem pública[(363)].

Discorda-se desse entendimento já que se trata de competência territorial, justamente uma competência relativa na seara trabalhista que deve ser interpretada com base no acesso à justiça e demais princípios já citados.

---

produção de provas no local de trabalho, ambas as partes podem valer-se de instrumento processual adequado, qual seja, a carta precatória. Assim, plenamente possíveis a relativização da regra inserta no art. 651 da CLT e o reconhecimento da competência do foro de domicílio da autora para processar e julgar a presente ação, em observância aos ditames previstos no art. 5º, XXXV, da Constituição Federal. Recurso de embargos conhecido e provido". BRASIL. *Tribunal Superior do Trabalho.* E-RR-11727-90.2015.5.03.0043, Subseção I Especializada em Dissídios Individuais, Rel. Min. Claudio Mascarenhas Brandao, DEJT 07.12.2018. Disponível em: https://jurisprudencia-backend.tst.jus.br/rest/documentos/6a114bd2cf52da24bf0d1c3bcb0114aa. Acesso em: 11 ago. 2022.

(362) "CONFLITO NEGATIVO DE COMPETÊNCIA. AÇÃO TRABALHISTA. AJUIZAMENTO NO FORO DA PRESTAÇÃO DE SERVIÇOS. EXCEÇÃO DE INCOMPETÊNCIA. FORO DE DOMICÍLIO DO RECLAMANTE E DA RECLAMADA. COMPETÊNCIA RELATIVA. PRORROGAÇÃO. POSSIBILIDADE. 1. Regra geral, as ações trabalhistas devem ser propostas no foro do local da prestação dos serviços ou no foro da contratação (CLT, art. 651, *caput* e § 3º c/c o art. 5º, XXXV, da CF). Em face de sua natureza relativa e, portanto, prorrogável, a competência territorial, fixada com a propositura da ação, só poderá ser modificada por ser oposta exceção, na forma e prazo legais (CLT, art. 800). Havendo, porém, consenso entre os litigantes, após a apresentação da exceção, acerca da incompetência territorial do juízo perante o qual proposta originariamente a ação, a questão restou integralmente superada. Afinal, sendo relativa a competência territorial, o concurso de vontade dos litigantes quanto ao foro, após oposta a exceção, numa espécie de negócio jurídico processual superveniente e anômalo (CPC, art. 190), tornou desnecessária a análise de ofício do acerto da decisão declinatória por parte do d. Juízo suscitante, a quem compete instruir e julgar a reclamatória. Conflito de competência admitido para declarar a competência do Juízo da 12ª Vara do Trabalho de São Paulo/SP, suscitante". BRASIL. *Tribunal Superior do Trabalho.* CC-7301-46.2018.5.00.0000, Subseção II Especializada em Dissídios Individuais, Rel. Min. Douglas Alencar Rodrigues, DEJT 13.03.2020. Disponível em: https://jurisprudencia-backend.tst.jus.br/rest/documentos/32f591f9ec9d97aa37c78ad18eab4135. Acesso em: 11 ago. 2022.

(363) BRASIL. *Tribunal Superior do Trabalho.* CC-12759-26.2017.5.15.0044, Subseção II Especializada em Dissídios Individuais, Rel. Min. Emmanoel Pereira, DEJT 06.09.2019. Disponível em: https://jurisprudencia-backend.tst.jus.br/rest/documentos/f0f8cf9466a5d59483a60b43649124ff. Acesso em: 11 ago. 2022.

5.4. Calendarização processual e adiamento da audiência por convenção das partes

A calendarização processual, segundo Nogueira(364), é negócio jurídico processual que pode ser enquadrado como plurilateral diante da necessidade de manifestação de vontade tanto das partes quanto do juiz. Ademais, é um negócio típico, já que possui previsão expressa no art. 191 do CPC/2015:

> Art. 191, CPC. De comum acordo, o juiz e as partes podem fixar calendário para a prática dos atos processuais, quando for o caso.
>
> § 1º O calendário vincula as partes e o juiz, e os prazos nele previstos somente serão modificados em casos excepcionais, devidamente justificados.
>
> § 2º Dispensa-se a intimação das partes para a prática de ato processual ou a realização de audiência cujas datas tiverem sido designadas no calendário.

Assim, trata-se de um negócio plurilateral que permite, em regra, às partes e ao magistrado fixarem momentos para a prática do ato. Para a estipulação calendarizada, é possível o juiz designar audiência própria para o feito. Além disso, não é permitido ao magistrado impor o calendário sem observar o consentimento e a participação das partes(365).

Ademais, o FFPC emitiu o Enunciado n. 494, segundo o qual o art. 191 do CPC/2015 não se sujeita aos mesmos requisitos do art. 190 do CPC/2015, ou seja, os direitos discutidos nos autos do processo não precisam ser aqueles que admitam autocomposição(366).

> Das principais consequências e efeitos advindos da técnica de calendarização, destacam-se (i) a vinculação do magistrado aos prazos ali previstos; (ii) a desnecessidade de expedir intimações e comunicações por parte da secretaria — o que permite "saltar" momentos ociosos, numa clara manifestação de economia processual —, (iii) organização e previsibilidade do processo, com consequente mitigação do dever de impulso oficial pelo juiz. Além disso, destacam-se dois efeitos paralelos: (i) responsabilização das partes e advogados pela marcha processual, pois são eles que a passam a planear o rito procedimental; (ii) reforço da celeridade processual,

---

(364) NOGUEIRA, Pedro Henrique. Comentário ao artigo 191. *In*: WAMBIER, Teresa Arruda Alvim (*et al.*) (coord.). *Breves comentários ao novo Código de Processo Civil.* 2. ed. São Paulo: RT, 2016. p. 634-635.

(365) REBELO, Maria Paulo. *A admissibilidade de negócios jurídicos processuais no processo do trabalho.* Tese (Doutorado em Direito). Universidade Federal da Bahia (UFBA), Salvador, 2019. p. 523-524.

(366) Enunciado n. 494 do FPPC, que atesta o fato de o art. 191 do CPC/2015 não estar sujeito ao requisito objetivo previsto no art. 190 ("direitos que admitam autocomposição").

> com a consequente transferência para as partes da definição dos tempos de duração da lide; (iii) segurança jurídica das relações extraprocessuais, podendo as partes melhor organizar e gerir os seus próprios atos processuais[(367)].

Assim, o calendário resguarda o princípio da duração razoável do processo e permite meios para acelerar sua conclusão (CF/1988, art. 5º, LXXVIII), já que vincula todos os sujeitos processuais. Só é permitido modificar os prazos nele previstos em casos excepcionais e justificados (CPC/2015, art. 191, § 1º). Além disso, resguardando a economia processual, a lei dispensa a intimação das partes para os atos processuais e para a audiência, já que as datas são referidas no calendário (CPC/2015, art. 191, § 2º)[(368)].

Quanto à sua aplicabilidade no processo do trabalho, a IN n. 39/2016 do TST em nada se referiu à admissibilidade do art. 191 do CPC/2015 no processo do trabalho, o que torna a situação menos controversa na doutrina.

> [...] O calendário processual é uma técnica que visa exclusivamente à satisfação de três importantes propósitos: duração razoável do processo (art. 5º, LXXVIII, da CF), segurança jurídica e eficiência processual (art. 8º, CPC); todos, por sua vez, relacionados à gestão do processo e adequação processual. O negócio deve poder ser admitido, também no processo do trabalho, até porque o próprio magistrado dele faz parte. O fato de o processo do trabalho envolver um rito processual mais expedito e concentrado por natureza em nada impede a migração do instituto se usado com parcimónia e anuência do magistrado. Antes pelo contrário, o calendário processual tenderá, precisamente, a tornar ainda mais expedito e organizado o processo laboral. Numa Justiça onde um grande número de sujeitos solicita o benefício da gratuitidade da justiça, a possibilidade de saber, de antemão, quando é que os atos processuais se irão realizar, cumulada com a possibilidade de se estabelecerem sanções penais para o caso de falta ou ausência ao compromisso marcado, é faculdade que serve ainda aos que mais necessitam e que são os mais penalizados por datas e atos que depois nem se vêm a realizar. Por outro lado, ignorar a intervenção do magistrado nestes negócios plurilaterais para concluir

---

(367) REBELO, Maria Paulo. *A admissibilidade de negócios jurídicos processuais no processo do trabalho*. Tese (Doutorado em Direito). Universidade Federal da Bahia (UFBA), Salvador, 2019. p. 524-525.

(368) THEODORO JÚNIOR, Humberto. *Curso de direito processual civil*, v. I: teoria geral do direito processual civil, processo de conhecimento, procedimento comum. 60. ed. Rio de Janeiro: Forense, 2019. p. 720.

pela inadmissibilidade do negócio é incorrer num posicionamento paternalista que não leva em consideração todas as variáveis que distinguem este de outros negócios processuais(369).

Diante disso, parte da doutrina considera que o art. 191 do CPC/2015 sempre foi praticado no processo do trabalho, pois, diante da oralidade e do contato diuturno dos juízes com as partes e advogados em audiência, percebe-se que em várias oportunidades é possível vislumbrar a tentativa do juiz e das partes fixarem um calendário processual, a fim de otimizar a prática de atos pelas serventias do juízo, sem a necessidade de novas intimações — é o que ocorre, por exemplo, quando as partes saem cientes de todos os movimentos processuais e prazos a serem cumpridos(370).

Entretanto, o posicionamento que considera o art. 191 do CPC/2015 ter sido sempre praticado no processo do trabalho não representa um verdadeiro negócio jurídico, já que muitos juízes adotam o art. 765 da CLT e disciplinam sobre calendário processual sem antes consultar as partes, numa verdadeira concentração de poderes contrária ao próprio consentimento.

Diante disso, concorda-se com Rebelo, na medida em que considera ser possível a aplicação do calendário no processo do trabalho, já que, além da omissão da norma consolidada, e por estar sob a chancela do juiz que participa do negócio, busca celeridade, segurança e eficiência processual.

Nesse sentido, não há como entender que o art. 775, § 2º, da CLT(371) representa um óbice, sob o fundamento de que não há lacuna normativa. Ali não está previsto um negócio processual, mas um poder do juiz de adequar o procedimento para a efetividade da tutela do direito pretendido.

O art. 362, I, do CPC/2015, prevê que a audiência poderá ser adiada por convenção das partes. Nesse sentido, a FPPT editou o Enunciado n. 80, segundo o qual a audiência trabalhista pode ser adiada por convenção das partes, desde que motivada(372), posicionamento com o qual se filia nesta

---

(369) REBELO, Maria Paulo. *A admissibilidade de negócios jurídicos processuais no processo do trabalho*. Tese (Doutorado em Direito). Universidade Federal da Bahia (UFBA), Salvador, 2019. p. 526.

(370) PAMPLONA FILHO, Rodolfo; SOUZA, Tercio Roberto P. *Curso de direito processual do trabalho*. São Paulo: Saraiva, 2020. Disponível em: https://integrada.minhabiblioteca.com.br/#/books/9788553616213/. Acesso em: 4 ago. 2022 (*ebook*).

(371) BRASIL. *Decreto-Lei n. 5.452/1943*. "Art. 775, § 1º Os prazos podem ser prorrogados, pelo tempo estritamente necessário, nas seguintes hipóteses: I — quando o juízo entender necessário; II — em virtude de força maior, devidamente comprovada; § 2º Ao juízo incumbe dilatar os prazos processuais e alterar a ordem de produção dos meios de prova, adequando-os às necessidades do conflito de modo a conferir maior efetividade à tutela do direito".

(372) Enunciado n. 80 do FPPT. "A audiência pode ser adiada por convenção das partes, desde que motivada".

pesquisa. Isto porque o art. 775 da CLT e parágrafos não preveem a convenção como forma de adiamento, o que torna omisso o texto consolidado.

Rebelo(373) aduz ainda que a aplicação deste artigo não é rara na Justiça do Trabalho e que há certo equívoco ao se entender que a natureza jurídica do adiamento consensual da audiência seja uma espécie de requerimento conjunto, mesmo para contornar a doutrina e a jurisprudência que rechaçam a aplicação do negócio jurídico no processo do trabalho. Assim, o art. 362, I, do CPC/2015, prevê um negócio jurídico processual típico que não contraria inquisitivo do procedimento trabalhista.

Segundo a jurisprudência do TST(374), apesar de certo entendimento que agasalha a convenção das partes na seara do trabalho, trata-se de uma faculdade do juiz, o que retira de forma ampla a finalidade do artigo. Nesse sentido, o TRT-2(375) também tem entendido pela faculdade do juiz de acatá-la ou não, inexistindo direito subjetivo das partes para tanto. Por outro

---

(373) REBELO, Maria Paulo. *A admissibilidade de negócios jurídicos processuais no processo do trabalho*. Tese (Doutorado em Direito). Universidade Federal da Bahia (UFBA), Salvador, 2019. p. 538-539.

(374) "ADIAMENTO DA AUDIÊNCIA FORMULADO POR CONVENÇÃO DAS PARTES. FACULDADE DO JUIZ. No caso, o Tribunal Regional, aplicando supletivamente o art. 453, inciso I, do CPC/73 ao processo do trabalho, rechaçou a pretensão do sindicato de que fosse declarada a nulidade da decisão em que se determinou o arquivamento do processo em face da ausência injustificada das partes. O sindicato sustenta que a solicitação de adiamento da audiência, feita por convenção das partes, nos termos do artigo citado não se trata de uma faculdade do Juiz, e sim uma imposição. Com efeito, o art. 769 da CLT determina que o direito processual comum é aplicado, subsidiariamente, ao processo trabalhista desde que seja com este compatível. Por sua vez, o art. 765 da CLT dispõe: "os Juízos e Tribunais do Trabalho terão ampla liberdade na direção do processo e velarão pelo andamento rápido das causas, podendo determinar qualquer diligência necessária ao esclarecimento delas" (grifou-se). Nesse contexto, em que pese o Tribunal Regional do Trabalho ter entendido que o art. 453, inciso I, do CPC/73 tem aplicação subsidiária ao processo trabalhista, tal dispositivo é incompatível com a celeridade processual, princípio basilar e informador do Processo do Trabalho. Tanto é assim que o art. 2º, inciso II, da Instrução Normativa n. 39/2015 contém determinação expressa de que a previsão do art. 190, parágrafo único, do CPC/2015, que trata da "negociação processual" não se aplica ao processo trabalhista. Recurso de revista não conhecido". BRASIL. *Tribunal Superior do Trabalho*. RR-339-67.2015.5.09.0127, Segunda Turma, Rel. Min. José Roberto Freire Pimenta, DEJT 28.04.2017. Disponível em: https://jurisprudencia-backend.tst.jus.br/rest/documentos/fa883fae9dc48274a-377d03b44c21141. Acesso em: 11 ago. 2022.

(375) "MANDADO DE SEGURANÇA. AUDIÊNCIA TELEPRESENCIAL DURANTE O ISOLAMENTO SOCIAL. PANDEMIA. COVID-19. PEDIDO DE ADIAMENTO. SEGURANÇA DENEGADA. O pedido de adiamento de audiência, por convenção das partes, não impõe ao magistrado o dever de acatamento. Não há direito subjetivo à homologação do negócio jurídico processual celebrado. Audiência por meio de videoconferência durante o isolamento social em decorrência da pandemia (Covid-19) mantida". BRASIL. *Tribunal Regional do Trabalho* (2ª Região). Processo 1002070-93.2020.5.02.0000, SDI-3, Cadeira 9, Seção Especializada em Dissídios Individuais 3, Rel. Rovirso Aparecido Boldo, j. 10.11.2020. Disponível em: https://juris.trt2.jus.br/jurisprudencia/. Acesso em: 11 ago. 2022.

lado, diverge dessa posição o TRT-5[376] ao alegar que existe jurisprudência deferindo Mandado de Segurança para sustar audiência designada, inclusive reconhecendo a possibilidade de a convenção processual suspender o processo nos termos dos arts. 190 e 313, I, do CPC/2015.

5.5. No campo probatório

A prova possui uma definição complexa. Trata-se de uma palavra que pode assumir vários significados (é polissêmica[377]), por isso, pode ser empregada utilizando diversas acepções, inclusive quanto à atuação das partes visando evidenciar o fato em juízo[378]. É possível ser empregada como "meio de prova", significando o modo de evidenciar os fatos a serem demonstrados em juízo, assim como pode ser utilizada como "convencimento do juiz"[379].

Schiavi destaca que não há uma definição legal quanto ao conceito de prova e a entende como "instrumentos admitidos pelo Direito como idôneos, a demonstrar um fato ou um acontecimento, ou, excepcionalmente, o direito que interessa à parte no processo, destinados à formação da convicção do órgão julgador da demanda"[380]. Assim, provas são instrumentos não taxativos, por isso, novas provas podem surgir diante do dinamismo da sociedade contemporânea. É o caso das redes sociais, que podem servir como meios cabais de prova, além de demonstrarem ser uma forma eficiente de notificação processual.

Desta feita, a prova, segundo o Estado Democrático de Direito, não objetiva reconstruir fatos, mas convencer o juiz e demais sujeitos do processo sobre a veracidade das alegações[381].

> Observando o que foi dito até aqui, um elemento deve ser destacado, qual seja, a menção a que a prova não se destina a provar

---

(376) "SEGURANÇA CONCEDIDA. AUDIÊNCIA DE INSTRUÇÃO TELEPRESENCIAL. CONSENSO ENTRE AS PARTES. Havendo consenso entre as partes litigantes deve ser sustado o ato processual que designou audiência de instrução telepresencial, uma vez que evidenciada a preferência por uma entrega jurisdicional que acreditam mais efetiva e segura, mesmo que menos célere, além da própria possibilidade de negócio jurídico processual (art. 190 do CPC) e de suspensão do processo "pela convenção das partes" (art. 313, I, do CPC)". BRASIL. *Tribunal Regional do Trabalho* (2ª Região). Processo 0001203-02.2021.5.05.0000, Origem PJE, Rel. Min. Margareth Rodrigues Costa, Dissídios Individuais II, DJ 15.10.2021. Disponível em: https://juris.trt2.jus.br/jurisprudencia/. Acesso em: 11 ago. 2022._

(377) SCHIAVI, Mauro. *Provas no processo do trabalho*. 4. ed. São Paulo: LTr, 2014. p. 19.

(378) BEZERRA LEITE, Carlos Henrique. *Curso de direito processual do trabalho*. 14. ed. São Paulo: Saraiva, 2016. p. 734.

(379) *Idem*.

(380) SCHIAVI, Mauro. *Provas no processo do trabalho*. 4. ed. São Paulo: LTr, 2014. p. 19.

(381) BEZERRA LEITE, Carlos Henrique. *Curso de direito processual do trabalho*. 14. ed. São Paulo: Saraiva, 2016. p. 735.

> fatos, mas sim afirmações de fato. E, com efeito, a alegação, e não o fato, que pode corresponder ou não à realidade daquilo que se passou fora do processo. O fato não pode ser qualificado de verdadeiro ou falso, já que esse existe ou não existe. E a alegação do fato que, em determinado momento, pode assumir importância jurídico-processual e, assim, assumir relevância a demonstração da veracidade da alegação do fato(382).

Quanto ao ônus probatório, este se encontra na esfera da liberdade em que a parte pode agir em conformidade ou não com a lei. Seu cumprimento vai interessar somente à parte onerada, enquanto a obrigação a sua satisfação interessa à parte contrária(383).

Ao analisar a doutrina contemporânea, Schiavi(384) observa que não há consenso doutrinário sobre o conceito de ônus da prova. Parte da doutrina o define como obrigação processual; já outra vertente a entende como um encargo. Nesse contexto, desenvolve seu conceito da seguinte forma:

> O ônus da prova, no nosso sentir, é um dever processual que incumbe ao autor quanto ao fato constitutivo do seu direito, e ao réu quanto aos fatos modificativos, extintivos e impeditivos do direito do autor, que, uma vez não realizado, gera uma situação desfavorável à parte que detinha o ônus e favorável à parte contrária, na obtenção da pretensão posta em juízo(385).

Diversamente do conceito acima, há quem entenda que ônus da prova não é um "dever":

> O ônus também difere do dever, pois este pressupõe sanção. Sempre que a norma jurídica impõe um dever a alguém, a parte oposta adquire o direito de exigir esse comportamento do obrigado. O cumprimento do ônus ao contrário, é uma faculdade do interessado, de modo que, se esse não a exercita, será o único prejudicado, pois não usufruirá dos benefícios que a prática do ato poderia proporcionar. A satisfação do ônus interessa ao próprio onerado, enquanto a satisfação da obrigação interessa a outra parte, titular do direito subjetivo correspondente(386).

---

(382) MARINONI, Luiz Guilherme; ARENHART, Sérgio Cruz; MITIDIERO, Daniel. *Novo curso de processo civil*: tutela dos direitos mediante procedimento comum. v. 2. São Paulo: RT, 2015. p. 251.
(383) *Idem*.
(384) SCHIAVI, Mauro. *Provas no processo do trabalho*. 4. ed. São Paulo: LTr, 2014. p. 82.
(385) *Ibidem*, p. 83.
(386) AMBROSIO, Graziella. *A distribuição dinâmica do ônus da prova no processo do trabalho*. São Paulo: LTr, 2013. p. 19.

No mesmo sentido, Marinoni(387) define: "[...] ônus da prova não trata de deveres atribuídos às partes, ainda que eventualmente possam sobrepor-se às finalidades a que se destinam a regra do ônus probatório e as regras sobre deveres instrutórios atribuídos às partes".

Nesse diapasão, acrescenta:

> Assim, a regra do ônus da prova destina-se tal como a regra que impõe deveres instrutórios às partes — a dirigir o comportamento das partes no que tange ao risco da ausência de prova e iluminar o juiz que chega ao final do procedimento sem se convencer sobre como os fatos se passaram. Nesse sentido, a regra do ônus da prova é um indicativo para as partes a respeito de quem pode se prejudicar como estado de dúvida judicial e para o juiz se livrar do estado de dúvida e, assim definir o mérito. Tal dúvida deve ser paga pela parte que tem o ônus da prova. Se a dúvida paira sobre fato constitutivo, essa deve ser suportada pelo autor, ocorrendo o contrário em relação aos demais fatos. Nesse sentido, é possível coexistir em regras que impõem o dever de prova às partes e regras que impõem o ônus da prova às partes: ambas são técnicas de que se vale o legislador para bem instruir o feito. Desse modo, por um lado, o aporte de provas no processo pelas partes — e por qualquer pessoa que tenha conhecimento de fatos relevantes ao julgamento da causa — é um dever imposto por dispositivos como os arts. 378, 379 e 380 do CPC. Por outro lado, em razão da regra do ônus da prova, esse mesmo aporte satisfaz também um interesse das próprias partes, a fim de evitar sujeitar-se a uma decisão desfavorável em razão de sua omissão(388).

Segundo o autor, podem coexistir regras que impõem dever de prova e regras que impõem ônus da prova, pois ambas são técnicas processuais impostas pelo legislador. Nesse sentido, Ambrosio define o ônus como faculdade ou poder de executar espontaneamente condutas "[...] para benefício e interesse próprio, sem sujeição, nem coação e sem que exista outro sujeito que tenha o direito de exigir sua observância, embora sua inobservância acarrete consequências desfavoráveis"(389).

Nesse sentido, o ônus da prova está relacionado a duas características essenciais: necessidade das partes de demonstrar suas afirmações pelos meios de prova e o dever do juiz em decidir desfavoravelmente a quem deveria ter

---

(387) MARINONI, Luiz Guilherme; ARENHART, Sérgio Cruz; MITIDIERO, Daniel. *Novo curso de processo civil*: tutela dos direitos mediante procedimento comum. v. 2. São Paulo: RT, 2015. p. 259.

(388) *Ibidem*, p. 259-260.

(389) AMBROSIO, Graziella. *A distribuição dinâmica do ônus da prova no processo do trabalho*. São Paulo: LTr, 2013. p. 19.

realizado as provas[390]. Assim, ônus da prova é um comportamento processual dirigido a um fim específico visando convencer o juiz, exercido espontaneamente, cujo descumprimento pode acarretar gravames processuais e prejudicar o reconhecimento do direito pleiteado em juízo.

O problema relacionado ao presente trabalho são as situações nas quais não é possível haver um desenvolvimento regular da produção probatória, necessitando, por isso, de adaptações para se chegar a uma tutela jurisdicional mais justa e efetiva. Essa adaptação poderia relacionar-se a situações nas quais a adaptação procedimental pelas próprias partes seja recomendável por meio do ganho processual e da efetividade. É o caso da distribuição diversa do ônus da prova por convenção das partes (negócio processual típico previsto no art. 373, § 3º, do CPC/2015), nas questões que possibilitem o uso da prova emprestada ou em situações específicas sobre prova pericial, os exemplos abaixo analisados.

5.5.1. Convenção processual probatória sobre ônus

A convenção processual probatória está prevista no art. 373, §§ 3º e 4º, do CPC/2015[391]. Trata-se de negócio jurídico processual típico que possibilita às partes negociarem para uma distribuição diversa do ônus da prova, desde que a situação não gere impossibilidade ou excessiva dificuldade para uma delas, nem recaia sobre direitos indisponíveis.

A convenção processual sobre prova busca derrogar as regras ordinárias da instrução para estabelecer disposições consensuais, seja para admitir, produzir ou valorar a prova, modular ônus, poderes, faculdades e deveres em relação às provas, podendo, inclusive, disciplinar, criar ou modificar procedimentos, regras, meios, fontes, elementos e argumentos de prova[392].

Nessa vereda, não objetiva fins escusos, mas adequar o procedimento às especificidades do direito material e às peculiaridades das partes no processo, encontrando raízes no princípio do dispositivo do qual decorrem as faculdades quanto à alegação de fato e produção de prova. Assim, o princípio do

---

(390) PIRES, Libia da Graça. *Teoria da distribuição dinâmica do ônus da prova no processo do trabalho*, 2011, 249 f. Tese (Doutorado em Direito do Trabalho). Faculdade de Direito da Universidade de São Paulo, São Paulo, 2011. Disponível em: http://www.teses.usp.br/teses/disponiveis/2/2138/tde-04052012-101854/pt-br.php. Acesso em: 23 jan. 2022, p. 63.

(391) BRASIL. *Código de Processo Civil (2015)*. "Art. 373. § 3º A distribuição diversa do ônus da prova também pode ocorrer por convenção das partes, salvo quando: I — recair sobre direito indisponível da parte; II — tornar excessivamente difícil a uma parte o exercício do direito. § 4º A convenção de que trata o § 3º pode ser celebrada antes ou durante o processo".

(392) RAVAGNANI, Giovani dos Santos. *Convenções processuais em matéria probatória no processo civil*. Dissertação (Mestrado em Direito Processual), Faculdade de Direito, Universidade de São Paulo, São Paulo, 2019. Disponível em: https://doi.org/10.11606/D.2.2019.tde-03072020-171746. Acesso em: 11 ago. 2022, p. 91.

debate acaba concedendo aos sujeitos o poder de disposição e renúncia, devendo ser observados sob a égide da natureza pública da relação jurídica processual e dos interesses privados(393).

Quanto aos requisitos para formalização, Theodoro Júnior(394) argumenta que se aproxima de uma convenção sobre foro, ou seja, deve observar as disposições gerais sobre negócios (agentes capazes e legítimos, objeto lícito e forma admitida ou não defesa em lei). A forma é livre diante da ausência de exigência pela lei; além disso, o CPC/2015 autoriza ser antes ou durante o processo, podendo ser convencionado por instrumento público ou particular, por petição conjunta ou mediante termo nos autos. Além disso, diante da restrição do negócio aos direitos disponíveis, segundo o autor, estão excluídos do negócio os litígios que versam sobre direitos de incapazes, pois os representantes legais possuem apenas poder de gestão, ou seja, não podem dispor sobre o patrimônio administrado.

No que tange à sua aplicação na seara trabalhista, a IN n. 39/2016 do TST, em seu art. 2º, VII, vetou expressamente a distribuição diversa do ônus da prova por convenção das partes (art. 373, §§ 3º e 4º, do CPC/2015). Apesar de a Instrução Normativa não apresentar fundamentação quanto à sua inaplicabilidade, a doutrina entende não ser possível transpor essa distribuição para o processo do trabalho diante da vulnerabilidade material e processual do trabalhador:

> O principal fundamento para negar a ferramenta processual tem sido, mais uma vez, a alegada vulnerabilidade material e processual do trabalhador que ficará potencialmente sujeito a suportar ônus processuais que não tem como cumprir, assim como a tendencial indisponibilidade dos créditos salariais. Esta vulnerabilidade que seria ainda agravada se se admitisse que estas convenções pudessem inclusivamente ter lugar em momento pré-contratual durante a plena vigência do contrato de emprego, em pleno estado de subordinação. Argumenta-se ainda que uma convenção como a presente afetaria significativa e intoleravelmente o poder inquisitivo típico do processo trabalhista, além de afetar diretamente a natureza cogente da norma resultante do art. 818 da CLT. Por outro lado, o fato de no processo do trabalho grande parte dos meios probatórios convenientes à lide (documentação afeita ao contrato

---

(393) RAVAGNANI, Giovani dos Santos. *Convenções processuais em matéria probatória no processo civil*. Dissertação (Mestrado em Direito Processual), Faculdade de Direito, Universidade de São Paulo, São Paulo, 2019. Disponível em: https://doi.org/10.11606/D.2.2019.tde-03072020-171746. Acesso em: 11 ago. 2022, p. 88-90.

(394) THEODORO JÚNIOR, Humberto. *Curso de direito processual civil*, v. I: teoria geral do direito processual civil, processo de conhecimento, procedimento comum. 60. ed. Rio de Janeiro: Forense, 2019. p. 1.291-1.292.

de trabalho, testemunhas que partilhavam o ambiente de trabalho do reclamante e que se encontram ainda sob vínculo empregatício) concentrar-se nas mãos do empregador, tornando o empregado um sujeito processual com grande vulnerabilidade informacional. A admissão de uma convenção sobre a inversão do ônus probatório que coloque o trabalhador numa posição processual onde se torna impossível livrar-se do ônus probatório convencionado tenderia a ser insustentável. Por último, aponta-se ainda o fato de a Reforma Trabalhista, quando adotou um sistema dinâmico de ônus da prova nos termos do art. 373 do CPC, ao excluir da sua previsão o regramento da inversão convencional, tomou uma posição política e jurídica sobre o assunto, no sentido de não o admitir(395).

Nesse sentido, Teixeira Filho(396) avalia não ser possível nem mesmo quando a convenção probatória estiver condicionada à validade e eficácia à inexistência de prejuízo ao trabalhador ou à ocorrência de benefício ao obreiro, já que essa mera adaptação formal não retira o seu véu civilista.

Já Bezerra Leite(397) concorda com o art. 2º, VII, da IN n. 39/2016 do TST, explicando que a aplicação desse dispositivo é difícil diante da indisponibilidade dos direitos dispostos em uma ação trabalhista, salvo as decorrentes de uma relação de trabalho diversa da de emprego.

Nesse sentido, Rebelo(398) segue Bezerra Leite no que se refere às relações diversas da de emprego. Argumenta, ainda, que o dispositivo seria aplicável a todas as partes não consideradas vulneráveis, concluindo pela sua permissão no que tange à negociação pré-processual. Quanto aos empregados regulares, entende ser aplicada a dinâmica prevista no CDC (art. 51, VI, do CDC(399)), desde que a parte vulnerável tenha benefícios ou do negócio não resultar prejuízo(400).

---

(395) REBELO, Maria Paulo. *A admissibilidade de negócios jurídicos processuais no processo do trabalho*. Tese (Doutorado em Direito). Universidade Federal da Bahia (UFBA), Salvador, 2019. p. 543-544.

(396) TEIXEIRA FILHO, Manoel Antonio. *Comentários ao novo Código de Processo Civil*: sob a perspectiva do processo do trabalho. 2. ed. São Paulo: LTr, 2016. p. 505.

(397) LEITE, Carlos Henrique Bezerra. *Curso de direito processual do trabalho*. 14. ed. São Paulo: Saraiva, 2022. p. 962.

(398) REBELO, Maria Paulo. *A admissibilidade de negócios jurídicos processuais no processo do trabalho*. Tese (Doutorado em Direito). Universidade Federal da Bahia (UFBA), Salvador, 2019. p. 545.

(399) BRASIL. *Lei n. 8.078/1990*. Art. 51. “São nulas de pleno direito, entre outras, as cláusulas contratuais relativas ao fornecimento de produtos e serviços que: IV — estabeleçam obrigações consideradas iníquas, abusivas, que coloquem o consumidor em desvantagem exagerada, ou sejam incompatíveis com a boa-fé ou a equidade”.

(400) REBELO, Maria Paulo. *A admissibilidade de negócios jurídicos processuais no processo do trabalho*. Tese (Doutorado em Direito). Universidade Federal da Bahia (UFBA), Salvador, 2019. p. 544-545.

Ressalta-se que a reforma trabalhista alterou as disposições celetistas quanto ao ônus de prova, passando a prever regramento para a atribuição do ônus de prova de modo diferente, conforme agora dispõe o art. 818, §§ 1º ao 3º, da CLT[401]. Diante da nova previsão desse artigo, ficou expressamente previsto que o juízo poderá atribuir o ônus da prova diversamente nos casos previstos em lei, diante das peculiaridades da causa relacionadas à impossibilidade ou excessiva dificuldade quanto ao cumprimento do encargo, ou diante de uma maior facilidade para se obter ou produzir a prova do fato contrário, devendo dar oportunidade para a parte se desincumbir desse encargo.

Desse modo, concorda-se com Rebelo, já que, diante das novas disposições trazidas pela reforma trabalhista quanto ao ônus de prova, não há qualquer lógica argumentativa em vedar que as partes disponham sobre ônus processual desde que resguardados benefícios aos vulneráveis ou que não lhe resultem prejuízos.

Observe-se, por exemplo, uma situação na qual a prova documental seja de difícil acesso ao empregado vulnerável e, diante da convenção sobre o ônus, foi acertado que o simples acostamento aos autos dessa prova documental, independente da inversão probatória, fosse pactuado como obrigação da empresa sob pena de multa ou má-fé. A simples negação ao negócio com único fundamento na condição vulnerável do empregado prejudica a situação processual deste vulnerável, deixando à mercê da vontade do juiz aplicar o art. 818 da CLT, já que, além de ser uma faculdade do magistrado, não há obrigação expressa em fundamentar caso simplesmente não entenda pela aplicação.

Por esse motivo, Bezerra Leite avalia que o art. 818, § 1º, da CLT deva ser interpretado como dever:

> Não obstante a lei estabeleça que o juiz "poderá" atribuir o ônus da prova de modo diverso da regra geral prevista nos incisos I e II do art. 818 da CLT, parece-nos que não se trata de mera faculdade

---

(401) BRASIL. *Decreto-Lei n. 5.452/1943*. Art. 818. "O ônus da prova incumbe: I — ao reclamante, quanto ao fato constitutivo de seu direito; II — ao reclamado, quanto à existência de fato impeditivo, modificativo ou extintivo do direito do reclamante. § 1º Nos casos previstos em lei ou diante de peculiaridades da causa relacionadas à impossibilidade ou à excessiva dificuldade de cumprir o encargo nos termos deste artigo ou à maior facilidade de obtenção da prova do fato contrário, poderá o juízo atribuir o ônus da prova de modo diverso, desde que o faça por decisão fundamentada, caso em que deverá dar à parte a oportunidade de se desincumbir do ônus que lhe foi atribuído. § 2º A decisão referida no § 1º deste artigo deverá ser proferida antes da abertura da instrução e, a requerimento da parte, implicará o adiamento da audiência e possibilitará provar os fatos por qualquer meio em direito admitido. § 3º A decisão referida no § 1º deste artigo não pode gerar situação em que a desincumbência do encargo pela parte seja impossível ou excessivamente difícil".

do órgão julgador, e sim de um "poder-dever", isto é, se estiverem presentes quaisquer das condições previstas no § 1º do art. 818 da CLT, caberá proferir decisão interlocutória fundamentando os motivos da necessidade da inversão da distribuição do ônus probatório de acordo com as aptidões das partes[(402)].

Discorda-se do autor nesse aspecto, pois isso representaria um contrassenso com a própria jurisprudência do TST ao analisar analogicamente a homologação da conciliação e a impossibilidade de se impetrar Mandado de Segurança para tanto (Súmula n. 418 do TST).

Assim, a aceitação da convenção processual nos casos acima é de grande valia ao processo, resguardando, inclusive, as garantias constitucionais e o fim social do processo ao proporcionar não apenas a porta de acesso ao Poder Judiciário, mas também a caminhada pelos corredores do processo para possibilitar a chegada a uma tutela jurisdicional justa e equânime, já que de nada valeria o simples acesso àqueles que não têm condições de produzir a prova.

5.5.2. *Negócio jurídico processual sobre prova pericial e possibilidade da prova emprestada*

O negócio jurídico processual sobre provas possui cinco previsões típicas pelo CPC/2015:

> Com relação às provas, o Código de Processo Civil de 2015 estabeleceu cinco espécies de negócios processuais, quais sejam: (i) convenções sobre o ônus da prova (parágrafos 3º e 4º do art. 373); (ii) a substituição da perícia por prova técnica simplificada (art. 464, § 2º); (iii) escolha consensual do perito (art. 471); (iv) saneamento consensual (art. 357, § 2º); e (v) acordo para retirar dos autos o documento cuja falsidade foi arguida (art. 432, parágrafo único)[(403)].

Apesar da IN n. 39/2016 do TST não prever qualquer disposição sobre negócio processual quanto à prova pericial, trata-se de um terreno fértil para o processo do trabalho, já que um grande número de processos trabalhistas versa sobre pedidos envolvendo prova técnica necessária, como é o caso da periculosidade, da insalubridade e do acidente de trabalho.

---

(402) BEZERRA LEITE, Carlos Henrique. *Curso de direito processual do trabalho*. 18. ed. São Paulo: SaraivaJur, 2020 (*ebook*). p. 963.

(403) RAVAGNANI, Giovani dos Santos. *Convenções processuais em matéria probatória no processo civil*. Dissertação (Mestrado em Direito Processual), Faculdade de Direito, Universidade de São Paulo, São Paulo, 2019. Disponível em: https://doi.org/10.11606/D.2.2019.tde-03072020-171746. Acesso em: 11 ago. 2022, p. 92.

Nesse sentido, a CLT possui pouquíssimos artigos regulando o instituto e não oferece maiores detalhes sobre termos ou procedimentos, tornando controversa a questão na doutrina[404]. Para Rebelo[405], trata-se de um negócio resultado da própria prática forense trabalhista, que possibilita superar vários obstáculos processuais — é o caso da falta de peritos disponíveis e da dificuldade no recebimento dos honorários, zelando por não haver ofensa a nenhuma norma fundamental trabalhista quanto à aceitação da aplicação do art. 471 do CPC/2015 no processo do trabalho.

> Salvo casos excepcionais e devidamente motivados, o magistrado não pode recusar o nome escolhido pelas partes, substituindo-se este a qualquer outro, entretanto por si nomeado. A velha tradição que encara o perito como técnico "da confiança" do magistrado sai mitigada, razão pela qual não concordamos com a doutrina que contorna o dispositivo legal ao permitir que o magistrado que se sinta desconfortável com o perito escolhido possa nomear "perito-consultor". Eventualmente poderá nomear segunda perícia (art. 480 CPC), mas por decisão devidamente fundamentada, indicando os aspectos negativos do laudo que lhe impedem de estender a confiança no seu resultado. Também não discordamos da existência de controlo (sic) de validade pelo juiz — seja porque os negócios processuais são controlados por este (art. 190 CPC), seja porque o § 2º do art. 471 determina a entrega do laudo pericial em data fixada pelo juiz, o que revela o envolvimento deste. Mas o reduto dos poderes do magistrado deverá circunscrever-se ao controlo dos requisitos do negócio, de que são exemplo a capacidade das partes e a possibilidade da causa ser resolvida por autocomposição (art. 471, inc. I e II do CPC)[406].

Em recente estudo sobre a prova da insalubridade ou periculosidade, Martins entendeu que o art. 195, § 2º, da CLT orientou sucessivas gerações de magistrados trabalhistas, edificando um dogma de que a perícia seria obrigatória toda vez que requerido o adicional de insalubridade ou periculosidade, o que penalizava o trabalhador com a improcedência nas hipóteses em que a prova se tornava impraticável[407].

Diante disso, para o autor, o dispositivo "precisa se harmonizar com os princípios da razoabilidade e do devido processo legal, sem olvidar o disposto

---

(404) REBELO, Maria Paulo. *A admissibilidade de negócios jurídicos processuais no processo do trabalho*. Tese (Doutorado em Direito). Universidade Federal da Bahia (UFBA), Salvador, 2019. p. 517-518.
(405) *Ibidem*, p. 518-519.
(406) *Ibidem*, p. 516-517.
(407) MARTINS, Adalberto. A prova da insalubridade ou da periculosidade e a reforma trabalhista. *Revista de Direito do Trabalho*, v. 209, p. 19-37, jan. 2020 (*online*).

no art. 765 da CLT, que atribui ao magistrado do trabalho o dever de velar pelo andamento rápido das causas, obstando diligências absolutamente inúteis"(408). Acrescenta-se a esse pensamento quando a própria Justiça do Trabalho já tenha reconhecido no local de trabalho a insalubridade ou a periculosidade em situações idênticas.

Nesse sentido, para os pares dentro da própria empresa, é totalmente ofensiva à celeridade, à razoabilidade e ao devido processo legal a exigência de perícia técnica nos casos, por exemplo, em que o próprio Poder Judiciário já tenha produzido o laudo, desde que o período requerido seja idêntico ou aproximado e que a Reclamada não tenha alegado mudanças no ambiente de trabalho, por exemplo, o fornecimento de equipamentos efetivos de proteção, a retirada de gerador ou qualquer alegação cabalmente válida.

Assim, não só o Poder Judiciário poderia aceitar a prova pericial antes produzida como prova emprestada e suprir a necessidade de perícia para não haver a menor possibilidade de gerar distinções entre trabalhadores em situação idêntica, como também as partes poderiam negociar processualmente sobre essa situação.

Nesse contexto, mesmo não tratando especificamente do negócio processual, segundo Martins, o art. 464, § 2º, do CPC/2015 (substituição da perícia por prova técnica simplificada) é aplicável ao processo do trabalho, apesar de delimitar sobre perícia indireta e impossibilidade de verificação *in loco*:

> Verifica-se, ainda, que o art. 464, § 2º, do CPC consagra a "prova técnica simplificada, quando o ponto controvertido for de menor complexidade" e que "consistirá apenas na inquirição de especialista, pelo juiz, sobre ponto controvertido da causa que demande especial conhecimento científico ou técnico" (art. 464, § 3º), e certamente poderá ser aplicada na seara trabalhista, sem objeção do art. 769 da Consolidação das Leis do Trabalho, notadamente nas situações em que a verificação *in loco* seja inviável (409).

Não se olvida que a sociedade contemporânea oferece hoje recursos tecnológicos suficientes para garantir uma melhor prestação jurisdicional, resguardar o devido processo legal e sua celeridade. Atualmente, alguns Tribunais Regionais permitem a realização de perícia por meio de diligências telepresenciais, como o TRT-12:

> Art. 10. Nas perícias em processos sujeitos ao "Juízo 100% Digital", quando possível, deverá o perito realizar a maior parte possível das diligências de forma telepresencial, tais como a entrevista das partes, solicitação de documentos e outros.

---

(408) MARTINS, Adalberto. A prova da insalubridade ou da periculosidade e a reforma trabalhista. *Revista de Direito do Trabalho*, v. 209, p. 19-37, jan. 2020 (*online*).
(409) *Idem*.

Parágrafo único. A realização de atos presenciais pela própria natureza do ato pericial não desnatura o "Juízo 100% Digital", sendo que, no que for necessário, deverá o perito praticar presencialmente ou de forma híbrida (mista) diligências ou exames ou outros atos onde não for possível a prática pela via remota(410).

Comunga-se aqui do pensamento de Martins quanto ao dever da produção da prova pericial se harmonizar com os princípios da razoabilidade e do devido processo legal; diante disso, não há óbices quanto à possibilidade de as partes negociarem processualmente para ser aceita a prova técnica já produzida. Caso as partes ou o juiz estejam receosos com a possibilidade da designação de prova técnica simplificada nos moldes do art. 464, § 2º, do CPC/2015, é possível, em determinados casos, realizá-la de forma telepresencial.

5.6. Na fase recursal

A fase recursal também encampa possibilidades quanto à negociação processual. Apesar de não haver tantas possibilidades quando comparada com a fase instrutória, representa um momento de certa forma mais adepto à aplicação na seara trabalhista, já que uma decisão judicial está pairando sobre a relação jurídica dos envolvidos e, a depender do caso, modificando a controvérsia de acordo com a satisfação de cada um por meio do provimento jurisdicional concedido.

5.6.1. Negócios processuais no ambiente recursal e depósito recursal

O depósito recursal, segundo a doutrina, não possui natureza de taxa ou custa recursal, mas de uma verdadeira garantia do juízo recursal, cuja exigência limita o recurso interposto pelo empregador diante de uma condenação pecuniária, representando, assim, um pressuposto de admissibilidade para que o recurso seja considerado apto à análise meritória(411).

> A importação do depósito recursal do processo do trabalho para o processo civil poderia cumprir de igual maneira suas funções originariamente concebidas: (i) função desestimulante à interposição

---

(410) BRASIL. *Tribunal Regional do Trabalho* (12ª Região). Portaria Conjunta SEAP/GVP/SECOR n. 21, de 27 de janeiro de 2021. Redação atualizada pela Portaria Conjunta SEAP/GVP/SECOR n. 81, de 18 de maio de 2021. Disponível em: https://portal.trt12.jus.br/sites/default/files/2022-04/portaria-conjunta-21-2021.pdf. Acesso em: 11 ago. 2022.

(411) RETES, Tiago Augusto leite. *Limites às convenções processuais na sistemática recursal do processo civil democrático*. Universidade Federal de Minas Gerais, Belo Horizonte, 2018. Disponível em: http://hdl.handle.net/1843/BUOS-BANJ63. Acesso em: 11 ago. 2022, p. 122.

de recursos: reduziria a interposição de recursos com caráter apenas protelatório, já que o ônus financeiro atrelado ao manejo da insurgência recursal seria sobremaneira maior comparativamente a somente arcar com as custas recursais; (ii) função satisfativa do eventual crédito exequendo: mesmo que o recorrente tivesse em mira apenas postergar injustificadamente o desfecho do processo, caso tivesse que garantir ainda que parcialmente a execução para valer-se de recurso, estaria satisfazendo ao menos parte do crédito. Ambas as funções militam ainda em favor da redução do tempo do processo, seja pela não interposição do recurso, seja pela redução da duração da eventual fase de cumprimento de sentença com o depósito parcial ou integral do *quantum* a que foi condenado o recorrente(412).

Conforme debatido, o negócio jurídico processual não deve ser encarado com o mesmo afinco do processo civil. Assim, não é possível, por exemplo, a admissão de cláusula inserida em contrato de trabalho que exclua a possibilidade de interposição de recurso ordinário ou dispense depósito recursal para o oferecimento de recurso(413). Entretanto, isso não significa que o depósito recursal está totalmente fora de cogitação quanto à possibilidade de negociação.

Nesse sentido, Retes(414) questiona se seria possível negociação processual que incluísse o depósito recursal como pressuposto de admissibilidade recursal (autonomia da vontade negociando sobre pressupostos de admissibilidade dos recursos).

Diante disso, entende que o pacto firmado afeta apenas aos negociantes. Além de não haver forma exigida por lei quanto à validade, não vislumbra impossibilidade fática ou jurídica relativa à estipulação de que o depósito recursal equivalente à condenação em pecúnia seja considerado pressuposto de validade do recurso diante da otimização proporcionada quanto à duração razoável do processo (redução de tempo e aumento da possibilidade de satisfação do crédito do autor). Veda-se qualquer exigência que supere esse limite por ofender a boa-fé processual(415).

---

(412) RETES, Tiago Augusto leite. *Limites às convenções processuais na sistemática recursal do processo civil democrático*. Universidade Federal de Minas Gerais, Belo Horizonte, 2018. Disponível em: http://hdl.handle.net/1843/BUOS-BANJ63. Acesso em: 11 ago. 2022, p. 123.
(413) MALLET, Estêvão. Novo CPC e processo do trabalho à luz da IN n. 39. *Revista do TST*, São Paulo, ano 82, n. 3, jul.-set. 2016, p. 148.
(414) RETES, Tiago Augusto leite. *Limites às convenções processuais na sistemática recursal do processo civil democrático*. Universidade Federal de Minas Gerais, Belo Horizonte, 2018. Disponível em: http://hdl.handle.net/1843/BUOS-BANJ63. Acesso em: 11 ago. 2022, p. 123.
(415) *Ibidem*, p. 124-125.

Retes[416], inclusive, se revela favorável à possibilidade de as partes negociarem, por exemplo, comprovando tentativa de conciliação após a prolação da sentença, por e-mail ou conciliação atermada, criando mais uma regularidade formal para o recurso; além disso, entende não ser aplicável negócio cujo objetivo seja eliminar pressupostos de admissibilidade recursal que extinga ou reduza o preparo, já que atingiria terceiros e traria prejuízos catastróficos ao Poder Judiciário.

Neste trabalho, acolhe-se o pensamento acima, pois em nada ofende a celeridade, a vulnerabilidade, o devido processo legal e demais garantias processuais. Na verdade, representa um verdadeiro ganho processual e de proteção à parte vulnerável.

Entretanto, com base nesses mesmos argumentos, o autor defende que seriam válidos os negócios nos quais as partes limitassem o número de laudas para eventual recurso[417].

Discorda-se dessa passagem específica caso a parte não esteja atuando pelo *jus postulandi*, já que isso envolveria terceiros e suas prerrogativas, como é, em regra, a representação processual por advogado. Diante disso, não seria possível limitar a capacidade postulatória de terceiro; limitar o número de laudas também não necessariamente representaria ganho de eficiência ou celeridade processual.

5.6.2. Renúncia do direito recursal

A renúncia é um direito, assim como a desistência ou a aceitação da decisão é um negócio jurídico processual unilateral e representa um ato de disposição de uma determinada situação jurídica própria. Nesse contexto, deve ser interpretado restritivamente, já que são atos de disposição.

A renúncia distingue-se da desistência, já que para aquela o recurso ainda não existe, ou seja, a parte, simplesmente, expressa ou tacitamente, manifesta não desejar interpor recurso próprio, produzindo assim efeitos meramente processuais (preclusão lógica do direito de recorrer), independente de homologação judicial ou da aceitação da parte contrária. Já a desistência ocorre depois da interposição do recurso, mas antes do julgamento[418].

---

(416) RETES, Tiago Augusto leite. *Limites às convenções processuais na sistemática recursal do processo civil democrático*. Universidade Federal de Minas Gerais, Belo Horizonte, 2018. Disponível em: http://hdl.handle.net/1843/BUOS-BANJ63. Acesso em: 11 ago. 2022, p. 124-126.
(417) *Ibidem*, p. 125-126.
(418) BEZERRA LEITE, Carlos Henrique. *Curso de direito processual do trabalho*. 18. ed. São Paulo: SaraivaJur, 2020 (*ebook*). p. 1.247.

Não há maiores debates quanto à possibilidade da desistência ou da renúncia no processo do trabalho, já que o autor pode renunciar a pedidos ou desistir do próprio processo. Assim, logicamente, não é prudente defender a impossibilidade dessa situação.

Entretanto, o problema está na interpretação conjunta e sistemática dos arts. 190 e 999 do CPC/2015 ao buscar possibilidade de a renúncia recursal ser realizada em momento prévio à publicação da decisão[(419)].

Nesse sentido, resolver pela inaplicabilidade diante da vulnerabilidade não é tão simples quanto parece, já que a própria relação trabalhista é extremamente dinâmica e envolve situações as quais optar pela saída mais fácil e tangente nem sempre leva à verdadeira justiça, conforme se depreende e exemplifica por meio do Processo n. 0001129-93.2015.5.08.0122 (utilizado como exemplo por Ferreira, Santana[(420)] e Rebelo[(421)]).

Assim, nos autos do processo citado, diante da idade avançada e da doença do autor, foi pactuado por meio de negócio jurídico processual firmado em audiência que a sentença seria irrecorrível, salvo embargos de declaração.

> Desta forma, uma vedação sem qualquer parâmetro poderia, inclusive, lesar interesses das partes consideradas genericamente como vulneráveis, uma vez se devendo analisar, dentro de um determinado caso concreto, não apenas os bens como os interesses juridicamente tutelados envolvidos. Nesse contexto, o critério meramente formal de vulnerabilidade deixa de ser a fonte única de averiguação em relação à possibilidade de aplicação dos negócios processuais, passando a dignidade da pessoa humana a ser a fonte que supre a interpretação, sendo vulnerável somente a pessoa em relação ao ato que possa malferi-la. O ser humano, como ente moral e existencial, e não somente sua projeção formal de sujeito, passa a ser tutelado e passível de proteção dentro da tutela de seus próprios interesses[(422)].

---

(419) REBELO, Maria Paulo. *A admissibilidade de negócios jurídicos processuais no processo do trabalho*. Tese (Doutorado em Direito). Universidade Federal da Bahia (UFBA), Salvador, 2019. p. 547.

(420) FERREIRA, Vanessa Rocha; SANTANA, Agatha Gonçalves. Aplicação dos negócios jurídicos processuais à justiça do trabalho. *Revista Direito e Justiça*: reflexões sociojurídicas, s/l, v. 19, n. 35, p. 127-151, set. 2019. Disponível em: https://hdl.handle.net/20.500.12178/144261. Acesso em: 5 jan. 2022, p. 145.

(421) REBELO, Maria Paulo. *A admissibilidade de negócios jurídicos processuais no processo do trabalho*. Tese (Doutorado em Direito). Universidade Federal da Bahia (UFBA), Salvador, 2019. p. 473.

(422) FERREIRA, Vanessa Rocha; SANTANA, Agatha Gonçalves. Aplicação dos negócios jurídicos processuais à justiça do trabalho. *Revista Direito e Justiça*: reflexões sociojurídicas. s/l, v. 19, n. 35, p. 127-151, set. 2019. Disponível em: https://hdl.handle.net/20.500.12178/144261. Acesso em: 5 jan. 2022, p. 145-146.

Assim, concorda-se com o entendimento trazido, já que, em determinada situação, é possível resguardar a dignidade humana diante de uma situação de renúncia prévia recursal, o que destoa da vedação genérica da aplicação na seara trabalhista. Por fim, discorda-se nesse trabalho em relação ao negócio jurídico processual de renúncia recursal na forma pré-processual, mesmo em situações análogas ao processo citado. Isto porque, para o negócio processual, conforme já debatido nesta pesquisa, a cláusula não pode ser estipulada genericamente, ou seja, há obrigatoriedade de delimitação concreta da situação envolvida, o que para a renúncia recursal seria extremamente difícil ou até impossível de prever, independentemente da vulnerabilidade da parte.

5.7. Na fase executória

Assim como relatado na seção dedicada ao recurso, no ambiento executório, a negociação processual demonstra ser frutífera e cabível diante da pacificação do conflito e de sua vertente possuir outro norte, ou seja, a satisfação do já reconhecido. Diante disso, são inúmeras as previsões pelo CPC/2015 quanto à possibilidade de negócio típico:

> Existem uma série de negócios processuais típicos na execução previstos no CPC: (i) a começar pelo art. 916 do CPC que prevê um pagamento parcelado do crédito exequendo, subordinando-o a uma série de requisitos; (ii) o art. 659 que admite a partilha amigável por acordo; (iii) o art. 775 que prevê a desistência de medidas executivas ou da própria execução; (iv) o art. 781, inc. I que prevê a escolha do foro de execução; (v) o art. 779, IV, quando admite a renúncia do benefício de excussão prévia do devedor; (vi) o art. 800, que prevê a possibilidade de, por contrato, se determinar prazo (que não o de 10 dias) para realizar a prestação executiva em caso de obrigações alternativas; (vii) o art. 778, § 1º, que admite a cessão ou sub-rogação do crédito exequendo que consta do título executivo; (viii) o art. 833, inc. I, que permite o pacto de impenhorabilidade; (ix) o art. 835, § 3º, que permite aos contratos com garantia real produzam efeitos processuais; (x) o art. 840, § 2º, que prevê a nomeação do executado como depositário de bem penhorado; (xi) o art. 851, inc. III que admite a desistência da penhora pelo exequente; (xii) o art. 862, § 2º, que permite a escolha de depositário e a forma da administração do bem penhorado em caso de penhora de estabelecimentos; (xiii) o art. 871, inc. I, que permite dispensar a avaliação dos bens em caso de aceitação por uma parte da estimativa de valor apresentada por outra; (xiv) o art. 849 c/c 853 quando admite que a substituição dos bens indi-

cados à penhora possa ser feita consensualmente; (xv) o art. 862, § 2º, que admite a locação de um bem penhorado desde que haja acordo do executado [...][(423)].

O exemplo mais utilizado e aplicado na justiça do trabalho é o parcelamento do débito (art. 916 do CPC/2015), negócio jurídico processual unilateral, sob condição resolutiva, cuja eficácia gera o reconhecimento do crédito exequente e retira, em tese, a possibilidade de o executado apresentar embargos à execução[(424)].

Nesse sentido, a IN 39/2016 do TST, em previsão expressa pelo art. 3º, XXI, entende ser aplicável ao processo do trabalho o art. 916 do CPC/2015. Indo ao encontro do que entende o TST, o FPPC (Enunciados 330[(425)] e 331[(426)]) e o FPPT (Enunciado 79[(427)]) também entendem ser aplicável ao processo do trabalho o dispositivo em questão.

Ademais, quanto ao tema, o art. 916, § 7º, do CPC/2015 veda que o parcelamento seja aplicado no cumprimento da sentença e, diante do disposto na IN n. 39/2016 do TST, os parágrafos do respectivo artigo também são aplicáveis ao processo do trabalho. Nesse sentido, há entendimento jurisprudencial de que o parcelamento no cumprimento é possível, desde que aceito expressamente pelo exequente, em um verdadeiro negócio jurídico processual[(428)].

---

(423) REBELO, Maria Paulo. *A admissibilidade de negócios jurídicos processuais no processo do trabalho*. Tese (Doutorado em Direito). Universidade Federal da Bahia (UFBA), Salvador, 2019. p. 549.

(424) *Idem*.

(425) Enunciado 330 do FPPC. "Na justiça do trabalho, o juiz pode deferir a aquisição parcelada do bem penhorado em sede de execução, na forma do art. 895 e seus parágrafos, do CPC/2015". ENUNCIADOS FPPC. *Enunciados do Fórum Permanente de Processualistas Civis* — FPPC 2022. Disponível em: https://diarioprocessual.com/2022/03/23/enunciados-fppc-2022. Acesso em: 10 ago. 2022.

(426) Enunciado 331 do FPPC. "O pagamento da dívida objeto de execução trabalhista fundada em título extrajudicial pode ser requerido pelo executado nos moldes do art. 916 do CPC/2015". ENUNCIADOS FPPC. *Enunciados do Fórum Permanente de Processualistas Civis* — FPPC 2022. Disponível em: https://diarioprocessual.com/2022/03/23/enunciados-fppc-2022. Acesso em: 10 ago. 2022.

(427) Enunciado 79 do FPPT. "É compatível com o processo do trabalho a regra do art. 916 do CPC, até o decurso do prazo para a oposição dos embargos à execução".

(428) "EMENTA: PARCELAMENTO DO DÉBITO DA EXECUÇÃO. APLICAÇÃO DO ART. 916 DO CPC. A compatibilidade do art. 916 do CPC, que estabelece a possibilidade de parcelamento da dívida, com o processo trabalhista não é irrestrita. Em regra, é inaplicável quando se tratar de cumprimento da sentença e depende da análise da execução processada, exigindo prévia concordância do exequente. A se pensar de modo contrário, ensejaria a admissão de direito potestativo do devedor, incompatível com a norma disposta no art. 797 do CPC — de que a execução processa-se no interesse do credor, e a indiscutível afronta aos princípios que regem o processo trabalhista, da celeridade e efetividade do procedimento. Dessa forma, incabível o parcelamento quando há expressa manifestação contrária do exequente". BRASIL. *Tribunal Regional do Trabalho* (18ª Região). AP-0010580-55.2017.5.18.0103, Rel. Des. Eugênio José Cesário Rosa, Segunda Turma, j. 07.03.2019.

Em relação à negociação atípica, também é vasta a possibilidade, conforme entende a doutrina:

> Também a doutrina se tem debruçado sobre o tema para identificar exemplos de negociação atípica na execução, tais como: (i) determinação por acordo dos bens do executado que poderão ser objeto de penhora; (ii) a aplicabilidade (ou não) das medidas de coerção previstas no art. 139, inc. IV; (iii) a renúncia, ampliação ou condicionamento do regime da impenhorabilidade (arts. 832-833 CPC, 100, CF e Lei n. 8.009/90 — até porque o CPC/15 não repetiu a expressão "absolutamente impenhoráveis" que existia no art. 649 do anterior código); (iv) renúncia pelo sócio ao benefício de ordem relativamente à sociedade; (v) criação de novas hipóteses convencionais de fraude à execução; (vi) alteração do procedimento de arresto previsto no art. 830; (vii) alteração dos prazos na execução, por exemplo, em sede de 191; (viii) regulação da preferência no procedimento de concurso entre credores na execução; (ix) relativização da proibição da penhora excessiva (art. 831); (x) alteração da ordem de penhora prevista no art. 835; (xi) alteração de certos procedimentos específicos como os previstos via Bacenjud (bloquear apenas parte das contas e não a totalidade ou fixar limites para o bloqueio das contas, por exemplo); (xii) modificação das regras de substituição da penhora renunciando, por exemplo, ao art. 847 CPC; (xiii) convenções quanto à avaliação dos bens da penhora (dispensa, levada a cabo por outro indivíduo que não oficial de justiça, apurada em razão da média de valores apresentados pelas partes, renúncia à impugnação do laudo); (xiv) ainda convenções sobre a adjudicação e alienação (eleição de forma prioritária de expropriação, prazo para alienação, forma de publicidade, preço mínimo, termos de pagamento, modificação dos critérios para apurar quando há preço vil); (xv) negócios sobre o procedimento de execução, tornando-o mais eficiente (*v.g.* suprimindo etapas, escolhendo previamente bem penhorado ou o depositário, avaliando previamente os bens, dispensando intimação do exequente para avaliação, escolha antecipada do meio expropriatório etc.); (xvi) o pacto de *non exequendo*; (xvii) criação de títulos executivos (pactos executivos), embora continue a dividir a doutrina, entre os que entendem ser a matéria sujeita à reserva legal (art. 784, XII do CPC) e os que admitem a alternativa[(429)].

---

(429) REBELO, Maria Paulo. *A admissibilidade de negócios jurídicos processuais no processo do trabalho*. Tese (Doutorado em Direito). Universidade Federal da Bahia (UFBA), Salvador, 2019. p. 565-566.

Diante da vastidão de exemplos encontrados, é inviável a análise das hipóteses neste trabalho. Nesse contexto, ressalta-se que, no momento da execução, é de suma importância que o negócio firmado observe e não atinja direitos de terceiros, principalmente quando pactuado sobre impenhorabilidade de bens ou direcionamento da execução para que os fins não sejam direcionados a um equívoco ou a situações escusas que possibilitem o executado frustrar a execução.

5.8. A aplicação do negócio processual no direito coletivo do trabalho

Primeiramente, ressalta-se que os dissídios coletivos podem ser resolvidos pela conciliação, conforme previsão expressa do art. 764 da CLT que, por sua vez, possibilita a conciliação tanto para dissídios individuais quanto coletivos, assim como o art. 114, § 2º, da CF/1988, de comum acordo com o ajuizamento de dissídio coletivo de natureza econômica quando há renúncia por qualquer das partes à negociação coletiva ou à arbitragem.

Nesse sentido, parte da doutrina entende que, no dissídio coletivo no processo do trabalho, é possível aplicar o negócio jurídico processual, já que nesta relação não há situação de vulnerabilidade, antes ou durante o processo, diante da igualdade entre sindicatos de categoria econômica ou profissional, além da ótica da possibilidade de solução de conflito extrajudicial que pode se valer da arbitragem (art. 114, § 2º, CF/1988)(430):

> Um dos princípios que regem a negociação coletiva é, justamente, o da equivalência dos contratantes coletivos, consistente no reconhecimento de que os sujeitos do Direito Coletivo do Trabalho têm a mesma natureza, isto é, de seres coletivos. Delgado explica que os instrumentos colocados à disposição dos sindicatos, como as garantias e prerrogativas, bem como possibilidade de mobilização e pressão sobre a sociedade civil e o Estado, reduzem, em tese, a disparidade existente entre trabalhadores e empresários, o que possibilita ao Direito Coletivo conferir tratamento jurídico mais equilibrado às partes nele envolvidas(431).

---

(430) FALCE, Lúcio Roberto. O negócio processual: o processo do trabalho e a reforma trabalhista. *Revista de Direito do Trabalho*, São Paulo, v. 44, n. 194, p. 99-113, out. 2018. Disponível em: https://hdl.handle.net/20.500.12178/161011. Acesso em: 10 ago. 2022.

(431) GONÇALVES, Igor Sousa. O instituto da negociação processual na justiça do trabalho: compatibilidade, limites e desafios. *Revista de Direito do Trabalho*, São Paulo, v. 43, n. 183, nov. 2017, p. 221. Disponível em: https://hdl.handle.net/20.500.12178/124349. Acesso em: 10 ago. 2022, p. 222.

Além disso, quando a situação envolver associações sindicais em ambos os polos da lide, como os que englobam o direito de representação sindical, não se verifica, em princípio, uma disparidade socioeconômica tão grande entre as partes que justifique a impossibilidade de celebrar negócios jurídicos processuais.

Diante disso, neste estudo, concorda-se com o posicionamento acima, já que a parte individual estaria muito bem representada nas situações, além de já haver certas permissões conferidas, inclusive, constitucionalmente que possibilitariam interpretação e incorporação do disposto no art. 190 do CPC/2015 para situações envolvendo dissídios coletivos.

5.9. Análise do atual posicionamento do Tribunal Superior do Trabalho

De acordo com o já relatado, é possível perceber que a IN n. 39/2016 do TST não agasalha mais o momento atual, além de demonstrar ser um profundo equívoco os termos ali previstos diante de uma vedação genérica que dificultou largamente maiores discussões na seara trabalhista.

Nesse sentido, foram trazidos nesse trabalho alguns julgados que tangenciam a mudança de entendimento da Corte Superior Trabalhista, caso dos Embargos em Recurso de Revista n. 11727-90.2015.5.03.0043[(432)], julgados pela Subseção I Especializada em Dissídios Individuais, Min. Rel. Claudio Mascarenhas Brandão.

O interessante desse julgado é que, além de reconhecer que a jurisprudência do TST segue a linha da possibilidade de aplicação do art. 651, § 2º, da CLT para que o domicílio do autor seja considerado competente territorialmente nos casos em que a empresa atua em âmbito nacional, entendeu que em certas situações e, conforme a peculiaridade do caso concreto, é possível dar uma ampliação ainda maior, como se depreende da fundamentação do Ministro Relator[(433)], já que no caso concreto a empresa havia en-

---

(432) BRASIL. *Tribunal Superior do Trabalho*. E-RR-11727-90.2015.5.03.0043, Subseção I Especializada em Dissídios Individuais, Rel. Min. Claudio Mascarenhas Brandao, DEJT 07.12.2018. Disponível em: https://jurisprudencia-backend.tst.jus.br/rest/documentos/6a114bd2cf52da24bf0d1c3bcb0114aa. Acesso em: 11 ago. 2022.

(433) Nesse sentido, o Ministro Claudio Mascarenhas Brandão registrou: "O empregado de uma pequena empresa, por exemplo, não estaria alcançado pela interpretação flexibilizadora da citada regra competencial. Todavia, a presente hipótese possui uma peculiaridade, atinente ao fato de que a empresa encerrou as suas atividades na filial da cidade de Altamira/PA, mantendo-as apenas na cidade do Rio de Janeiro/RJ, o que justifica o acolhimento da tese recursal, no sentido da competência de uma das Varas do Trabalho da cidade de Uberlândia/MG. Ademais, merecem ser destacados alguns aspectos relevantes. A segunda reclamada não compareceu à audiência e, por conseguinte, é revel. Portanto, em relação a ela, operou-se a

cerrado suas atividades na cidade da prestação dos serviços, mantendo-as apenas no Rio de Janeiro/RJ.

Diante disso, foi considerada a enorme distância entre a cidade da prestação de serviços quando comparada à sede da empresa Reclamada e o domicílio do Reclamante. Assim, prezando pela efetividade processual, de forma louvável, a SDI-I considerou competente o domicílio do autor, já que para a empresa não há qualquer prejuízo quanto ao seu direito de defesa

---

competência plena do Juízo em que foi ajuizada a reclamação. O segundo aspecto sobre a mesma reclamada relaciona-se ao endereço indicado nos autos ser da cidade de Brasília. Não há na petição inicial referência ao local onde foi realizada a obra. Terceiro, como dito linhas atrás, a própria excipiente, ao indicar qual seria o Juízo competente, afirma expressamente que encerrou as atividades e fechou a filial de Altamira e escolheu a sua sede — Rio de Janeiro — para que seja proposta a ação. O Juízo competente não é aquele onde o empregado trabalhou, porque a própria ré não deseja isso, na medida em que escolhe o local de sua sede dela. A distinção autorizadora da aplicação do precedente da SDI-1 (E-RR-420-37.2012.5.04.0102 — acima transcrito) baseia-se no fato de a empresa promover atividades em âmbito nacional, o que autoriza o empregado optar pelo endereço em que reside. O referido precedente desta Subseção firmou o entendimento que mitigou a rígida aplicação do art. 651, § 3º, da CLT em situações especiais, pois, à época, havia divergência entre as Turmas, muitas delas aplicando literalmente o citado dispositivo, e outras mitigando-o, a partir da atração do princípio do acesso à justiça. A solução centrou-se no ponto de equilíbrio entre o direito de amplo acesso à justiça e princípio do contraditório e da ampla defesa. Admitiu-se, desde então, a mitigação do citado dispositivo legal, com o objetivo de facilitar o acesso à justiça pela parte mais frágil da relação de emprego, permitindo que ajuíze a reclamação no seu domicílio atual, desde que não comprometido o direito de defesa da empresa. Essa ponderação de regras e princípios é essencial para que a Constituição prevaleça sobre as normas infraconstitucionais. Assim, partindo dessa *ratio decidendi* e amparado nos princípios mencionados, no caso concreto, a solução mais adequada e menos comprometedora do direito de defesa remete à rejeição da exceção, pois não há dúvida de que, atualmente, a empresa empregadora da autora não tem mais atividade em Altamira e a reclamante não reside mais nessa cidade. Ora, considerando a distância entre essas cidades — 2.264,3km entre Altamira e Uberlândia; 3.059km entre Altamira e Rio de Janeiro; 993,8km entre Uberlândia e Rio de Janeiro —, tem-se que, para a autora, o processamento do feito na cidade em que reside atualmente garante-lhe o acesso à justiça, e, para a ré, a possibilidade de deslocamento até Uberlândia é mais fácil e seguramente menos onerosa do que para Altamira, principalmente porque suas atividades nesta cidade foram encerradas, pressuposto que legitimava a competência deste último local. Ora, se a empresa tem sede no Rio de Janeiro, não se pode afirmar que está violado ou comprometido o seu direito de defesa se ela tivesse de se deslocar para Uberlândia em detrimento de Altamira. Pelo contrário, além de Uberlândia ser muito mais próxima, os meios de mobilidade são muito mais favoráveis. De outra parte, acerca da necessidade de eventual produção de provas na Cidade de Altamira, ambas as partes podem valer-se de instrumento processual adequado, qual seja, a carta precatória. Assim, plenamente possíveis a relativização da regra inserta no art. 651 da CLT e o reconhecimento da competência do foro de domicílio da autora para processar e julgar a presente ação, em observância aos ditames previstos no art. 5º, XXXV, da Constituição Federal". BRASIL. *Tribunal Superior do Trabalho*. E-RR-11727-90.2015.5.03.0043, Subseção I Especializada em Dissídios Individuais, Rel. Min. Claudio Mascarenhas Brandão, DEJT 07.12.2018. Disponível em: https://jurisprudencia-backend.tst.jus.br/rest/documentos/6a114bd2cf52da24bf0d1c3bcb0114aa. Acesso em: 11 ago. 2022.

diante da distância do local da prestação de serviços ser muito maior quando comparado ao local do domicílio do autor, além de ressaltar a possibilidade de produção, se necessário, por carta precatória.

Atualmente, é mais fácil a aceitação desse posicionamento diante da possibilidade do juízo digital e das audiências realizadas por videoconferência que permitem a todos participarem do ato processual independentemente do local em que se encontram, inclusive fora do país, sem qualquer necessidade de emissão de carta para colheita de provas.

Ademais, em determinada oportunidade, o TST já se pronunciou favoravelmente à aceitação ao negócio jurídico processual superveniente e anômalo em que as partes pactuam sobre a incompetência territorial do juízo perante o qual proposta originariamente a ação após a apresentação da exceção(434).

Diante disso, segue-se mais adiante. Entende-se que, caso o foro proporcione uma maior facilidade no acesso à justiça, de acordo com o caso concreto, observando e resguardando a ampla defesa, não há como entender pela incompetência territorial nos casos em que as partes assim pactuaram pelo foro. Aplica-se, portanto, este negócio jurídico processual atípico na Justiça do Trabalho, tudo corroborado pela possibilidade do juízo digital ou colheita de provas por videoconferência ou pelo sistema híbrido.

Entretanto, mesmo diante do julgamento dos Embargos em Recurso de Revista n. 11727-90.2015.5.03.0043 pela SDI-I debatidos acima, o TST mantém-se firme em sua jurisprudência na SDI-II no sentido de que, nos casos envolvendo trabalhadores com parcos recursos econômicos, não basta constatar a hipossuficiência para fixar a competência do domicílio do reclamante, pois é necessário observar o acesso à justiça e a dignidade da pessoa humana, destacando que a empresa reclamada tem abrangência limitada a essa circunscrição (não de abrangência nacional)(435).

---

(434) BRASIL. *Tribunal Superior do Trabalho.* CC-7301-46.2018.5.00.0000, Subseção II Especializada em Dissídios Individuais, Rel. Min. Douglas Alencar Rodrigues, DEJT 13.03.2020. Disponível em: https://jurisprudencia-backend.tst.jus.br/rest/documentos/32f591f9ec9d97aa37c78ad18eab4135. Acesso em: 11 ago. 2022._

(435) "CONFLITO NEGATIVO DE COMPETÊNCIA. RECLAMAÇÃO TRABALHISTA AJUIZADA NO FORO DO DOMICÍLIO DO RECLAMANTE. PRESTAÇÃO DE SERVIÇOS REALIZADA EM LOCALIDADE DIVERSA. AUSÊNCIA DE ELEMENTOS QUE JUSTIFIQUEM A NÃO INCIDÊNCIA DO ART. 651 DA CLT. 1. Regra geral, a competência das Varas do Trabalho "é determinada pela localidade onde o empregado, reclamante ou reclamado, prestar serviços ao empregador, ainda que tenha sido contratado noutro local ou no estrangeiro", conforme dispõe o art. 651 da CLT. Não obstante, além das exceções previstas nos parágrafos do referido preceito, a doutrina e a jurisprudência têm admitido, em caráter excepcional, a fixação do domicílio do reclamante quando este local melhor atender aos propósitos que inspiraram a referida norma, quais sejam: o acesso à justiça e a dignidade da pessoa humana, valores a serem sopesados no contexto do processo. 2. No caso concreto, a ação trabalhista foi proposta

Por fim, outro avanço encontrado na Corte Superior é o decorrente do julgamento do Agravo em Agravo de Instrumento em Recurso de Revista n. 480-08.2015.5.12.0029[(436)] que entendeu que as partes possuem direito

---

na Vara do Trabalho de Arapiraca/AL — foro do domicílio do reclamante — sem que fosse demonstrada situação excepcional justificadora do afastamento da regra geral, pois, para tanto, não basta a constatação de hipossuficiência. 3. Com efeito, malgrado se trate de trabalhador com parcos recursos econômicos, a sua contratação e a prestação de serviços ocorreram em locais cuja jurisdição é a do Juízo Suscitante — Vara do Trabalho de Santa Cruz do Rio Pardo. A empresa reclamada tem abrangência limitada a essa circunscrição, e o trâmite do processo em Vara de Trabalho de outra jurisdição ensejaria obstáculo natural a sua defesa. 4. Sopesando a realidade das partes envolvidas, não há elemento que possa afastar ou mitigar a incidência da regra geral inserta no art. 651 da CLT. Conflito Negativo de Competência admitido para declarar a competência da Vara do Trabalho de Santa Cruz do Rio Pardo". BRASIL. *Tribunal Superior do Trabalho.* CCCiv-452-53.2021.5.00.0000, Subseção II Especializada em Dissídios Individuais, Rel. Min. Luiz José Dezena da Silva, DEJT 09.04.2021. Disponível: https://jurisprudencia-backend.tst.jus.br/rest/documentos/44c5855557e00a8099792f4554c6c08c. Acesso em: 11 ago. 2022.

(436) "I — AGRAVO EM AGRAVO DE INSTRUMENTO EM RECURSO DE REVISTA — REGÊNCIA PELA LEI N. 13.015/2014. Constatado o desacerto da decisão monocrática agravada, resta superado o óbice erigido ao processamento do recurso denegado, razão pela qual se reforma a decisão recorrida para prosseguir na análise do agravo de instrumento. Agravo a que se dá provimento. II — AGRAVO DE INSTRUMENTO EM RECURSO DE REVISTA — LEI N. 13.015/2014 — NULIDADE DO ACÓRDÃO REGIONAL POR CERCEAMENTO DO DIREITO DE DEFESA. NEGÓCIO JURÍDICO PROCESSUAL. SUSPENSÃO DO PROCESSO POR ACORDO DAS PARTES. ART. 313, II, DO NCPC. JULGAMENTO DO RECURSO ORDINÁRIO REALIZADO DURANTE O PERÍODO DE SUSPENSÃO DO PROCESSO. SUSTENTAÇÃO ORAL REALIZADA APENAS PELO ADVOGADO DO SINDICATO AUTOR. OFENSA ÀS GARANTIAS CONSTITUCIONAIS DA AMPLA DEFESA E DO CONTRADITÓRIO. CONSTATAÇÃO DE MANIFESTO PREJUÍZO PROCESSUAL. Demonstrada violação do art. 5º, LV, da Constituição Federal, merece provimento o agravo de instrumento para determinar o processamento do recurso de revista. Agravo de instrumento de que se conhece e a que se dá provimento. III — RECURSO DE REVISTA — LEI N. 13.015/2014 — NULIDADE DO ACÓRDÃO REGIONAL POR CERCEAMENTO DO DIREITO DE DEFESA. NEGÓCIO JURÍDICO PROCESSUAL. SUSPENSÃO DO PROCESSO POR ACORDO DAS PARTES. ART. 313, II, DO NCPC. JULGAMENTO DO RECURSO ORDINÁRIO REALIZADO DURANTE O PERÍODO DE SUSPENSÃO DO PROCESSO. SUSTENTAÇÃO ORAL APENAS PELO ADVOGADO DO SINDICATO AUTOR. OFENSA ÀS GARANTIAS CONSTITUCIONAIS DA AMPLA DEFESA E DO CONTRADITÓRIO. CONSTATAÇÃO DE MANIFESTO PREJUÍZO PROCESSUAL. Caso em que as partes requereram, de comum acordo, a imediata suspensão do feito, pelo prazo de 20 dias, com a consequente retirada do recurso ordinário da pauta de julgamento. Não obstante isso, os autos foram levados a julgamento pela Turma do Tribunal Regional de origem, momento em que foi oportunizada a sustentação oral pelo representante do sindicato autor. O art. 313, II, do CPC dispõe que as partes têm o direito subjetivo à suspensão do feito, quando assim convencionarem, desde que observado o limite temporal previsto no art. 313, § 4º, do CPC. Ademais, o art. 314 do CPC veda a prática de qualquer ato processual durante o período de suspensão, com exceção dos atos urgentes a fim de evitar dano irreparável. Nesse cenário, é nulo o julgamento do recurso ordinário realizado durante o período de suspensão do processo, notadamente em razão do prejuízo processual sofrido pela reclamada, que, em face do negócio jurídico processual entabulado pelas partes, não compareceu à sessão de julgamento e não procedeu à sustentação oral. O quadro delineado revela manifesto prejuízo

subjetivo à suspensão do feito, quando assim convencionarem, conforme disciplina o art. 313, II, do CPC/2015 (negócio jurídico processual típico de suspensão do processo) e limitado ao prazo previsto (art. 313, § 4º, do CPC/2015).

Diante disso, a Corte Superior entendeu pela aplicação do art. 314 do CPC/2015 que veda a prática de qualquer ato processual durante o período de suspensão, com exceção dos atos urgentes a fim de evitar dano irreparável. Assim, é considerado nulo ato contrário que ofenda o período de suspensão do processo diante do prejuízo processual.

Portanto, não há dúvidas de que a jurisprudência não encampa cegamente o que disciplinou a IN n. 39/2016. Há julgados que amplificam o poder negocial do trabalhador, inclusive em dissídios individuais, possibilitando que o negócio jurídico processual seja interpretado e aplicado também na seara processual trabalhista, sempre resguardando as garantias constitucionais e buscando a tutela jurisdicional que as respeite, como a ampla defesa, o contraditório, o devido processo legal, o dever de fundamentação, a função social do processo, a celeridade e a economia, além da própria efetividade do processo em relação ao acesso à justiça.

---

processual, bem como ofensa às garantias constitucionais da ampla defesa e do contraditório, e, portanto, há nulidade a ser declarada. Recurso de revista conhecido e provido". BRASIL. *Tribunal Superior do Trabalho*. RR-Ag-AIRR-480-08.2015.5.12.0029, 8ª Turma, Rel. Min. Márcio Eurico Vitral Amaro, DEJT 09.08.2019. Disponível em: https://jurisprudencia-backend.tst.jus.br/rest/documentos/f68b796fa1b555d7c88d256c30cf5897. Acesso em: 11 ago. 2022.

6. CONCLUSÃO

O negócio jurídico processual na seara trabalhista foi debatido neste trabalho por meio da metodologia hipotética-dedutiva que buscou ir além da negação genérica e abstrata proporcionada por uma visão equivocada da Corte Superior Trabalhista.

Nesse aspecto, no que tange ao negócio jurídico processual propriamente dito, apesar de sua aplicabilidade não representar uma discussão surgida recentemente, possui previsão em uma nova disposição legal advinda com o Código de Processo Civil de 2015, mais precisamente no art. 190, que trouxe como grande inovação a expressa possibilidade da realização na forma atípica, ou seja, tornou clara a possibilidade da vontade das partes alterarem aspectos processuais e procedimentais sem autorização expressa no diploma.

Diante das inovações e mudanças previstas no novo diploma do processo comum, visando uma orientação quanto à aplicação subsidiária e supletiva, foi publicada a IN n. 39/2019 de 2016 do TST que no seu inciso II do art. 2º rechaçou a aplicação do art. 190 e o respectivo parágrafo único do CPC/2015.

Como visto no presente trabalho, apesar de ser uma situação voltada à orientação, a Corte Superior Trabalhista equivocadamente rechaçou a aplicação de forma genérica, sem se atentar que diversas situações já estavam sendo aplicadas na seara processual trabalhista, e, como consequência lógica da previsibilidade da instrução, calou muitas vozes quanto ao necessário debate e aplicação da negociação processual no processo do trabalho, tanto na doutrina quanto na jurisprudência.

Diante disso, o presente trabalho objetiva quebrar certos entraves colocados de forma genérica, debater a situação proposta e trazer alguns esclarecimentos quanto ao proveito temático que pode ser proporcionado por meio da análise relativa à aplicabilidade do negócio processual na seara processual trabalhista.

Assim, passemos, pois, a apresentar as principais conclusões extraídas dos capítulos da presente dissertação.

Primeiramente, destaca-se que o Brasil possui tendência histórica de acompanhar o publicismo com influência italiana, apesar de ser possível encontrar hipóteses típicas da confluência de vontades moldando o procedimento de negociação, seja no Regulamento n. 737 ou nos Códigos de 1939 e 1973. Entretanto, a doutrina era omissa ou negava a própria existência e aplicação do negócio jurídico processual.

Nesse contexto, debateu-se a falha argumentativa de quem nega a aplicação pela fundamentação na ofensa à ordem pública, já que o negócio jurídico processual não busca retirar o juiz do centro do poder, mas visa um equilíbrio entre publicismo e privatismo, uma maior flexibilidade no procedimento judicial que não fragiliza a produção normativa do Estado, mas torna híbrida a regulação do procedimento sem a existência de hierarquia entre a lei e o negócio firmado sobre o aspecto processual.

Além disso, averiguou-se no capítulo introdutório a definição do negócio jurídico processual como um ato processual que pode ser produzido de forma unilateral ou plurilateral, cujo objetivo é dispor sobre situações jurídicas próprias (poderes, faculdades e deveres processuais) ou adequações procedimentais (criar, modificar ou extinguir determinadas normas procedimentais) que visem ajustar as especificidades da causa, antes ou durante o processo, desde que observados os limites dispostos no núcleo de direitos fundamentais que compõem o modelo constitucional de processo e do Estado Democrático de Direito, sem deixar de observar a efetividade.

Diante disso, aproveitou-se a oportunidade para destacar a possibilidade do negócio jurídico pré-processual, assim classificado como um ato processual, a distinção com as declarações concordantes e os atos conjuntos.

No segundo capítulo, foi debatida a nova previsão do CPC/2015 em seu art. 190 que estabeleceu a negociação ser possível na modalidade atípica, além de prever a possibilidade incidente sobre direitos que admitam autocomposição e o controle da validade pelo Poder Judiciário, com destaque aos planos da validade e existência, o dever de motivar, forma, momento e necessidade ou não de homologação, além do previsto na lei quanto ao controle diante de inserção abusiva em contrato de adesão ou em que alguma parte esteja em manifesta situação de vulnerabilidade.

Ademais, foram analisados os elementos do negócio jurídico processual sob a ótica trabalhista, com destaque para as ondas renovatórias de acesso à justiça, além da possibilidade de a Fazenda Pública e o Ministério Público realizarem a negociação, além dos efeitos sobre terceiros.

No que tange à aplicação no processo do trabalho, foram apresentadas as críticas à IN n. 39/2016 do TST no capítulo terceiro desta pesquisa, além da visão aqui defendida quanto à vulnerabilidade do trabalhador não ser suficiente para obstar a aplicação na seara trabalhista, mas que dela decorra situação manifesta a desequilibrar a relação jurídica processual.

Assim, é possível haver situação na qual o negócio jurídico seja válido, desde que assegurada a igualdade real, e nos casos em que a parte vulnerável seja beneficiada. Cabe ao juiz, diante de um caso concreto (e não por vedação genérica como apresentada pela IN 39/2016), analisar a validade do negócio jurídico processual, inclusive quanto à manifesta situação de vulnerabilidade, negando validade em determinadas situações, inclusive de ofício.

Ainda nesse aspecto, defende-se que as situações jurídicas próprias das partes (poderes, faculdades e deveres processuais) não entram na correlação entre a negociação processual e a direção processual do juiz, estando ressalvadas de convalidação judicial. Entretanto, em situações envolvendo uma relação sobre aspectos procedimentais negociados processualmente, diante do art. 765 da CLT, é necessária a convalidação judicial para que os efeitos sejam considerados eficazes, já que o juiz é considerado diretor do processo e possui como norte a celeridade e o andamento processual.

Por fim, o último capítulo apresenta um estudo das diversas hipóteses de negociação processual, desde a jurisdição voluntária ou da fase de conhecimento no rito comum, até o plano recursal e executório, dando destaque ao posicionamento recente do Tribunal Superior do Trabalho, por exemplo, nos casos relativos à foro de eleição e incompetência territorial.

Diante disso, o presente trabalho buscou contribuir com uma visão diversificada e fundamentada incidental no processo do trabalho, sem que optasse pela via fácil da generalidade e abstração que tange a discussão, fugindo da negativa embasada sem mais discussões na IN n. 39/2016 do TST.

É claro que há certos limites nos quais os estudos apresentados esbarram. Dentre eles, destacam-se: primeiramente, a fraca discussão doutrinária e jurisprudencial proporcionada por meio da negativa genérica apresentada por orientação administrativa da Corte Superior Trabalhista; em segundo lugar, o limite, aspecto temporal que, diante da pacata discussão, apresentou-se de forma travada em pré-conceitos e vedações genéricas ou, por vezes, omissa nos livros de direito processual do trabalho. Somente o tempo demonstrará como será firmada a doutrina brasileira e o entendimento dos mais variados regionais neste país de proporções continentais.

Dessa forma, o presente trabalho, apesar de introduzir no campo processual trabalhista discussões que permeiam a seara comum, permite, de forma singela, a possibilidade de novos estudos, principalmente quanto às mais variadas hipóteses de aplicabilidade ou abre um leque de oportunidades para discussões quanto às posições aqui adotadas, já que nem mesmo no processo civil há uma pacífica adoção, como é o caso da homologação e da convalidação judicial.

Portanto, sem pretensões pioneiras ou posicionamentos antagônicos, objetivando um posicionamento que resguarde a própria visão protecionista e os demais princípios aplicáveis na discussão, busca-se evidenciar um entendimento não exaustivo do tema proposto, fundamentando a aplicabilidade no direito processual do trabalho, sem deixar de observar a eficiência, ao dispor de um aprimoramento procedimental por meio da vontade, procurando sempre assegurar uma tutela jurisdicional justa e célere.

REFERÊNCIAS

ALEXY, Robert. *Teoria dos direitos fundamentais*. Trad. Virgílio Afonso da Silva. São Paulo: Malheiros, 2008.

AMBROSIO, Graziella. *A distribuição dinâmica do ônus da prova no processo do trabalho*. São Paulo: LTr, 2013.

ALVIM, Eduardo Arruda. *Direito processual civil*. 6. ed. São Paulo: Saraiva, 2019.

ALVIM, Arruda. *Manual de direito processual civil*. São Paulo: RT, 2019.

BARBOSA MOREIRA, José Carlos. Convenções das partes sobre matéria processual. *In*: BARBOSA MOREIRA, José Carlos. *Temas de direito processual*: terceira série. São Paulo: Saraiva, 1984.

________. O neoprivatismo no processo civil. *In*: *Temas de direito processual*: nona série. São Paulo: Saraiva, 2007.

________. Provas atípicas. *Revista de Processo*, v. 76, p. 114-126, out.-dez. 1994.

BARUFI, Renato; NASHARA SIQUEIRA, Oniye; GERAIGE NETO, Zaiden. Flexibilização procedimental em tempos de emergência social: análise dos negócios jurídicos processuais atípicos na justiça do trabalho. *Anais do Congresso Brasileiro de Processo Coletivo e Cidadania*, [S. l.], n. 8, 2020, p. 1.352. Disponível em: https://revistas.unaerp.br/cbpcc/article/view/2171. Acesso em: 10 ago. 2022.

BERNARDES, Lívia Heringer Pervidor; CARNEIRO, Yandria Gaudio. A jurisdição e a cooperação jurídica internacional e os métodos adequados de tratamento de conflitos. *In*: *Anais do III Congresso de Processo Civil Internacional*, Vitória, 2018.

BEZERRA LEITE, Carlos Henrique. *Curso de direito do trabalho*. 14. ed. São Paulo: SaraivaJur, 2022.

________. *Curso de direito processual do trabalho*. 14. ed. São Paulo: Saraiva, 2016.

________. *Curso de direito processual do trabalho*. 18. ed. São Paulo: SaraivaJur, 2020 (*ebook*).

BRASIL. *Conselho Nacional de Justiça*. Resolução n. 345/2020. Disponível em: https://atos.cnj.jus.br/atos/detalhar/3512. Acesso em: 15 fev. 2022.

BRASIL. *Conselho Nacional de Justiça*. Resolução n. 378/2021. Disponível em: https://atos.cnj.jus.br/atos/detalhar/3773. Acesso em: 15 fev. 2022.

BRASIL. *Constituição da República Federativa do Brasil de 1999*. Disponível em: http://www.planalto.gov.br/ccivil_03/constituicao/constituicao.htm. Acesso em: 11 ago. 2022.

BRASIL. *Decreto-Lei n. 5.452, de 1º de maio de 1943*. Aprova a Consolidação das Leis do Trabalho (CLT). Disponível em: http://www.planalto.gov.br/ccivil_03/decreto-lei/del5452.htm. Acesso em: 10 ago. 2022.

BRASIL. *Lei n. 13.105, de 16 de março de 2015*. Código de Processo Civil. Disponível em: http://www.planalto.gov.br/ccivil_03/_ato2015-2018/2015/lei/l13105.htm. Acesso em: 11 ago. 2022.

BUCHMANN, Adriana. *Limites objetivos ao negócio jurídico processual atípico*. Dissertação (Mestrado em Direito), Universidade Federal de Santa Catarina (UFSC). Florianópolis, 2017. Disponível em: https://repositorio.ufsc.br/xmlui/handle/123456789/176772. Acesso em: 10 ago. 2022.

CABRAL, Antonio do Passo. *Convenções processuais*. Teoria geral dos negócios jurídicos processuais. 3. ed. Salvador: JusPodivm, 2020.

________. A Resolução n. 118 do Conselho Nacional do Ministério Público e as Convenções Processuais. *In*: CABRAL, Antonio do Passo; NOGUEIRA, Pedro Henrique (coord.). *Negócios processuais*. Salvador: JusPodivm, 2019.

CÂMARA, Helder Moroni. *Os limites do negócio jurídico processual brasileiro*: uma análise do artigo 190 do CPC/2015. Tese (Doutorado em Direito), Pontifícia Universidade Católica de São Paulo (PUC-SP), São Paulo, 2016.

________. *Os negócios jurídicos processuais*. São Paulo: Almedina, 2018.

CANOTILHO, José Joaquim Gomes. *Direito constitucional e teoria da Constituição*. 2. ed. Coimbra: Almedina, 1998.

CAPPELLETTI, Mauro; GARTH, Bryant. *Acesso à justiça*. Porto Alegre: Sergio Antonio Fabris, 1988.

CAPONI, Remo. Autonomia privada e processo civil: os acordos processuais. *Revista Eletrônica de Direito Processual*, Rio de Janeiro, v. 13, n. 13, p. 733-749, jan.-jun. 2014. Trad. Pedro Gomes de Queiroz (Periódico da Pós-Graduação *Stricto Sensu* em Direito Processual da UERJ).

CARNEIRO GUSMÃO, Caroline; NUNES ALMEIDA, Marta Cristina. A celebração de negócios jurídicos processuais bilaterais como mecanismo de efetivação do acesso à justiça: uma análise sob o enfoque do novo Código de Processo Civil, Lei n. 13.105/2015. *Cadernos de Ciências Sociais Aplicadas*, [S. l.], v. 12, n. 19, 2016, p. 194. Disponível em: https://periodicos2.uesb.br/index.php/ccsa/article/view/2078. Acesso em: 10 ago. 2022.

CINTRA, Antônio Carlos de Araújo; GRINOVER, Ada Pellegrini; DINAMARCO, Cândido Rangel. *Teoria geral do processo*. 31. ed. São Paulo: Malheiros, 2015.

CNMP. *Resolução n. 114*. Disponível em: https://www.cnmp.mp.br/portal/images/Resolucoes/Resolucao-118-1.pdf. Acesso em: 10 ago. 2022.

COLNAGO, Lorena de Mello Rezende. A quarta onda de acesso à justiça: intermidialidade no PJE. *Revista Eletrônica [do] Tribunal Regional do Trabalho da 9ª Região*, Curitiba, v. 9, n. 91, p. 110-116, ago. 2020. Disponível em: https://hdl.handle.net/20.500.12178/180150. Acesso em: 10 ago. 2022.

CORDEIRO, Adriano Consentino. *Negócios jurídicos processuais e as consequências do seu descumprimento.* Tese (Doutorado em Direito), Universidade Federal do Paraná (UFPR-PR), Curitiba, 2016. Disponível em: http://hdl.handle.net/1884/45157. Acesso em: 10 ago. 2022.

COSTA, Rafaella Souza Oliveira. Negócios processuais: aplicação ao processo do trabalho — análise principiológica. *Revista LTr*: legislação do trabalho, São Paulo, v. 80, n. 7, p. 838-848, jul. 2016, p. 318. Disponível em: https://hdl.handle.net/20.500.12178/144261. Acesso em: 10 ago. 2022.

CUNHA, Leonardo Carneiro da. Artigo 190. *In*: MARINONI, Luiz Guilherme; ARENHART, Sérgio Cruz; MITIDIERO, Daniel (coord.). *Comentários ao Código de Processo Civil*: artigos 188 ao 293, v. III. São Paulo: RT, 2016.

DEMARCHI, Clovis; FERNANDES, Fernanda Sell de Souto Goulart. Teoria dos limites dos limites: análise da limitação à restrição dos direitos fundamentais no direito brasileiro. *In*: *Revista Brasileira de Direitos e Garantias Fundamentais*, Minas Gerais, v. 1, n. 2, p. 73-89, jul.-dez. 2015, p. 85. Disponível em: http://dx.doi.org/10.26668/IndexLawJournals/2526-0111/2015.v1i1.738. Acesso em: 10 ago. 2022.

DI SPIRITO, Marco Paulo Denucci. Controle de formação e controle de conteúdo do negócio jurídico processual — parte II. *Revista de Processo*, v. 248, São Paulo: RT, 2015 (*online*).

DIDIER JUNIOR, Fredie. Negócios jurídicos processuais atípicos no CPC-15. *In*: DIDIER JUNIOR, Fredie. *Ensaios sobre os negócios jurídicos processuais*. Salvador: JusPodivm, 2018.

DINAMARCO, Cândido Rangel. *Instituições de direito processual civil*. v. 2. 6. ed. São Paulo: Malheiros, 2009.

DINIZ, Maria Helena. *As lacunas no direito*. 8. ed. São Paulo: Saraiva, 2007.

ENUNCIADOS FPPC. *Enunciados do Fórum Permanente de Processualistas Civis* — FPPC 2022. Disponível em: https://diarioprocessual.com/2022/03/23/enunciados-fppc-2022. Acesso em: 10 ago. 2022.

ENUNCIADOS CJF. *Enunciados do Conselho da Justiça Federal*. Disponível em: https://www.cjf.jus.br/enunciados/enunciado/1289. Acesso em: 10 ago. 2022.

ENUNCIADOS FNPT. *Enunciados do I Fórum Nacional de Processo do Trabalho*. Disponível em: https://www.trtes.jus.br/principal/publicacoes/leitor/721032812?Formato=pdf. Acesso em: 10 ago. 2022.

ENUNCIADOS FPPT. *Enunciados do Fórum Permanente de Processualistas do Trabalho*. Disponível em: https://emporiododireito.com.br/leitura/forum-permanente-de-processualistas-do-trabalho-fppt-se-reune-em-marco-e-fixa-novos-entendimentos-a-luz-da-reforma-trabalhista. Acesso em: 10 ago. 2022.

FALCE, Lúcio Roberto. O negócio processual: o processo do trabalho e a reforma trabalhista. *Revista de Direito do Trabalho*, São Paulo, v. 44, n. 194, p. 99-113, out. 2018. Disponível em: https://hdl.handle.net/20.500.12178/161011. Acesso em: 10 ago. 2022.

FARIA, Guilherme Henrique Lage. *Negócios processuais*: aplicação e limites à luz do formalismo processual democrático. Dissertação (Mestrado em Direito), Pontifícia Universidade Católica de Minas Gerais (PUC-MG), Belo Horizonte, 2016. Disponível em: http://www.biblioteca.pucminas.br/teses/Direito_FariaGHL_1.pdf. Acesso em: 10 ago. 2022.

FERRARI NETO, Luiz Antônio. *Limites objetivos e subjetivos à celebração de negócios jurídicos processuais bilaterais no novo Código de Processo Civil Brasileiro e seu controle judicial*: tentativa de sistematização. Tese (Doutorado em Direito), Pontifícia Universidade Católica de São Paulo (PUC-SP), São Paulo, 2016.

FERREIRA, Vanessa Rocha; SANTANA, Agatha Gonçalves. Aplicação dos negócios jurídicos processuais à justiça do trabalho. *Revista Direito e Justiça*: reflexões sociojurídicas. s/l, v. 19, n. 35, p. 127-151, set. 2019. Disponível em: https://hdl.handle.net/20.500.12178/144261. Acesso em: 5 jan. 2022.

FERREIRA, Carlos Wagner Dias. O princípio da flexibilização procedimental em uma nova era tecnológica. *Revista Acadêmica da Faculdade de Direito do Recife*, v. 92, n. 2, p. 156-169, dez. 2020. Disponível em: https://periodicos.ufpe.br/revistas/ACADEMICA/article/view/248515. Acesso em: 10 ago. 2022.

FLUMINGNAN, Silvano José Gomes. Os negócios jurídicos processuais e a fazenda pública. *Revista de Processo*, v. 280, p. 353-375, jun. 2018 (*online*).

FRIO, Nikolai Bezerra. O autorregramento da vontade: a ressignificação da liberdade concedida às partes no processo civil. *Revista Eletrônica de Direito Processual* — REDP. Rio de Janeiro, ano 14, v. 21, n. 3, set.-dez. 2020, p. 441-442. Disponível em: https://doi.org/10.12957/redp.2020.45611. Acesso em: 10 ago. 2022.

GAGLIANO, Pablo Stolze; PAMPLONA FILHO, Rodolfo. *Manual de direito civil*. 5. ed. São Paulo: Saraiva, 2021.

GIGLIO, Wagner D.; CORRÊA, Claudia Giglio Veltri. *Direito processual do trabalho*. 15. ed. São Paulo: Saraiva, 2005.

GONÇALVES, Igor Sousa. O instituto da negociação processual na justiça do trabalho: compatibilidade, limites e desafios. *Revista de Direito do Trabalho*, São Paulo, v. 43, n. 183, nov. 2017, p. 221. Disponível em: https://hdl.handle.net/20.500.12178/124349. Acesso em: 10 ago. 2022.

JUNQUEIRA, Fernanda Antunes Marques; MARANHÃO, Ney. Negócio processual no processo do trabalho: apontamentos gerais. *Revista Eletrônica [do] Tribunal Regional do Trabalho da 9ª Região*, Curitiba, v. 6, n. 55, p. 44-70, out.-nov. 2016. Disponível em: https://hdl.handle.net/20.500.12178/100260. Acesso em: 10 ago. 2022.

LIPIANI, Julia Miranda. *Os negócios jurídicos processuais como ferramenta de garantia do exercício da liberdade pelo processo*. Dissertação (Mestrado em Direito). Universidade Estadual do Rio de Janeiro (UERJ), 141 f. Rio de Janeiro, 2019. Disponível em: http://www.bdtd.uerj.br/handle/1/9493. Acesso em: 10 ago. 2022.

MALLET, Estêvão. Novo CPC e processo do trabalho à luz da IN n. 39. *Revista do TST*, São Paulo, ano 82, n. 3, jul.-set. 2016.

MARINONI, Luiz Guilherme; ARENHART, Sérgio Cruz; MITIDIERO, Daniel. *Novo curso de processo civil*: tutela dos direitos mediante procedimento comum. v. 2. São Paulo: RT, 2015.

MARTINS, Adalberto. A prova da insalubridade ou da periculosidade e a reforma trabalhista. *Revista de Direito do Trabalho*, v. 209, p. 19-37, jan. 2020 (*online*).

________. *Manual didático de direito processual do trabalho*. 8. ed. De acordo com a Instrução Normativa 41/2018, do TST. São Paulo: Malheiros, 2019.

MARTINS, Alisson Silva. *As convenções processuais no Estado Democrático de Direito*. Tese (Doutorado em Direito), Pontifícia Universidade Católica de Minas Gerais (PUC-MG). Belo Horizonte, 2019. Disponível em: http://www.biblioteca.pucminas.br/teses/Direito_AlissonSilvaMartins_8170.pdf. Acesso em: 10 ago. 2022.

MONTEIRO, Carlos Augusto Marcondes de Oliveira. *Aplicação subsidiária do processo comum nas fases postulatória e instrutória do processo de conhecimento do trabalho*. 2007. Dissertação (Mestrado em Direito). Pontifícia Universidade Católica de São Paulo (PUC-SP). Disponível em: https://tede2.pucsp.br/handle/handle/7482. Acesso em: 10 ago. 2022.

MORAES, Camila Miranda de; GAIA, Fausto Siqueira; SILVA, Karla Yacy Carlos da. Apontamentos sobre o "juízo 100% digital" na Justiça do Trabalho. *Revista do Tribunal Superior do Trabalho*, São Paulo, v. 87, n. 2, p. 222-237, abr.-jun. 2021. Disponível em: https://hdl.handle.net/20.500.12178/190043. Acesso em: 10 ago. 2022.

MOSCHEN, Valesca Raizer Borges (org.). *II Congresso de Processo Civil Internacional*. Anais do II Congresso de Processo Civil Internacional: a jurisdição e a cooperação jurídica internacional e os métodos adequados de tratamento de conflitos na América Latina. Vitória, 452 p., 2018.

MULLER, Julio Guilherme. *Negócios processuais e desjudicialização da produção da prova*. São Paulo: RT, 2017.

NEVES, Daniel Amorim Assumpção. *Novo Código de Processo Civil comentado artigo por artigo*. 8. ed. Salvador: JusPodivm, 2017.

NERY, Carmen Ligia Barreto de Andrade Fernandes. *O negócio jurídico processual como fenômeno da experiência jurídica*: uma proposta de leitura constitucional adequada da autonomia privada em processo civil. Tese (Doutorado em Direito), Pontifícia Universidade Católica de São Paulo (PUC-SP). São Paulo, 2016. Disponível em: https://tede2.pucsp.br/handle/handle/19840. Acesso em: 10 ago. 2022.

NOGUEIRA, Pedro Nogueira. Dos atos em geral (art. 188 a 192 do CPC/2015). *In*: WAMBIER, Teresa Arruda Alvim [*et al.*] (coord.). *Breves comentários ao novo Código de Processo Civil*. 3. ed. São Paulo: RT, 2016.

OLIVEIRA, Guilherme Peres de. *Negócio jurídico processual*: a amplitude da cláusula geral de negociação no processo civil. Tese (Doutorado em Direito), Pontifícia Universidade Católica de São Paulo (PUC-SP), São Paulo, 2017.

ORSINI, Adriana Goulart de Sena. Juízo conciliatório trabalhista. *Revista do Tribunal Regional do Trabalho da 3ª Região*, Belo Horizonte, v. 45, n. 75, p. 139-161, jan.-jun. 2007. Disponível em: http://as1.trt3.jus.br/bd-trt3/handle/11103/27362. Acesso em: 10 ago. 2022.

ORSINI, Adriana Goulart Sena; COSTA, Anelice Teixeira. Educação para o acesso à justiça: a transformação dos paradigmas de solução de conflitos. *Rev. Fac. Direito UFMG*, Belo Horizonte, n. 69, p. 23-43, jul.-dez. 2016 (*online*).

PAMPLONA FILHO, Rodolfo; SOUZA, Tercio Roberto P. *Curso de direito processual do trabalho*. São Paulo: Saraiva, 2020. Disponível em: https://integrada.minhabiblioteca.com.br/#/books/9788553616213/. Acesso em: 4 ago. 2022 (*ebook*).

PIRES, Libia da Graça. *Teoria da distribuição dinâmica do ônus da prova no processo do trabalho*, 2011, 249 f. Tese (Doutorado em Direito do Trabalho) Faculdade de Direito da Universidade de São Paulo (USP), São Paulo, 2011. Disponível em: http://www.teses.usp.br/teses/disponiveis/2/2138/tde-04052012-101854/pt-br.php. Acesso em: 23 jan. 2022.

PONTES DE MIRANDA, Francisco Cavalcanti. *Tratado de direito privado — parte* geral. t. III. Rio de Janeiro: Borsoi, 1954.

PORTUGAL. *Código de Processo do Trabalho Português*. Decreto-Lei n. 480/99. Diário da República n. 261/1999, Série I-A de 1999-11-09. Disponível em: https://dre.pt/dre/legislacao-consolidada/decreto-lei/1999-34575575-124568150. Acesso em: 10 ago. 2022.

RAATZ, Igor. *Autonomia privada e processo civil*: negócios jurídicos processuais, flexibilização procedimental e o direito à participação na construção do caso concreto. Salvador: JusPodivm, 2019.

RAVAGNANI, Giovani dos Santos. *Convenções processuais em matéria probatória no Processo Civil*. Dissertação (Mestrado em Direito Processual), Faculdade de Direito, Universidade de São Paulo, São Paulo, 2019. Disponível em: https://doi.org/10.11606/D.2.2019.tde-03072020-171746. Acesso em: 11 ago. 2022.

REBELO, Maria Paulo. *A admissibilidade de negócios jurídicos processuais no processo do trabalho*. Tese (Doutorado em Direito). Universidade Federal da Bahia (UFBA), Salvador, 2019.

________. *Negócios processuais trabalhistas*. Salvador: JusPodivm, 2021.

REDONDO, Bruno Garcia. *Negócios jurídicos processuais atípicos no direito processual civil brasileiro*: existência, validade e eficácia. Tese (Doutorado em Direito), Pontifícia Universidade Católica de São Paulo (PUC-SP). São Paulo, 2019. Disponível em: https://tede2.pucsp.br/handle/handle/22644. Acesso em: 10 ago. 2022.

REIS, Sérgio Cabral dos. Pressupostos ideológicos do cabimento dos negócios jurídicos processuais na justiça do trabalho: a necessária correlação entre cultura democrática. *Revista de Direito do Trabalho e Seguridade Social*, São Paulo, v. 46, n. 213, p. 275-324, set.-out. 2020. Disponível em: https://hdl.handle.net/20.500.12178/180436. Acesso em: 10 ago. 2022.

RETES, Tiago Augusto leite. *Limites às convenções processuais na sistemática recursal do processo civil democrático*. Universidade Federal de Minas Gerais, Belo Horizonte, 2018. Disponível em: http://hdl.handle.net/1843/BUOS-BANJ63. Acesso em: 11 ago. 2022.

RODRIGUEZ, Américo Plá. *Princípios de direito do trabalho*. Trad. Wagner D. Giglio. São Paulo: LTr, 1993.

ROMAR, Carla Teresa Martins. *Direito processual do trabalho* (Coleção Direito Esquematizado). São Paulo: Saraiva, 2019. Disponível em: https://integrada.minhabiblioteca.com.br/#/books/9788553612239/. Acesso em: 2 ago. 2022 (*ebook*).

SANTOS, Igor Raatz dos. *Autonomia privada, (de)limitação dos poderes do juiz e flexibilização do procedimento*: da insuficiência normativa do "princípio dispositivo" à construção compartilhada do caso concreto. Tese (Doutorado em Direito), Universidade do Vale do Rio dos Sinos (UNISINOS). São Paulo, 2016. Disponível em: http://www.repositorio.jesuita.org.br/handle/UNISINOS/5377. Acesso em: 10 ago. 2022.

SANTOS, Tainá Angeiras Gomes dos Santos. Da força legal das instruções normativas do Tribunal Superior do Trabalho: uma análise acerca da (in)constitucionalidade da IN 39/2016 — entre erros e acertos. *Revista Âmbito Jurídico* n. 151, ano XIX, ago. 2016. Disponível em: https://ambitojuridico.com.br/edicoes/revista-151/da-forca-legal-das-instrucoes-normativas-do-tribunal-superior-do-trabalho-uma-analise-acerca-da-in-constitucionalidade-da-in-39-2016-entre-erros-e-acertos/. Acesso em: 30 ago. 2021.

SARAIVA, Diogo de Oliveira. *As convenções processuais e o papel do magistrado em um modelo cooperativo de processo*. Dissertação (Mestrado em Direito), Pontifícia Universidade Católica de São Paulo (PUC-SP). São Paulo, 2022. Disponível em: https://repositorio.pucsp.br/jspui/handle/handle/25940. Acesso em: 10 ago. 2022.

SCHIAVI, Mauro. *Provas no processo do trabalho*. 4. ed. São Paulo: LTr, 2014.

________. *Manual de direito processual do trabalho*. 13. ed. São Paulo: LTr, 2018.

SILVA, Douglas Antônio da. Negócios processuais e a reforma trabalhista: a aplicabilidade da cláusula geral de negociação processual do Código de Processo Civil na seara processual laboral. *In*: *Revista do TRT 4ª Região*, v. 47, n. 46, p. 90-107, Porto Alegre, 2018.

SILVA, Homero Batista Mateus da. *Curso de direito do trabalho aplicado*. v. 9, 2017. Capítulo 10. Ônus da prova (art. 818, CLT). São Paulo: RT, 2017. Disponível em: https://proview.thomsonreuters.com/launchapp/title/rt/monografias/106225603/v3/document/125656798/anchor/a-125656798. Acesso em: 10 ago. 2022.

SILVA, Túlio Macedo Rosa E. *Assistência jurídica gratuita na justiça do trabalho*. São Paulo: Saraiva, 2013.

SOARES, Lara Rafaelle Pinho. *A vulnerabilidade na negociação processual atípica*. Dissertação (Mestrado em Direito). Universidade Federal da Bahia (UFBA). Salvador, 2016. Disponível em: http://repositorio.ufba.br/ri/handle/ri/19279. Acesso em: 10 ago. 2022.

SOUTO MAIOR, Jorge Luiz. *Reflexos das alterações do Código de Processo Civil no processo do trabalho*. 13. ed. São Paulo: LTr, 2018. Disponível em: https://www.jorgesoutomaior.com/uploads/5/3/9/1/53916439/reflexos_das_altera%C3%A7%C3%B5es_do_c%C3%B3digo_de_processo_civil_no_processo_do_trabalho2.pdf. Acesso em: 10 ago. 2022.

________. Relação entre o processo civil e o processo do trabalho. *In*: MIESSA, Elisson (org.). *O novo Código de Processo Civil e seus reflexos no processo do trabalho*. Salvador: JusPodivm, 2015.

________. *Vamos falar séria e honestamente sobre a Reforma Trabalhista?* 2017. Disponível em: http://www2.camara.leg.br/atividade-legislativa/comissoes/comissoes-temporarias/especiais/55a-legislatura/pl-6787-16-reforma-trabalhista/documentos/audiencias-publicas/prof-jorge-luiz-souto-maior. Acesso em: 18 jan. 2021.

SOUZA JUNIOR, Lasaro Farias de. *Negócios processuais atípicos*: compatibilidade judicial no processo trabalhista. Dissertação (Mestrado em Direito Constitucional). Instituto Brasileiro de Ensino, Desenvolvimento e Pesquisa (IDP), Brasília, 2020. Disponível em: https://repositorio.idp.edu.br//handle/123456789/2896. Acesso em: 10 ago. 2022.

TARTUCE, Fernanda. *Igualdade e vulnerabilidade no processo civil*. Rio de Janeiro: Forense, 2012 (*ebook*).

TARTUCE, Flávio. *Manual de direito civil*. São Paulo: Grupo GEN, 2022. Disponível em: https://integrada.minhabiblioteca.com.br/#/books/9786559643134/. Acesso em: 19 jul. 2022 (*ebook*).

________. *Direito civil*. Teoria geral dos contratos e contratos em espécie. v. 3. Rio de Janeiro: Forense, 2021 (*ebook*).

TARTUCE, Flávio; NEVES, Daniel Amorim Assumpção. *Manual de direito do consumidor*: direito material e processual. Rio de Janeiro: Forense, 2018 (*ebook*).

TEIXEIRA FILHO, Manoel Antonio. *Comentários ao novo Código de Processo Civil*: sob a perspectiva do processo do trabalho. 2. ed. São Paulo: LTr, 2016.

THEODORO JÚNIOR, Humberto. *Curso de direito processual civil*, v. I: teoria geral do direito processual civil, processo de conhecimento, procedimento comum. 60. ed. Rio de Janeiro: Forense, 2019.

TORRES, Márcio Roberto; MALTA, Nigel Steawart Neves Patriota. A inconsistência da negação à negociação processual na justiça do trabalho. *In*: ISAIA, Cristiano Becker; MORAES, Daniela Marques de; BELLINETTI, Luiz Fernando (coord.). *Processo, jurisdição e efetividade da justiça I* [Recurso eletrônico *online*]. CONPEDI, fls. 266-286. Florianópolis: CONPEDI, 2017, p. 331. Disponível em: http://site.conpedi.org.br/publicacoes/roj0xn13/f1iv6jxw/nB0PcDy85V50H99A.pdf. Acesso em: 10 ago. 2022.

TREVISAN, Leonardo Simchen. Os direitos fundamentais sociais na teoria de Robert Alexy. *Cadernos do Programa de Pós-Graduação em Direito* — PPGDir./UFRGS, [S. l.], v. 10, n. 1, 2015. Disponível em: https://seer.ufrgs.br/index.php/ppgdir/article/view/54583. Acesso em: 10 jul. 2022.

TUPINAMBÁ, Carolina. Ao seu dispor! A lenda da indisponibilidade dos direitos dos trabalhadores. *In*: TUPINAMBÁ, Carolina (coord.). *Soluções de conflitos trabalhistas*: novos caminhos. São Paulo: LTr, 2018.

VAUGHN, Gustavo Fávero; BRAZIL, Renato Calderia Grava; RAVAGNANI, Giovani dos Santos. As convenções processuais vistas como um possível limite aos poderes instrutórios do juiz. *Revista dos Tribunais*, v. 989, São Paulo: RT, 2018. Disponível em: https://dspace.almg.gov.br/retrieve/121201/Gustavo%20F%c3%a1vero%20 Vaughn.pdf. Acesso em: 10 ago. 2022.

VENOSA, Sílvio de Salvo. *Direito civil* — parte geral. v. 1. 21. ed. São Paulo: Atlas, 2021.

WONTROBA, Bruno Gressler. *Negócios jurídicos processuais atípicos*: objeto lícito, disponibilidade do direito material e disponibilidade da tutela jurisdicional. Dissertação (Mestrado em Direito). Universidade Federal do Paraná (UFPR). Curitiba, 2019. Disponível em: https://hdl.handle.net/1884/62498. Acesso em: 10 ago. 2022.

YARSHELL, Flávio Luiz. Convenção das partes em matéria processual. *In*: CABRAL, Antonio do Passo; NOGUEIRA, Pedro Henrique (coord.). *Negócios processuais*. 4. ed. Salvador: JusPodivm, 2019.

Tribunais Superiores

BRASIL. *Superior Tribunal de Justiça*. EDcl no REsp 1.810.444/SP, Rel. Luis Felipe Salomão, Quarta Turma, j. 15.10.2015, DJe 15.12.2021. Disponível em: https://processo.stj.jus.br/webstj/Processo/justica/jurisprudencia.asp?valor=201803376440. Acesso em: 10 ago. 2022.

BRASIL. *Supremo Tribunal Federal*. ADPF 324, Rel. Roberto Barroso, Tribunal Pleno, j. 30.08.2018. Processo Eletrônico, DJe-194, Divulg. 05.09.2019, Public. 06.09.2019. Disponível em: https://redir.stf.jus.br/paginadorpub/paginador.jsp?docTP=TP&docID=750738975. Acesso em: 10 ago. 2022.

BRASIL. *Supremo Tribunal Federal*. RE 958252, Rel. Luiz Fux, Tribunal Pleno, j. 30.08.2018, Processo Eletrônico, Repercussão Geral, DJe-199, Divulg. 12.09.2019, Public. 13.09.2019. Disponível em: https://jurisprudencia.stf.jus.br/pages/search?classeNumeroIncidente=%22RE%20958252%22&base=acordaos&sinonimo=true&plural=true&page=1&pageSize=10&sort=_score&sortBy=desc&isAdvanced=true. Acesso em: 10 ago. 2022.

BRASIL. *Supremo Tribunal Federal*. Tema 725. Disponível em: https://portal.stf.jus.br/repercussaogeral/. Acesso em: 10 ago. 2022.

BRASIL. *Supremo Tribunal Federal*. RCL 47843 AGR/BA. Disponível em: https://redir.stf.jus.br/paginadorpub/paginador.jsp?docTP=TP&docID=760099218. Acesso em: 10 ago. 2022.

BRASIL. *Supremo Tribunal Federal*. Rcl 39.351 AgR. Rel. Rosa Weber, Rel. p/ acórdão Alexandre de Moraes, Primeira Turma, j. 11.05.2020. Disponível em: https://redir.stf.jus.br/paginadorpub/paginador.jsp?docTP=TP&docID=752712760. Acesso em: 10 ago. 2022.

BRASIL. *Supremo Tribunal Federal*. Medida Cautelar na Reclamação n. 53.899, Minas Gerais, Rel. Min. Dias Toffoli, j. 30.06.2022, Public. 04.07.2022. Disponível em: https://portal.stf.jus.br/processos/downloadPeca.asp?id=15352168253&ext=.pdf. Acesso em: 10 ago. 2022.

BRASIL. *Tribunal Regional do Trabalho* (1ª Região). RO 10100436-52.2016.5.01.0066, Rel. Rildo Albuquerque Mousinho de Brito, Terceira Turma, j. 22.02.2017, DEJT 09.03.2017. Disponível em: https://bibliotecadigital.trt1.jus.br/jspui/handle/1001/874334?mode=full. Acesso em: 10 ago. 2022.

BRASIL. *Tribunal Regional do Trabalho* (1ª Região). Ato Conjunto n. 15/2021. Diário Eletrônico da Justiça do Trabalho. 30 nov. 2021, Rio de Janeiro. Disponível em: https://bibliotecadigital.trt1.jus.br/jspui/bitstream/1001/2805481/Ato2021-0015_Pres-Correg-C.htm. Acesso em: 11 ago. 2022.

BRASIL. *Tribunal Regional do Trabalho* (2ª Região). Processo: 1000721-86.2014.5.

02.0381, Quarta Turma, Cadeira 5, Rel. Ivani Contini Bramante, j. 06.12.2016. Disponível em: https://juris.trt2.jus.br/jurisprudencia/. Acesso em: 10 ago. 2022.

BRASIL. *Tribunal Regional do Trabalho* (2ª Região). Ato GP n. 10/2021. Diário Eletrônico da Justiça do Trabalho. 2 dez. 2021. São Paulo, p. 1-4, 3 fev. 2021, p. 1. Disponível em: https://basis.trt2.jus.br/handle/123456789/13948. Acesso em: 11 ago. 2022.

BRASIL. *Tribunal Regional do Trabalho* (2ª Região). Núcleo Permanente de Métodos Consensuais de Solução de Disputas (conflitos individuais). Disponível em: https://ww2.trt2.jus.br/institucional/o-trt-2/portal-da-conciliacao/nucleo-permanente-de-metodos-consensuais-de-solucao-de-disputas-conflitos-individuais. Acesso em: 10 ago. 2022.

BRASIL. *Tribunal Regional do Trabalho* (2ª Região). Processo 1002070-93.202.5.02.

0000, SDI-3, Cadeira 9, Seção Especializada em Dissídios Individuais 3, Rel. Rovirso Aparecido Boldo, j. 10.11.2020. Disponível em: https://juris.trt2.jus.br/jurisprudencia/. Acesso em: 11 ago. 2022.

BRASIL. *Tribunal Regional do Trabalho* (2ª Região). Processo 0001203-02.2021.5.05.

05.0000, Origem PJE, Rel. Min. Margareth Rodrigues Costa, Dissídios Individuais II, DJ 15.10.2021. Disponível em: https://juris.trt2.jus.br/jurisprudencia/. Acesso em: 11 ago. 2022.

BRASIL. *Tribunal Regional do Trabalho* (3ª Região). Resolução Conjunta GP/GCR/GVCR n. 204. Diário Eletrônico da Justiça do Trabalho, Belo Horizonte, 29 set. 2021, p. 4. Disponível em: https://sistemas.trt3.jus.br/bd-trt3/bitstream/handle/11103/69511/RCJ%20TRT3_GP_GCR_GVCR%20204_2021%20ORIG.pdf?sequence=1. Acesso em: 11 ago. 2022.

BRASIL. *Tribunal Regional do Trabalho* (4ª Região). Resolução Administrativa n. 24/2021. Diário Eletrônico da Justiça do Trabalho, Porto Alegre, n. 3166/2021, p. 1-6, 19 fev. 2021, p. 4. Disponível em: https://www.trt4.jus.br/portais/documento-ato/1061075/RA%2024-2021%20Ju%C3%ADzo%20100%20Digital.pdf. Acesso em: 11 ago. 2022.

BRASIL. *Tribunal Regional do Trabalho* (5ª Região). Resolução Administrativa n. 38 de 2021. Diário Eletrônico da Justiça do Trabalho, Salvador. 3 set. 2021, p. 3. Disponível em: https://www.trt5.jus.br/sites/default/files/www/normas/09_2021/0038--2021institui_juizo_100_digital.pdf. Acesso em: 11 ago. 2022.

BRASIL. *Tribunal Regional do Trabalho* (12ª Região). Portaria Conjunta SEAP/GVP/SECOR n. 21, de 27 de janeiro de 2021. Redação atualizada pela Portaria Conjunta SEAP/GVP/SECOR n. 81, de 18 de maio de 2021. Disponível em: https://portal.trt12.jus.br/sites/default/files/2022-04/portaria-conjunta-21-2021.pdf. Acesso em: 11 ago. 2022.

BRASIL. *Tribunal Regional do Trabalho* (12ª Região). Portaria Conjunta SEAP/GVP/SECOR n. 2, de 27 de janeiro de 2021. Diário Eletrônico da Justiça do Trabalho: Caderno Administrativo [do] Tribunal Regional do Trabalho da 12ª Região, Brasília, DF, 27 de janeiro de 2021. Disponível em: chrome-extension://efaidnbmnnnibpcajpcglclefindmkaj/https://portal.trt12.jus.br/sites/default/files/2022-04/portaria-conjunta-21-2021.pdf. Acesso em: 11 ago. 2022.

BRASIL. *Tribunal Regional do Trabalho* (15ª Região). Resolução Administrativa n. 05/2021, de 30 de junho de 2021. Diário Eletrônico da Justiça do Trabalho, Caderno Administrativo [do] Tribunal Regional do Trabalho da 15ª Região, Brasília, DF, n. 3.257/2021, 16 abril. 2021. Disponível em: https://trt15.jus.br/legislacao/normas-institucionais/resolucoes/resolucao-administrativa-no-0052021. Acesso em: 11 ago. 2022.

BRASIL. *Tribunal Regional do Trabalho* (18ª Região). AP-0010580-55.2017.5.18.0103, Rel. Des. Eugênio José Cesário Rosa, Segunda Turma, j. 07.03.2019.

BRASIL. *Tribunal Regional do Trabalho* (18ª Região). AP-0010813-9.2016.5.18.0161, Rel. Platon Teixeira de Azevedo Filho, Segunda Turma, j. 18.09.2020. Disponível em: https://sistemas2.trt18.jus.br/solr/pesquisa?q=id:3-18100507. Acesso em: 11 ago. 2022.

BRASIL. *Tribunal Regional do Trabalho* (18ª Região). Portaria SGP/SGJ n. 896/2021, de 30 de junho de 2021. Diário Eletrônico da Justiça do Trabalho: Caderno Administrativo [do] Tribunal Regional do Trabalho da 18ª Região, Brasília, DF, n. 3257/2021, 1º jul. 2021. Disponível em: http://bibliotecadigital.trt18.jus.br/handle/bdtrt18/22166. Acesso em: 11 ago. 2022.

BRASIL. *Tribunal Superior do Trabalho*. CC-12759-26.2017.5.15.0044, Subseção II Especializada em Dissídios Individuais, Rel. Min. Emmanoel Pereira, DEJT 06.09.2019. Disponível em: https://jurisprudencia-backend.tst.jus.br/rest/documentos/f0f8cf9466a-5d59483a60b43649124ff. Acesso em: 11 ago. 2022.

BRASIL. *Tribunal Superior do Trabalho*. Súmula n. 418. Mandado de segurança visando à homologação de acordo (nova redação em decorrência do CPC de 2015). Res. 217/2017, Divulg. 20, 24 e 25.04. Disponível em: https://www3.tst.jus.br/jurisprudencia/Sumulas_com_indice/Sumulas_Ind_401_450.html#SUM-418. Acesso em: 10 ago. 2022.

BRASIL. *Tribunal Superior do Trabalho*. Súmula n. 259. Termo de conciliação. Ação rescisória (mantida). Res. 121/2003, DJ 19, 20 e 21.11.2003. Só por ação rescisória é impugnável o termo de conciliação previsto no parágrafo único do art. 831 da CLT. Disponível em: https://www3.tst.jus.br/jurisprudencia/Sumulas_com_indice/Sumulas_Ind_251_300.html#SUM-259. Acesso em: 10 ago. 2022.

BRASIL. *Tribunal Superior do Trabalho*. E-RR-11727-90.2015.5.03.0043, Subseção I Especializada em Dissídios Individuais, Rel. Min. Claudio Mascarenhas Brandão, DEJT 07.12.2018. Disponível em: https://jurisprudencia-backend.tst.jus.br/rest/documentos/6a114bd2cf52da24bf0d1c3bcb0114aa. Acesso em: 11 ago. 2022.

BRASIL. *Tribunal Superior do Trabalho*. CC-7301-46.2018.5.00.0000, Subseção II Especializada em Dissídios Individuais, Rel. Min. Douglas Alencar Rodrigues, DEJT 13.03.2020. Disponível em: https://jurisprudencia-backend.tst.jus.br/rest/documentos/32f591f9ec9d97aa37c78ad18eab4135. Acesso em: 11 ago. 2022.

BRASIL. *Tribunal Superior do Trabalho*. CCCiv-452-53.2021.5.00.0000, Subseção II Especializada em Dissídios Individuais, Rel. Min. Luiz José Dezena da Silva, DEJT 09.04.2021. Disponível: https://jurisprudencia-backend.tst.jus.br/rest/documentos/44c5855557e00a8099792f4554c6c08c. Acesso em: 11 ago. 2022.

BRASIL. *Tribunal Superior do Trabalho*. RR-Ag-AIRR-480-08.2015.5.12.0029, 8ª Turma, Rel. Min. Márcio Eurico Vitral Amaro, DEJT 09.08.2019. Disponível em: https://jurisprudencia-backend.tst.jus.br/rest/documentos/f68b796fa1b555d7c88d256c30cf5897. Acesso em: 11 ago. 2022.

BRASIL. *Tribunal Superior do Trabalho*. RR-339-67.2015.5.09.0127, Segunda Turma, Rel. Min. José Roberto Freire Pimenta, DEJT 28.04.2017. Disponível em: https://jurisprudencia-backend.tst.jus.br/rest/documentos/fa883fae9dc48274a377d03b44c21141. Acesso em: 11 ago. 2022.

BRASIL. *Tribunal Superior do Trabalho*. Ato n. 11/GCGJT. Diário Eletrônico da Justiça do Trabalho, 23 abr. 2020. Brasília, p. 3. Disponível em: https://hdl.handle.net/20.500.12178/171013. Acesso em: 10 ago. 2022.

BRASIL. *Tribunal Superior do Trabalho*. Súmula n. 239 do TST. Disponível em: https://www3.tst.jus.br/jurisprudencia/Sumulas_com_indice/Sumulas_Ind_201_250.html#SUM-239. Acesso em: 10 ago. 2022.

Referências normativas

(Associação Brasileira de Normas Técnicas — ABNT)

ABNT NBR 6023:2018 — Informação e documentação — Referências — Elaboração

ABNT NBR 6022:2018 — Informação e documentação — Artigo em publicação periódica técnica e/ou científica — Apresentação

ABNT NBR 6027:2012 — Informação e documentação — Informação e documentação — Sumário — Apresentação

ABNT NBR 14724:2011 — Informação e documentação — Trabalhos acadêmicos — Apresentação

ABNT NBR 15287:2011 — Informação e documentação — Projetos de pesquisa — Apresentação

ABNT NBR 6034:2005 — Informação e documentação — Índice — Apresentação

ABNT NBR 12225:2004 — Informação e documentação — Lombada — Apresentação

ABNT NBR 6024:2003 — Informação e documentação — Numeração progressiva das seções de um documento escrito — Apresentação

ABNT NBR 6028:2003 — Informação e documentação — Resumo — Apresentação

ABNT NBR 10520:2002 — Informação e documentação — Citações em documentos — Apresentação